AF459903

LA FAILLITE

ET LA

LIQUIDATION JUDICIAIRE

dans les Rapports internationaux

PAR

Maurice TRAVERS

Docteur en Droit

Avocat à la Cour d'Appel

PARIS

V. GIARD & E. BRIÈRE

LIBRAIRES-ÉDITEURS

16, rue Soufflot, 16

1894

LA FAILLITE

ET LA LIQUIDATION JUDICIAIRE

LA
FAILLITE
ET LA
LIQUIDATION JUDICIAIRE
dans les Rapports internationaux

PAR

Maurice TRAVERS

Docteur en Droit

Avocat a la Cour d'Appel

PARIS
V. GIARD & E. BRIÈRE
LIBRAIRES-ÉDITEURS
16, rue Soufflot, 16

1894

L'UNITÉ DE LA FAILLITE
EN DROIT INTERNATIONAL

INTRODUCTION

POSITION DE LA QUESTION

I. Partout les besoins du commerce et les nécessités du crédit ont amené les législateurs à créer des institutions analogues à la faillite française (1) ; partout, on peut le dire, une procédure spéciale a été organisée pour la liquidation et la répartition proportionnelle de l'actif des commerçants malheureux, et partout cette institution a revêtu un caractère d'unité et d'universalité. Dans tous les pays, la faillite est une à tous points de vue : dans sa déclaration, dans sa procédure et dans sa solution. La déclaration de faillite s'étend à l'ensemble des biens du débiteur, la procédure est unique et universelle, et la solution qui est, soit votée par les intéressés, soit imposée par l'autorité judiciaire, a effet

(1) Voir Thaller, *La faillite en droit comparé*, 1887-1888, — et Alexander (J), *Konkursgesetze aller Länder der Erde*, Berlin, 1892.

sur tous les biens sans distinction et est opposable à tous les créanciers. Ainsi le veulent l'intérêt du commerce, l'équité et la nature même des choses.

II. Mais lorsqu'un conflit de lois se produit, d'autres principes doivent-ils être admis? Doit-on substituer à l'unité de faillite une multiplicité de procédures plus ou moins grande, et doit-on renoncer à cette universalité. qui, seule, permettait de donner satisfaction aux besoins de la pratique? S'il y a des créanciers étrangers, trouvent-ils dans leur nationalité le droit de ne respecter ni les effets de la faillite ni ceux du concordat? S'il y a des biens situés dans différents Etats, une faillite doit-elle être ouverte dans chacun d'eux? S'il y a à l'étranger des établissements commerciaux, doit-il y avoir une procédure de liquidation par comptoir ou par succursale? Enfin, si le débiteur n'est pas sujet du pays où la faillite est ouverte, celle-ci doit-elle avoir n effet purement territorial?

III. Beaucoup d'auteurs l'ont cru; d'après eux, le principe de l'universalité de la faillite est étranger au droit international. Une faillite ne peut être reconnue que dans l'Etat où elle a été prononcée; elle ne s'applique pas aux biens situés à l'étranger. Des faillites distinctes, séparées, sans lien entre elles, doivent être ouvertes dans tous les autres pays où se trouvent soit un actif quelconque, soit un établissement commercial, soit des créanciers investis du droit de s'adresser aux tribunaux locaux. Le jugement déclaratif ne peut même pas être déclaré exécutoire à l'étranger, et les syndics ou liquidateurs n'ont pas le droit d'agir en cette qualité en dehors du pays où ils ont été nommés. Toutes les procédures de liquidation suivent leur cours parallèlement, chacune d'entre elles restant soumise à ses règles propres pour les questions de forme, et aussi, dans une certaine mesure, pour les questions de fond, comme la réglementation de la période suspecte. Les créanciers peuvent produire, au domicile d'abord, puis, dans les autres centres de répartition, à la condition toutefois, d'après certains auteurs, de démontrer qu'il y a une relation entre leurs créances et les biens à partager. L'actif épuisé dans chaque procédure, chacune se clôturera selon la loi territoriale du lieu où elle a été suivie, sans que la solution qui a prévalu ailleurs ait la moindre influence. Naturellement, chacune des solutions adoptées est, elle aussi, territoriale : ici, le failli a un sursis; là, un concordat ; autre part, il est en état d'union, et peut-être, ailleurs encore, en état de liquidation judiciaire, à moins que le luxe écrasant de tant de procédures n'ait partout fait clore les opérations pour insuffisance d'actif.

IV. A ce système s'oppose celui de l'unité et de l'universalité de la faillite, dont l'idée essentielle est d'appliquer aux faillites internationales les mêmes règles fondamentales qu'à celles où ne s'élève aucun conflit de lois. « Toutes les difficultés qui se sont présentées « dans les faillites exclusivement françaises, dit « M. Dubois (1), peuvent se produire dans les faillites « dont l'actif ou le passif est disséminé dans plusieurs

(1) Dubois, sur Carle, p. 48, note *in fine*.

« Etats. Appliquer à ces dernières toutes les règles de « compétence reconnues justes pour les premières, tel « est le principe qu'il nous suffit de poser. » De ce principe, il résulte que la faillite ne peut être ouverte qu'en un seul endroit, au domicile du débiteur (1): tout au plus, permet-on plusieurs déclarations lorsque la même personne ou la même société a plusieurs établissements indépendants et distincts (2).

Une fois prononcée, elle a un effet universel, les conséquences en sont reconnues dans le monde entier. Les poursuites individuelles sont arrêtées, quel que soit le tribunal appelé à en connaître. Le débiteur est dessaisi de ses biens meubles et immeubles, quel que soit le lieu où ils se trouvent, et les actes qu'il a consentis peuvent être annulés, quel que soit le pays où ils ont été passés et quels que soient aussi la nationalité, le domicile et la bonne foi de ceux qui ont traité avec lui.

Mais ici une divergence se produit : selon les uns, le jugement de faillite n'a effet à l'étranger qu'après y avoir été déclaré exécutoire (3); selon les autres, l'exe-

(1) Selon MM. Asser et Rivier, *Eléments de dr. int.*, p. 239, n° 124, il faut prendre en considération le domicile civil, même si le débiteur a un domicile commercial.

(2) M. Fiore (*Dr. int. privé*, trad. Pradier-Fodéré, 1881, p. 564 et 565) pense que, si un commerçant a, dans des Etats différents, des établissements de commerce indépendants et distincts, il doit être ouvert une faillite par établissement. — *Contra* Glasson (*Journ., dr. int. priv.*, 1881, p. 127).

(3) Telle est la théorie de MM. Lyon-Caen et Renault, *Précis de droit comm.*, t. 2, n° 3139, p. 929. — En général, ces auteurs sont classés parmi les partisans de la pluralité des faillites, mais, pour nous, reconnaître que le jugement déclaratif de faillite peut être, à l'étranger, l'objet d'une sentence d'exequatur,

quatur n'est nécessaire que si l'on veut recourir à des actes d'exécution proprement dits.

Produisant des effets universels, la faillite est forcément soumise à une loi unique; cette loi, c'est, selon M. Weiss, la loi personnelle du failli (1), et, selon tous les autres auteurs, la loi du lieu de la faillite.

Inutile d'ajouter que l'universalité de la faillite a pour conséquence l'universalité des solutions qui lui sont données : concordats, ordres de décharge, sursis de paiement auront effet à l'étranger comme la faillite à laquelle ils mettent fin.

V. Mais, quelque profondes que soient les différences qui séparent la théorie de l'universalité et celle de la pluralité des faillites, il y a des points sur lesquels elles se rencontrent. Le droit international est en effet dominé par certains principes supérieurs à l'application desquels nul ne songe plus aujourd'hui à se soustraire, — de là, l'accord. Tous les auteurs reconnaissent à la *lex fori* le droit de trancher souverainement toutes les questions de procédure; tous aussi, admettent que, si l'ordre public est mis en jeu, la loi étrangère doit nécessairement être écartée. Par application de cette dernière idée, c'est la loi territoriale de chaque Etat, la *lex rei sitæ*, qui doit être seule consultée si la question à résoudre intéresse la constitution de la propriété foncière ou même celle de la propriété mobilière. « Il faut,

c'est adopter le système de l'universalité. — Voir dans le même sens : Rocco, *Diritto civile internazionale*, 3e ed., Livourne, 1874, p. 374.

(1) Weiss, *Précis*, p. 860 et 863.

« dit M. Thaller. (1) souscrire à cette formule votée par « le congrès de Turin, à savoir que les droits réels, les « raisons de préférence par privilège, hypothèque et « gage, les droits de revendication, distraction et ré- « tention sur les biens mobiliers et immobiliers du « failli seront réglés par la loi du lieu de la faillite » (2). Ce renvoi de M. Thaller à une résolution du congrès de Turin est significatif. M. Thaller est en effet un partisan convaincu du système de la pluralité et le congrès de Turin a, en 1880, consacré la théorie de l'universalité. Ce n'est pas tout : de l'aveu de tous les auteurs, si la solution donnée à la faillite en pays étranger porte atteinte à l'ordre public d'un Etat, cette solution ne peut avoir aucun effet dans cet Etat; la seule difficulté est de savoir, en fait, quand l'ordre public est mis en jeu et quand il n'est en aucune manière intéressé.

VI. Malheureusement, abstraction faite de ces quelques difficultés dont le réglement n'est plus contesté aujourd'hui, le conflit des deux théories est très tranché. Suivant que l'on adopte l'une ou l'autre, les conséquences sont absolument opposées. Il faut se prononcer. Tout revient à savoir quelle est celle qui résout, de la manière la plus juridique et la plus avantageuse au point de vue pratique, la double question qui se pose :

1° Doit-il y avoir une ou plusieurs faillites?

2° Quelle est la loi unique ou quelles sont les diverses lois qui doivent être appliquées?

(1) Thaller. — *La faillite en dr. comp.* t. 2 p. 373-374.

(2) Art. 4 des résolutions du congrès.

CHAPITRE PREMIER

DISCUSSION DES PRINCIPES

VII. — Quelle que soit la théorie que l'on adopte, il est indispensable de l'asseoir sur des bases solides. C'est là une grande difficulté, et elle n'a pas été surmontée en ce qui concerne la thèse de la pluralité des faillites. Comment la justifier en effet? Quels principes invoquer? Peut-on s'appuyer sur le droit positif français, ou sur l'ancienne théorie des statuts? Peut-on faire valoir la règle de l'indépendance des états, la notion d'ordre public ou la nécessité pour chaque souveraineté de protéger ceux qui relèvent d'elle? Doit-on, au contraire, avoir recours à l'intention toujours si douteuse des parties, ou donner un seul motif de fait, un peu brutal, la nécessité pratique? Faut-il enfin faire découler la raison, tant cherchée, de la nature même de la faillite et de celle du concordat? Tous ces systèmes ont été essayés successivement ou même concurremment. Les arrêts et les auteurs y ont eu recours, tour à tour, mais, de ces discussions que doit-il rester? Les démonstrations? ou les réfutations?

VIII. — La manière la plus simple de faire prévaloir,

en France, le système de la pluralité des faillites serait de l'appuyer sur un texte précis de droit positif. Ce texte, on a cru le trouver dans les art. 14 et 15 du Code Civil qui ont permis de soutenir avec force que, seule, la pluralité des faillites était en harmonie avec notre législation actuelle (1). L'art. 14, *Civ.* confère à nos nationaux le droit de poursuivre devant les tribunaux français les étrangers qui n'ont en France ni domicile, ni résidence, afin d'obtenir d'eux l'exécution de leurs obligations. Or, dit-on, l'un des moyens, et non le moins efficace, de contraindre un débiteur à remplir ses engagements, c'est de l'assigner en déclaration de faillite ; dès lors, l'art. 14 *Civ.* permet de faire déclarer en France la faillite d'étrangers qui n'y ont ni domicile, ni résidence et qui seront certainement l'objet de la même mesure ou tout au moins d'une mesure analogue dans le pays où se trouve situé leur principal établissement.

N'est-ce pas là rejeter nettement le système de l'unité et de l'universalité de la faillite? Nous réservons la question de savoir si cet article 14 est applicable en matière de faillite, nous nous bornerons, pour le moment, à faire remarquer que l'article 15, 17° du décret du 2 février 1852 et l'art. 2, n° 8 de la loi du 8 décembre 1883, sont certainement une reconnaissance formelle du système de l'universalité de la faillite et que la seule existence de ces deux articles prouve très nette-

(1) Voir les conclusions de M. l'avocat général Hémar (S. 1879-II-169). Cf. Lyon-Caen et Renault *précis* n° 3138, p. 938 et de Bœck (Dalloz. 1891. II. 227. col. 2.

ment que la théorie de la pluralité des faillites n'est pas consacrée sans réserves par le droit français. On ne peut faire prévaloir l'art. 14 du Code Civil, rédigé d'une manière très obscure en 1804, à une époque où l'on entrevoyait à peine les problèmes du droit international sur deux textes précis, promulgués à une date récente, postérieure à celle où le droit international est devenu une branche de la science juridique. Tout au plus, peut-on prétendre, en vertu de l'art. 14 *Civ.*, restreindre et corriger les effets de l'universalité de la faillite, mais, on ne saurait, en oubliant d'autres lois, soutenir que, seul, il est la base de notre législation sur la matière.

IX. — Les textes de droit positif une fois écartés, restent les arguments de principe. Le plus ancien en date est celui qui est tiré de la théorie des statuts : la faillite, dit-on, rentre dans le statut réel, par suite, ses effets sont locaux, elle doit être strictement territoriale.

Mais, la difficulté est de savoir au juste pourquoi la faillite est de statut réel. Une double raison a été proposée : les uns, et parmi eux Casaregis (1), ont donné pour motif qu'elle avait principalement en vue les biens, les autres, précisant plus, ont affirmé qu'elle

(1) Casaregis. Disc. 130 n° 17. « *Quia dispositio vel effectus principaliter versatur circa res et bona decocti creditoribus distribuenda, licet loquatur in personam* » — Thaller, *la faillite en droit comparé* t. 2 p. 377 et 378. — Rocco, *Diritto civile internazionale*, ed. de Livourne 1859 p. 359. — Ripert. *Revue critique* 1877, p. 716. — Norsa, *Revue de Gand* 1876, t. VIII., p. 627.

n'était qu'une mesure d'exécution, qu'une simple voie de contrainte, une saisie.

Que la faillite et le concordat concernent les biens, qu'ils aient effet sur le patrimoine du failli, c'est là un point absolument indiscutable, mais, de ce qu'un acte intéresse les biens d'une personne, il n'en résulte pas nécessairement qu'il doive être placé dans le statut réel et qu'il n'ait que des effets territoriaux : le contrat de mariage qui règle les intérêts pécuniaires des époux, qui a trait à leurs biens et uniquement à leurs biens, peut cependant être invoqué à l'étranger. Pour dépendre du statut réel, il ne suffit pas qu'un acte concerne de près ou de loin le patrimoine (tout, sans exception ou à peu près, serait alors de statut réel) ; il faut de plus que cet acte ait pour but de régler la condition des biens, de fixer les droits qui peuvent les grever et leurs modes de transmission. Or, tel n'est le but ni de la faillite ni du concordat.

Mais les dispositions concernant la faillite seront-elles de statut réel parce que la faillite est une mesure d'exécution ? Ce caractère de voie d'exécution a été attribué à la faillite en Allemagne par MM. de Savigny, (1) Kohler (2), von Bar (3) et Dernburg (4), en Italie, par MM. Norsa (5) et Rocco (6), en Suisse, par

(1) Savigny. — *System*, trad. Guenoux t. 8 p. 279.

(2) Kohler. — *Annales de droit commercial* 1886-1887 p. 101.

(3) von Bar. — *Das Int. Privatrecht*, 2e édit. 1889 t. 2 p. 561 et 477.

(4) Dernburg. — *Lehrbuch des Preussischen Privatrechts* 1877 t. 2 § 113, 2 p. 245.

(5) Norsa. — *Revue de Gand*, 1876, p. 627-641.

(6) Rocco. — *Diritto vile Internazionale* 3e part. n° 359.

MM. Brissaud (1) et Brocher (2), en Hollande, par M. Kleintjes (3), en Russie, par M. de Martens (4), aux Etats-Unis par M. Wharton (5) et, en France, par MM. Thomas (6), Thaller (7) et Ripert (8). Mais, s'il fallait reconnaître que la faillite est une voie d'exécution, la question ne serait pas encore tranchée en faveur de la pluralité des faillites, car nous voyons certaines législations s'occuper précisément de l'exécution des saisies ordonnées par les autorités étrangères : tel est le cas de l'article 943 du Code Italien. M. Esperson (9), en commentant cet article, fait observer qu'il est certain que les saisies, ordonnées par les tribunaux d'un Etat, devront rarement être exécutées sur le territoire d'un autre Etat, mais que cela peut arriver. D'ailleurs, fût-il même démontré que les saisies n'ont qu'un effet strictement territorial, il faudrait encore se demander si, à raison, de sa nature même, la faillite ne devrait pas être traitée autrement que ne le sont les autres voies d'exécution : la saisie immobilière et la saisie mobilière sont

(1) Brissaud, prof. à l'Université de Berne, *Revue générale du droit* 1881, p. 164.

(2) Brocher. — *Cours de droit internat.* t. III ed. 1885 p. 191.

(3) Kleintjes cité par Jitta *Ann. Dr. comm.* 1890-2-281.

(4) Martens. — *Traité de droit internat.* 1886, tome 2. p. 503.

(5) Wharton. — *Commentaries on Law, Philadelphia,* 1884, ch v. § 311 p. 385.

(6) Thomas. — *Etudes sur la faillite* p. 86.

(7) Thaller. — *La faillite en droit comparé* t. 2 p. 353 et 354.

(8) Ripert. — *Revue critique,* 1877, p. 726.

(9) Esperson *Journ. Dr. int. priv.* 1884, p. 375 et 376. — M. Esperson p. 376 indique la procédure à suivre en Italie pour obtenir l'exécution des mesures de saisie accordées par des autorités judiciaires étrangères.

des procédures particulières, portant sur un ou sur plusieurs objets individuellement déterminés, la faillite frappe l'universalité des biens, affecte le patrimoine tout entier et, dans la plupart des pays, étend ses effets jusqu'aux biens à venir. Autant de différences essentielles qui pourraient entraîner une différence de traitement.

Cela est si vrai que beaucoup d'auteurs, qui ont consacré cette idée que la faillite est une voie d'exécution ou qui ont simplement dit qu'elle rentrait dans le statut réel ont fini, désirant tenir compte de ce qu'elle offre de particulier, par rejeter, plus ou moins complètement, la thèse de la pluralité des faillites.

MM. de Savigny, Brocher et Brissaud (1) ont purement et simplement adhéré à la théorie de l'universalité. M. von Bar a adopté un système mixte qui est peu différent de celui que consacre la jurisprudence allemande et MM. Rocco, Norsa, Calvo, Massé, Bonfils, Thomas et Ripert ont formulé des théories originales, tenant à la fois de l'universalité et de la pluralité.

M. Rocco (2) part du principe que la faillite rentre dans le statut réel et il s'efforce de le combiner avec

(1) MM. de Savigny, Brocher et Brissaud *loc. cit.* affirment que la faillite est une voie d'exécution, mais n'en font pas pour cela une dépendance du statut réel.

(2) Le système de M. Rocco est exposé dans la partie de son ouvrage qui a été traduite par M. Lehmann. *Revue pratique de dr. français* t. 19 année 1865 p. 124. — Il diffère très peu de celui de M. Norsa. *Revue de Gand* 1876, p. 627. M. Norsa combine l'idée que la faillite est de statut réel avec ce principe supérieur qui consiste à accorder aux étrangers les mêmes droits qu'aux nationaux.

deux autres idées : celle de l'universalité de la procédure de faillite et celle qui attribue aux jugements étrangers autorité de chose jugée.

Malheureusement, ces trois notions de statut réel, d'universalité et d'autorité de chose jugée au profit des décisions émanées des juridictions étrangères sont absolument inconciliables et tout ce qu'a pu faire M. Rocco a été en réalité de les adopter tour à tour (1).

Tout d'abord, il établit que la faillite rentre dans le statut réel, et que, par suite, elle n'affecte la personne du débiteur insolvable que par rapport à ceux de ses biens qui se trouvent dans l'état où la faillite a été déclarée.

Mais cette faillite, par suite de l'universalité de la procédure, va embrasser les meubles et les immeubles situés à l'étranger. Et les jugements rendus dans un pays devant avoir autorité de chose jugée dans le monde entier, tous les jugements, rendus au cours de la faillite auront effet dans les autres Etats après y avoir été déclarés exécutoires.

Si bien que l'on se demande ce qui reste de l'idée primitive de statut réel, — une conséquence seulement : malgré la déclaration de faillite, le débiteur conserve, jusqu'à ce que l'exequatur ait été accordé, le droit d'aliéner ses meubles et ses immeubles situés en pays étranger. Jusque-là, son incapacité n'est que territoriale.

(1) De là, le reproche de contradiction formulé par Thaller. *La faill. en dr. comparé*, t. 2, p. 353, note 1. et Stelian, p. 167.

Comme M. Rocco, MM. Calvo (1), Bonfils (2), Demangeat (3) et Massé (4) sont partis de l'idée de statut réel mais ils ont tenté une autre conciliation : ils ont voulu faire la part du statut réel et celle du statut personnel. Leurs théories peuvent se formuler de la même manière : les effets de la faillite qui rentrent dans le statut réel sont territoriaux, et ceux qui relèvent du statut personnel, extraterritoriaux. Cependant, il s'en faut de beaucoup que les conséquences de leurs systèmes soient les mêmes ; ils se séparent lorsqu'il s'agit de déterminer le champ d'application du statut réel. M. Calvo, le réduisant presque à son minimum, devient, on peut le dire, partisan de l'universalité de la faillite. MM. Bonfils et Massé, au contraire, adoptent la théorie de la pluralité presque dans son entier : s'ils pensent « que l'étranger, déclaré en faillite par un « juge étranger, se verra interdire l'entrée de la Bourse « et ne sera plus admis à l'escompte de la Banque de « France, » ils lui reconnaissent cependant pleine capacité pour faire en France, après la déclaration de faillite à l'étranger, tous paiements et toutes aliénations, car « il y a là une manière d'être des biens et non une « manière d'être de la personne, ce qui en fait un sta- « tut réel. » Bien que précisément pour l'incapacité de paraître à la Bourse, M. von Bar (5) expose une théorie

(1) Calvo. *Droit internat. privé*, éd. 1888, t 2, § 907, p. 411.

(2) Bonfils. *Compétence des trib. français à l'égard des étrangers*, n° 246.

(3) Demangeat. Note sur Fœlix, *Dr. Int.*, n° 468 — et sur Bravard-Veyrières t. V, p. 12.

(4) Massé. *Droit comm.*, t. I, n°s 546 et 557.

(5) Von Bar. *Das Intern. Privatrecht.* t. II, § 497, p. 593.

assez voisine de celle de M. Massé, nous ne nous attarderons pas à réfuter longuement cette distinction arbitraire entre les incapacités dites réelles et les incapacités dites personnelles. Toutes, en effet, frappent directement la personne et indirectement les biens. En outre, comme le fait remarquer M. Humblet (1), les incapacités, que M. Massé regarde comme personnelles et comme extraterritoriales, sont précisément celles qui « ne doivent faire sentir leurs effets que dans le pays « où la faillite a été prononcée, parce qu'il s'agit de « règles de police et de sûreté intérieure. Ainsi, un « commerçant, failli en France, pourrait certainement « fréquenter la Bourse en Belgique, puisque, dans ce « pays, l'accès de la Bourse n'est pas interdit aux faillis. Par contre, il est douteux qu'un Belge, failli dans « son pays, soit admis dans une Bourse française, bien « que le jugement déclaratif ne l'ait frappé d'aucune « incapacité de ce chef. Quant à l'escompte, la Banque « de France règle les admissions chez elle comme elle « l'entend et comme ses statuts le lui permettent; « cela n'a rien de commun avec les règles générales « de la faillite. »

Cette réfutation décisive contre M. Massé, ne saurait atteindre M. Ripert, car, s'il part, comme M. Massé, de l'idée que la faillite rentre dans le statut réel, la conciliation qu'il tente n'est pas celle qu'avait cherchée cet auteur (2). M. Ripert s'efforce de combiner cette notion de statut réel avec la théorie qui reconnaît aux décisions

(1) Humblet, *Journ. dr. intern. priv.*, 1883, p. 469 et note 2.

(2) Ripert, *Revue critique*, 1877, p. 711, 715, 716 et 723.

étrangères autorité de chose jugée en France, soit avant soit après déclaration d'exequatur, selon qu'elles ont été rendues contre des étrangers ou contre des Français. Il limite les conséquences de cette dernière règle par le principe, inexact, selon nous, dans le cas où on le pousse trop loin, que les immeubles situés en France ne sont pas atteints par la loi étrangère ; et il a été amené par la réunion de ces divers éléments à formuler la théorie suivante : si le failli est étranger, le jugement de faillite a, en France, autorité de chose jugée, et, le syndic étranger, peut, avant tout exequatur, agir au nom de la masse ; si, au contraire, le failli est français, l'exequatur devra préalablement être obtenu ; et ce n'est qu'une fois qu'il aura été accordé, que la faillite étrangère s'étendra aux meubles situés en France. Seulement jamais une faillite prononcée à l'étranger ne pourra avoir effet sur des immeubles sis en France : en vertu de l'art. 3 § 2 *Civ.*, ceux-ci sont en effet exclusivement soumis à la loi française, et ce n'est pas la loi française qui organise les faillites prononcées à l'étranger. M. Thomas (1) s'est à peu près borné à reproduire le système de M. Ripert ; il ne l'a modifié que sur deux points : il ne distingue pas selon que le jugement de faillite a été rendu contre un étranger ou contre un Français ; pour lui, dans tous les cas, l'exequatur est nécessaire et ne peut être accordé qu'après révision au fond. En outre, il étend à la faillite le tempérament « si « équitable, dit-il, établi par l'art. 2 de la loi du

(1) Thomas *Et. sur la faillite* p. 86, 98 et 99.

« 14 juillet 1819, en matière de succession. » Quelques mots suffiront pour réfuter ces deux auteurs : la distinction, tirée par M. Ripert de la nationalité du failli, ne saurait être admise. Elle ne repose en effet que sur une ordonnance de 1629, qui a, depuis un siècle, cessé d'être en vigueur (1). Quant à l'application à la matière des faillites de la loi du 14 juillet 1819, elle est contraire à tous les principes du droit : une loi spéciale, dérogatoire au droit commun, n'admet pas l'interprétation extensive. D'ailleurs, qu'on nous permette de le dire, au fond, la théorie de MM. Ripert et Thomas n'est qu'un essai de remise en vigueur d'idées aujourd'hui vieillies et surannées. Cette distinction entre les meubles et les immeubles n'avait de sens qu'à l'époque déjà lointaine où seuls les immeubles avaient de la valeur ; et l'idée que jamais une loi étrangère ne peut produire effet sur les immeubles situés en France est devenue insoutenable dans cette forme absolue, depuis que, de l'aveu de tous, l'Etat n'a plus de domaine éminent sur les immeubles de son territoire. De nos jours, ce n'est pas en ce sens que l'on entend l'art. 3 § 2 du Code Civil. Comme le dit très bien M. Humblet (2), « les lois « régissant les immeubles ne sont réelles que si elles « se rattachent directement à la constitution politique « et économique des états. C'est dans les limites de « cet intérêt que la réalité existe. Les lois régissant la « propriété foncière sont réelles en tant qu'elles règlent « l'organisation de la propriété, ses démembrements,

(1) Pour la discussion sur ce point v. M. Weiss *précis*. p. 826.
(2) Humblet, *Journ. dr. int. privé*, 1883 p. 462.

« sa transmission, le droit, étendu à tous ou réservé à « quelques uns, de posséder des immeubles. »

« Et. en quoi l'organisation politique d'un pays « serait-elle affectée parce qu'un étranger, propriétaire « de quelques terres, qui y sont situées, serait déclaré « en faillite par le tribunal de son domicile et que ces « terres seraient dévolues à la masse ? »

Nous ne saurions donc adopter les théories de MM. Rocco, Norsa, Calvo, Ripert, et Thomas; mais que l'on nous pardonne de les avoir exposées un peu longuement. Elles ont eu pour nous un intérêt considérable : elles nous ont fait voir que, pour faire rentrer la faillite dans le statut réel, il faut ne l'envisager que sous un seul de ses aspects et que, si l'on veut au contraire tenir compte de sa nature complexe, cette idée de statut réel est bientôt débordée, effacée, et en quelque sorte reléguée au second plan (1).

X. — Bien voisines de l'idée de statut réel, sont celles d'ordre public et d'indépendance des nations ; ce sont là des idées anciennes que l'on retrouve dans presque toutes les controverses de droit international, tant elles sont faciles à amener dans une discussion, et difficiles à réfuter par suite de leur défaut absolu de précision.

La notion d'ordre public peut d'une double manière

(1) Norsa, *Revue de Gand* 1876, tome 8 n° 172, p. 628. « Ce principe (du statut réel) ne suffit pas pour résoudre toutes les « incertitudes. Il faut combiner cette règle du statut réel avec « d'autres principes supérieurs d'intérêt public » et grâce à cette combinaison, M. Norsa adopte à peu près le système de l'universalité.

s'opposer à ce que la faillite déclarée dans un pays ait effet dans les autres.

Tout d'abord, on peut faire valoir que la loi des faillites est une loi d'ordre public et que les dispositions de cette sorte n'ont, en vertu de leur nature même, aucun effet extraterritorial. Mais, pour soutenir que la loi des faillites est une mesure d'ordre public, il faut admettre préalablement qu'elle n'est en réalité qu'une loi de police et de sûreté ; et cela n'est pas. Sont seules lois de police et de sûreté, les mesures législatives qui ont pour objet la sûreté des personnes et le maintien du bon ordre (1).

Or, tel n'est pas le caractère de la loi des faillites, « sans doute, elle contient quelques dispositions pé- « nales rentrant par cela même dans l'esprit comme « dans les termes de l'art. 3 *Civ.*, mais ce ne sont pas « quelques dispositions accessoires qui peuvent déter- « miner le caractère d'une loi et, de ce que, par exemple, « la loi sur la capacité nécessaire pour contracter ma- « riage a apporté une sanction pénale à quelques-unes « de ses prescriptions (art. 157 *Civ.*) nul n'a jamais « conclu que ce soit là une loi de police et de sû- « reté » (2).

Mais si, envisagée de cette manière, la notion d'ordre public n'a pas pour conséquence forcée la territorialité

(1). Aubry et Rau, *Cours de droit civil français* t. I, § 31, p. 81.

(2). Ripert. *Rev. crit.* 1877, p. 722. — De même d'après MM. Lyon-Caen et Renault *précis*, t. 2, p. 927, n° 3136, note 3 « les « lois de faillite n'ont pas le caractère de lois de police et de « sûreté, si on fait abstraction des dispositions concernant la « banqueroute. »

de la faillite, ne peut-on pas déplacer le raisonnement et prétendre que toute faillite doit être territoriale parce qu'en lui faisant produire effet dans les états étrangers, l'ordre public de ces états se trouve compromis? Beaucoup d'auteurs l'ont fait; mais leurs raisonnements se brisent contre l'impossibilité où ils sont de montrer en quoi consiste cette violation de l'ordre public de l'état étranger. Les uns, comme M. Renouard (1), refusent aux tribunaux français le droit d'homologuer un concordat obtenu à l'étranger, ou de déclarer exécutoire le jugement d'homologation parce qu'ils ne statueraient pas en connaissance de cause, ce qui pourrait compromettre l'ordre public. D'autres, comme MM. Massé (2) et Bonfils (3), limitent les effets du concordat aux créanciers qui y ont adhéré et à ceux que leur nationalité soumet à la loi qui a présidé à la formation du concordat, parce que cette loi ne peut pas étendre ses effets sur des personnes qui sont soumises à une autre législation, ce qui serait un empiètement inadmissible. En général d'ailleurs, on se contente de se retrancher derrière la notion vague, presque insaisissable, de l'indépendance des Etats : M. Pardessus (4) ne reconnaît à la faillite et au concordat qu'un effet territorial parce que, « en dehors des « traités, ce qui est jugé dans un pays est sans autorité

(1) Renouard. *Traité des faillites* éd. 1857 t. 2 p. 65 n° 13.

(2) Massé *Dr. comm.* 3e éd. 1874 n° 613 p. 551 et 2e éd. t. 1, p. 514.

(3) Bonfils. *Compétence des tribunaux français à l'égard des étrangers* n° 247 p. 212.

(4) Pardessus *Droit comm.* 6e éd. 1857 t. 4 p. 249.

« dans les autres à cause de l'indépendance des diverses « souverainetés ». Et M. Fœlix (1) fait découler de ce principe de l'indépendance des nations la nécessité « d'autant de répartitions qu'il y a de lieux différents « dans lesquels se trouvent des immeubles ou des « meubles appartenant au débiteur commun » (2).

Nous ne pouvons admettre ces raisonnements. Soutenir que l'ordre public, que la souveraineté d'un Etat sont compromis parce que les immeubles et les meubles qui y sont situés sont compris dans une faillite déclarée par un tribunal étranger, c'est consacrer à nouveau et étendre même cette idée surannée que l'Etat a un domaine éminent sur les biens qui se trouvent dans son territoire. La souveraineté d'un Etat n'est mise en jeu que si une règle d'ordre public est violée : et sont seules régles d'ordre public celles que la loi a établies pour l'organisation de la propriété et la sauvegarde du crédit public (3). Quant à l'idée que l'ordre public s'oppose à ce que les jugements étrangers aient autorité de chose jugée, nous ne la réfuterons même pas : elle n'est plus guère soutenue aujourd'hui, et le Code Civil Italien suffit à montrer qu'elle est absolument fausse.

D'ailleurs, comment pourrait-il être porté atteinte à la souveraineté nationale, puisque, pour procéder à une

(1) Fœlix *Droit int. privé*, 4e éd. 1866 t. 2 p. 252 n° 358.

(2) M. Brissaud *Revue générale du droit* 1881 p. 163 réfute ces raisonnements tirés de l'indépendance des nations en démontrant que, l'état de société s'imposant aux nations comme aux individus, l'indépendance des nations n'est ni plus illimitée ni plus inconditionnelle que la liberté individuelle elle-même.

(3) Despagnet *précis* 1886 p. 606 n° 629.

mesure d'exécution, il est, de l'aveu de tous, nécessaire d'obtenir une sentence d'exequatur?

« Au fond, l'ordre public est désintéressé, dès qu'une « faillite est organisée régulièrement; peu importe « qu'elle le soit par une loi française ou par une loi « étrangère » (1).

XI. — Faute de pouvoir s'appuyer sur l'idée d'indépendance des nations ou sur celle d'ordre public, certains auteurs ont voulu donner pour base à la théorie de la pluralité des faillites l'intention toujours si douteuse des parties. « Les créanciers français, en contrac« tant avec une société étrangère qui avait en France « un établissement ou une succursale, lui ont évidem« ment. dit M. Pic, fait crédit, non point en considé« ration des biens qu'elle pouvait posséder à l'étranger, « et sur la consistance desquels ils n'avaient que des « renseignements très vagues, mais en vue des biens « qu'elle possédait en France. Ils ont en quelque sorte « stipulé en vue d'un gage spécial, (2) d'où résulte pour « eux la faculté » de méconnaître les effets de la faillite étrangère, et d'en faire ouvrir une seconde. M. Pic (3) déclare que telle est l'intention « certaine » des parties; mais, malgré cela, cette base est bien peu solide, si peu solide même que M. Carle, le défenseur de

(1) Brissaud. *Revue générale du droit* 1881 p. 165.

(2) En matière de gage, des à-peu-près ne suffisent pas.

(3) *Journ. D. I P.* 1892, p. 563, cf. *Dalloz, suppl. rép.* v° *Faillite* n° 1522, p..604-605. — Cette idée que l'on fait crédit non pas à la personne du commerçant étranger mais aux biens qu'il possède dans l'Etat est une idée ancienne : elle est déjà discutée par Rodenbourg, *de jure quod oritur e statutorum diversitate*, tit. 2, part. 1, ch. v.. 16.

la théorie contraire, serait très tenté d'appuyer, lui aussi, son système sur l'intention évidente des parties (1). Les créanciers n'ont-ils pas dû, en contractant, prévoir que, si une faillite venait à être déclarée, il serait procédé à une liquidation générale et dérogé aux règles ordinaires de compétence? Du moment que, par des conventions, dont nous aurons, il est vrai, plus tard à discuter la validité, ils n'ont pas tenté de se soustraire aux inconvénients de cette unité de liquidation, c'est, a-t-on dit, qu'ils l'ont acceptée. Nous n'insisterons pas sur ces arguments, très faibles de part et d'autre. Il est impossible de donner pour fondement, soit à la théorie de la pluralité, soit à celle de l'universalité, l'intention des parties : lorsque l'on entre en rapports avec un étranger et que, vu l'état de ses affaires, l'on entrevoit la possibilité de sa faillite, l'on se garde en général de contracter ou si l'on traite quelque affaire avec lui, on s'assure des garanties qui, précisément. ont pour effet de faire échapper aux conséquences de la faillite.

Si l'on est intéressé dans une faillite comme créancier chirographaire (cas unique où il y ait un intérêt réel à adopter l'une ou l'autre des deux théories que nous examinons), c'est toujours que l'on n'a pas prévu cette faillite au jour du contrat. Comment, dès lors, parler de l'intention des parties? En outre, lorsqu'on traite avec un étranger, on ne se borne pas à examiner s'il a des biens en France : on se renseigne sur sa solvabilité générale, on prend des informations dans son

(1) Carle. *La faillite en droit int. privé* n° 34. — Despagnet *précis* 1886, p. 607, n° 630.

pays. Ainsi, une maison de commerce étrangère, sans aucuns biens en France, y trouvera plus facilement du crédit, si elle a à l'étranger un actif considérable, que si elle avait quelques biens en France et seulement quelques autres à l'étranger.

XII. — Souvent d'ailleurs, l'argument que l'on tire de l'intention des parties est exposé d'une manière un peu différente et plus brutale; au lieu de dire que les créanciers nationaux ont, en quelque sorte, stipulé en vue d'un gage spécial, l'on avoue franchement que c'est afin de les protéger, que l'on ouvre une faillite nouvelle ou que l'on refuse effet à la faillite et au concordat étrangers. M. Hémar, dans les conclusions qu'il a prises en 1878 dans l'affaire Hoffmann, (1) et M. Thaller, dans son livre sur les faillites (2), insistent sur cette idée que la théorie de la pluralité des faillites peut seule sauvegarder les intérêts de nos nationaux : seule, elle leur assure le bénéfice des juridictions françaises ; seule, elle ne les envoie pas plaider au loin, au risque de les exposer à des jugements iniques (3). Mais, c'est surtout aux Etats-Unis que cette idée d'intérêt des créanciers nationaux joue un rôle considérable : elle est peut être, ainsi que nous le verrons, l'idée maîtresse du système américain en matière de règlement international des faillites (4).

(1) S. 1879-2-160.

(2) Thaller. — *La faillite en droit comparé* t. 2, p. 348, 349.

(3) Voir cette idée dans von Bar. *Das intern. Privatrecht*, t. 2, § 482.

(4) Wharton *Conflict of laws* 1872, §§ 850 et 851, et Charles L. Darling, *American Law Review*, 1881, p. 251.

Qu'il nous soit cependant permis de la rejeter. Cette notion étroite d'intérêt ne peut servir de base à une théorie juridique ; elle est presque la négation même du droit. C'est aux principes immuables de justice et d'équité, qui sont le fond même du droit, qu'il appartient de régler les rapports des parties contractantes.

D'ailleurs en fait où est-il, cet intérêt des créanciers nationaux ? Se trouve-t-il dans la pluralité ou au contraire dans l'universalité des faillites ? (1)

XIII. — La manière même dont M. Thaller résume sa théorie est propre à nous rendre sceptique sur les avantages de la multiplicité des faillites. « Ainsi, dit-il, le « cas échéant, pluralité de faillites se gouvernant cha- « cune par un droit propre, des législations diverses do- « minant toutes ces liquidations, des dates d'ouverture « et de report qui ne concorderont pas toujours » (2), bref, une diversité et un défaut de concordance qui engendreront une confusion inextricable, un véritable chaos. Il y a mieux : M. Ripert. qui fait de la faillite un statut réel, qui est partisan de la pluralité des faillites, justifie sa doctrine en essayant de démontrer qu'elle est tout aussi avantageuse que celle de l'universalité (3). Nous ne voulons pas nier cependant que la pluralité des faillites n'ait certains effets heureux. Il est des cas où cette multiplicité de procédures sera une simplification ; il en est où l'ouverture

(1) Cf. Carle *La faillite en droit international* p. 106, réfutation du système de M. Renouard.

(2) Thaller. *La faillite en droit comparé*, t. 2. p. 369.

(3) Ripert. *Rev. crit.*, 1877, p. 735, n° 38 *in fine*.

d'une nouvelle faillite sera seule de nature à sauvegarder des intérêts sacrés. Il est aussi bien des questions délicates qui ne se poseront plus : il n'y aura plus ni à discuter l'effet des jugements étrangers, ni à se demander quels actes sont actes d'exécution, ni à examiner quels effets peut produire la loi étrangère sans violer l'ordre public. Mais la question n'est pas de savoir si la thèse de la pluralité des faillites a des avantages : il est certain qu'elle en a. La difficulté est de se rendre compte si, prise dans son ensemble, elle en a plus que la théorie de l'universalité.

Nous ne le croyons pas, car ce n'est pas sans motifs qu'elle a reçu en Allemagne le nom de « *Raubsystem* » (*système du pillage*). Elle a en effet un double vice qui la rend absolument inacceptable : tout d'abord, l'exagération des frais (tant de procédures coûtent cher) ; puis, en second lieu, la possibilité qu'ont certains créanciers d'obtenir un double et parfois un triple paiement. Sans doute, les syndics qui feront les versements pourront indiquer sur les titres le montant des dividendes reçus ; mais que d'erreurs et de confusions sont vraisemblables au milieu de toutes ces procédures qui se poursuivent isolément ! et que de créances commerciales ne sont pas constatées par des titres !

XIV. — Tout fait donc à la fois défaut lorsque l'on veut donner une base à la théorie de la pluralité des faillites. Les avantages pratiques sont illusoires, les arguments de textes à double portée, l'intention des parties douteuse et les principes que l'on eut invoquer ne s'appliquent à la faillite que si l'on oublie de tenir compte de l'extrême complexité de sa nature. Il faut ne s'attacher qu'aux conséquences qu'elle a sur les biens pour la dire de statut réel; n'envisager que ses résultats au point de vue pénal pour la transformer en loi de police et de sûreté; et ne voir que le caractère de sa procédure pour en faire une simple mesure d'exécution générale. Il faut enfin se borner à relever les détails de législation spéciaux à chaque pays pour soutenir qu'elle est, au plus haut degré, une création arbitraire du droit positif.

Mais, pourquoi ne mettre en relief que l'un des caractères de la faillite? Pourquoi ne pas la prendre dans son ensemble? Est-il si nécessaire de la faire rentrer coûte que coûte dans une catégorie de rapports juridiques déterminée à l'avance? Pourquoi faire abstraction de sa nature propre? Est-il indispensable que ce soit uniquement une loi de police et de sûreté, ou une loi de statut réel, ou une loi de procédure?

Puisqu'elle réunit en un seul groupement tant d'éléments divers, mieux vaut n'en oublier aucun et faire découler les règles à appliquer de la nature même de l'institution.

XV. Ce qui caractérise la faillite, ce qui la distingue des voies d'exécution ordinaires, c'est qu'elle ne restreint pas ses effets à un bien donné, à tel ou tel meuble, à tel ou tel immeuble, c'est qu'elle affecte la personne elle-même ou, peut-être, pour parler plus exactement, le patrimoine tout entier : elle entraîne dessaisissement de tout le patrimoine, et comme le patrimoine est un ou indivisible, elle aussi est une et indivisible, elle a la même étendue que lui, elle englobe tous les biens, quelle que soit leur situation, car tous, sans exception, font partie du patrimoine. L'universalité de la faillite n'a d'autre base que cette règle de raison, consacrée par les lois de tous les pays et qui est formulée en France par les art. 2092 et 2093 du Code civil « les « biens du débiteur sont le gage commun de ses créanciers (1). »

De sa nature, la faillite est une institution dont le but est de répartir tous les biens du débiteur insolvable entre tous ses créanciers au prorata de leurs créances respectives. C'est une mesure d'ensemble, au double point de vue des créances qu'elle embrasse et des biens qu'elle affecte. Par suite de son caractère de généralité, comprenant la totalité de l'actif comme la totalité du passif, elle est forcément une et centralisée à l'endroit où existent vraisemblablement la plus grande partie des dettes et la plus grande partie des biens, c'est-à-dire au domicile du débiteur. Seul, le tribunal de ce domicile peut prononcer la mise en faillite; mais, de là découle toute notre théorie. Si la faillite est une, c'est qu'un seul tribunal peut la déclarer; si elle est universelle, c'est qu'elle ne peut être ouverte qu'en un seul endroit, c'est qu'elle affecte le patrimoine entier, c'est enfin que nulle raison de droit ne s'oppose à ce qu'une faillite ait effet à l'étranger. De même, la solution qui est donnée à la procédure de faillite est

(1) Ansalde, *de commercio et mercatura* disc. 11, nos 25, 28, 29. appuyait déjà l'universalité de la faillite sur l'universalité du patrimoine.

une et a des effets universels, c'est là une conséquence naturelle de l'unité et de l'universalité de la faillite elle-même : le concordat, l'ordre de décharge doivent avoir la même étendue que la déclaration de faillite. De même encore, pour des raisons analogues, seul le tribunal du domicile du failli pourra prononcer sa réhabilitation, et, sa réhabilitation une fois obtenue aura effet partout.

Toute la théorie de l'universalité découle de la nature de la faillite; aussi, chez presque tous les auteurs qui rejettent le principe de la territorialité, trouve-t-on des traces de l'idée que nous venons de mettre en relief : elle n'est pas toujours placée au premier plan, mais elle est indiquée, au moins en passant, par MM. Jitta (1) (Hollande), Calvo (2) (pays de langue espagnole), Carle (2 *bis*), Rocco (3), Norsa (4), Fiore (5) (Italie), Humblet (6) (Belgique), Brissaud (7), Brocher (8), Roguin (8 *bis*), (Suisse) Von Bar (9), pour les décharges et concordats (Allemagne) et en France, par MM. Weiss (10),

(1) Jitta. *Annales de Dr. comm.* 1890-2-280.

(2) Calvo. *Droit int*, éd. 1888, t. II, p. 410, § 910.

(2 *bis*). Carle. *La faillite*, p. 31.

(3) Rocco. *Revue prat.*, t. 19, 1865, p. 140 et 133.

(4) Norsa. *Revue de Droit int.*, 1876-1877, p. 629, n° 173.

(5) Fiore. *Droit int. privé*, traduction Pradier-Fodéré, p. 566, n° 371.

(6) Humblet. *Traité des faillites et banqueroutes*, n° 1040.

(7) Brissaud. *Revue générale du droit*, page 163 et surtout p. 164.

(8) Brocher. *Droit inter. privé*, t. III. p. 213.

(8 *bis*). Roguin. *Confl. des lois suisses*, p. 713, n° 582.

(9) Von Bar. *Das Int. Privatrecht*, t. II, § 491, p. 586.

(10) Weiss. *Précis*. 2e éd., p. 858 et 859.

Despagnet (1), Dubois (2), et Glasson (3-4). Au fond même, l'idée de cosmopolitisme du commerce, sur laquelle s'appuient MM. Norsa (5) et Fiore (6), n'est guère différente, une fois appliquée à la faillite, de celle que nous venons d'exposer, et la théorie de Savigny est assez voisine de la nôtre. Le système de cet illustre auteur peut en effet se résumer de la manière suivante : la faillite, étant une procédure d'ensemble, ne peut s'ouvrir qu'au domicile du débiteur, et le jugement de faillite doit avoir effet à l'étranger, car « la « communauté de droit qui existe entre Etats indépen- « dants et qui tend constamment à s'accroître, veut « qu'ils accordent une protection réciproque aux déci- « sions rendues dans un autre pays (7). » Selon nous, il est inutile de faire intervenir l'idée que les jugements étrangers ont autorité de chose jugée, il suffit de s'appuyer sur la nature même de la faillite.

XVI. — Mais, même si la nature de la faillite ne conduisait pas à en faire admettre l'unité et l'universalité dans les rapports internationaux, deux textes nous y obligeraient en France. L'art. 15, 17° du décret du 2 février 1852, et l'art. 2, n° 8 de la loi du 8 décembre

(1) Despagnet. *Précis*, 1886, p. 600.

(2) Dubois sur Carle, p. 47, note.

(3) Glasson. *J. D. I. P.*, 1881, p. 126.

(4) Le Congrès de Droit international de Turin a proclamé l'universalité de la faillite au nom de l'intérêt du commerce, et M. Renault, *Le Droit*, 12 déc. 1883, dit cette universalité conforme à la nature de la faillite

(5) Norsa. *Revue de droit int.*, 1876-1877, p. 629.

(6) Fiore. *Droit int. privé*, trad. Pradier-Fodéré, p. 563.

(7) Savigny. *Traité de droit romain*, trad. Guenoux. 18.., t. VIII. § 374, E., p. 279.

1883 sont en effet inconciliables avec la théorie de la territorialité de la faillite, telle que l'expose M. Thaller et telle qu'elle doit être formulée si on veut lui conserver toute sa pureté. Selon M. Thaller (1), le jugement déclaratif étranger ne peut même pas être en France l'objet d'une sentence d'exequatur. Selon le décret de 1852 et la loi de 1883 (2), les jugements de faillite prononcés à l'étranger, peuvent être déclarés exécutoires en France, ils peuvent produire effet en France, ils sont même, l'exequatur une fois accordé, assimilés aux jugements déclaratifs émanés de juridictions françaises.

L'antinomie est nette, flagrante et elle est d'autant plus importante à constater que le décret de février 1852 et la loi de décembre 1883 sont les deux seuls textes qui visent d'une manière formelle les faillites prononcées à l'étranger ; ce fait et la date récente à laquelle ces deux lois ont été promulguées font qu'elles doivent être, selon nous, considérées comme la base de notre législation et comme posant les principes qui

(1) Thaller. *La faillite en droit comparé*, t. 2, p. 363.

(2) Le décret du 2 février 1852, et la loi du 8 décembre 1883, sont, du moins dans la partie qui nous intéresse, rédigés en termes identiques Aussi ne reproduirons-nous que la loi de 1883 : « Ne pourront, dit cette loi, participer (à l'élection des « juges aux tribunaux de commerce)... 8° les faillis non réhabi- « lités dont la faillite a été déclarée *soit* par les tribunaux fran- « çais *soit* par jugements rendus à l'étranger mais exécutoires en « France. » Cette formule est d'autant plus significative qu'elle a été empruntée à la loi électorale du 31 mai 1850, art. 8, dans laquelle elle avait été insérée, sur la demande de M. Dupin, pour remplacer le texte de M. de Versigny. (Moniteur, 31 mai 1850).

doivent être suivis dans toutes les questions relatives au règlement international des faillites.

L'universalité de la faillite, voilà le principe de droit international qui a été consacré par le droit positif français. Que l'on n'objecte pas les art. 14 et 15 du Code civil : ces textes, par suite de leur date ancienne, et par suite de leur rédaction vague, due à ce que les législateurs de 1804 n'ont même pas entrevu la possibilité de leur application à la faillite, ne sauraient être considérés comme posant les règles fondamentales de la faillite envisagée au point de vue international ; tout au plus peut-on en tirer des restrictions à des principes contraires posés ailleurs.

XVII. — Le décret de février 1852 et la loi du 8 décembre 1883 dans le droit positif français, la nature de la faillite en législation. voilà les deux seules bases que nous donnons à la théorie de l'universalité de la faillite.

Ce ne sont pas toutefois les seules qui aient été proposées : un grand nombre d'auteurs reconnaissent à la faillite un effet extraterritorial, parce que, d'après eux, elle rentre dans le statut personnel.

M. Brocher dit la faillite de statut personnel parce que son ouverture donne naissance à une personne juridique. « Nous ne pouvons, dit-il, nous empêcher « de croire que, par la formation de la masse, la faillite « se trouve profondément empreinte d'un élément qui « la rattache au statut personnel (1). » Cette idée de

(1) Brocher, *Cours de dr. int.* éd. 1883-1885, t. 3 p. 215.

M. Brocher avait été indiquée par Carle, qui explique l'unité de compétence, au cas de faillite, par cette raison que « la personne physique du failli est remplacée par « une personne morale (1) », et elle se rapproche visiblement de celle de Günther (2) : cet auteur prétend que la faillite doit avoir un effet universel parce que ce n'est au fond qu'une succession. Nous ne nous attarderons pas à réfuter ces trois auteurs L'assimilation à une succession ne simplifie guère, et si réellement il y avait succession, les créanciers du failli qui composent la masse seraient personnellement tenus de ses dettes. Quant à la naissance d'une personne juridique, elle ne peut que compliquer la discussion : quels seront en effet ses droits à l'étranger? Pourra t-elle être reconnue en dehors de l'Etat où règne la loi qui lui a donné naissance? Faudra t-il au contraire en créer d'autres partout où il aura des biens? Autant de questions délicates qui font que la théorie de M. Brocher recule le problème et le rend plus ardu au lieu de le résoudre.

Aussi n'est-ce pas en général sur cette idée de création de personne juridique que l'on s'appuie pour faire de la faillite une dépendance du statut personnel. En général, on se borne à dire qu'elle affecte l'état du débiteur. Tel était le point de vue des anciens auteurs, du cardinal de Luca (3). d'Ansalde (4) et de Stracca (5) :

(1) Carle, *La faillite en dr. int.* p. 31, 32.

(2) Günther in *Weiske's Staatslexicon*, Band IV, (1843), Artikel « Gesetz ». p. 735.

(3) De Luca, *de cambiis*, disc. 32, n° 15.

(4) Ansalde, *de commercio et mercatura*, disc. 11 n°s 25 et s.

(5) Stracca, *de decoc.* III, n° 28.

pour eux, la faillite était une sorte de mort civile « decoctio habet vim mortis atque decoctus habetur pro « mortuo » disait le cardinal de Luca.

De nos jours, la faillite n'est plus assimilée à une mort civile, mais beaucoup de jurisconsultes pensent encore qu'elle affecte la capacité du débiteur et que le jugement de faillite est constitutif d'état. MM. Demolombe (1), Aubry et Rau (2), Bertauld (3), Fœlix (4), Bonfils (5) et Bard (6) ont adopté ce point de vue, et il y a quelques années, M. Weiss, dans les Annales de droit commercial, (7) a soutenu cette thèse avec une grande énergie. Il a été le premier à en tirer toutes les conséquences et à prétendre que cette loi unique, qui devait gouverner la faillite, était non pas la loi du domicile, mais la loi nationale du débiteur. Ainsi, M. Weiss échappe à une critique formulée par M. von Bar.

M. von Bar avait montré qu'il était tout au moins bizarre de faire rentrer la faillite dans le statut personnel et de faire régir la faillite par la loi du domicile et le statut personnel par la loi nationale (8). Avec le système de

(1) Demolombe, tome I, 103.

(2) Aubry et Rau, t. I, § 31, note 35 p. 97.

(3) Bertauld. *Quest. pratiques*, n° 157 et n° 204.

(4) Fœlix, *Droit int. privé*, 4e édit. 1866 t. I p. 207, assimile bien le failli à l'interdit, mais ce n'est pas sur cette idée qu'il fonde la théorie de l'universalité de la faillite ; il lui donne pour base cette autre idée que le jugement de faillite est un acte de juridiction volontaire.

(5) Bonfils. *Compétence des trib. français à l'égard des étrangers*, nos 246 et 257.

(6) Bard. *Précis*, 1883 p. 234 n° 252.

(7) *Annal. de dr. comm.* t. 2, 1888, p. 109 et s.

(8) Von Bar. *Das internat. Privatrecht*, § 476.

M. Weiss, la contradiction disparaît; en outre, la loi de la faillite étant la loi personnelle du failli, la période suspecte sera vraisemblement réglementée par une loi que les parties auront eue en vue en contractant.

Nous ne pouvons cependant pas admettre la théorie de M. Weiss. Les lois de faillite ne sont pas de statut personnel, car elles n'ont pas pour but principal de régler l'état et la capacité des personnes. Si elles affectent l'état du failli, si elles modifient sa capacité, ce n'est que d'une manière accessoire, (1) et ce qui détermine le caractère d'une loi, c'est son but essentiel, ce n'est pas ce qui dans cette loi est accidentel ou de peu d'importance.

Même, dans notre législation française, on peut soutenir que la faillite, envisagée du moins dans ses dispositions générales, n'affecte ni l'état ni la capacité du failli. Sans doute, celui-ci est dessaisi et ne peut plus faire valablement certains actes, mais est-il frappé d'une incapacité au sens technique du mot ? ou ses biens sont-ils simplement devenus indisponibles? Nous n'entrerons pas dans cette délicate controverse ; nous nous bornerons seulement à faire observer que la jurisprudence (2) et presque tous les auteurs décident que le failli n'est point un incapable.

(1) Lyon-Caen. *Précis de dr. comm.* t. 2 n° 3140 p. 931.

(2) Surville et Arthuys, *Précis de dr. int.* p. 539 note 1.
Brocher. *Cours de droit int. privé*, éd. 1883-1885 tome 3 p. 196 et 197.
Despagnet. *Précis*, 1886 n° 639 p. 615.
Dubois sur Carle note 51 p. 49.
Lyon-Caen. *Manuel de dr. comm.* n° 997, p, 726.
Cass. 8 mars 1854 S. 1854-1-238.
Cass. 21 fév. 1859 S. 1859-1-555.
Cass. 25 juin 1860 S. 1860-1-858.
Cass. 12 janv. 1864 S. 1864-1-17.

XVIII. — La majorité des jurisconsultes qui, tout en adoptant le système de l'universalité, ne voient, avec la jurisprudence française, dans le dessaisissement du failli qu'une indisponibilité des biens, a recours à la théorie qui reconnaît aux jugements étrangers autorité de chose jugée. Pour M. Fiore (1) et pour MM. Dubois (2) et Despagnet. (3) le jugement de faillite étranger a autorité de chose jugée. Qu'il ait été rendu contre un national ou contre un étranger, il ne lui manque que la force exécutoire, il produit, du jour même de sa prononciation, tous les effets qui se rattachent à l'autorité de la chose jugée. De ce jour, il dessaisit le failli, suspend les poursuites que des créanciers pourraient intenter individuellement et entraîne l'annulation des actes qui seraient préjudiciables à la masse.

Par malheur, la théorie de MM, Dubois, Despagnet et Fiore greffe controverses sur controverses. Si nous pensons, comme eux, qu'en législation les jugements étrangers devraient avoir autorité de chose jugée, il s'en faut de beaucoup que ce point de vue soit unanimement adopté, et il s'en faut surtout qu'il soit devenu une règle de droit positif, de sorte que, fonder l'universalité de la faillite sur cette idée d'autorité de chose jugée, c'est lui donner une base qui est en contradiction formelle avec les lois ou la pratique constante de beaucoup de pays.

(1) Fiore. *Del Fallimento secondo il diritto internazionale*, Pise 1873 p. 48.

(2) Dubois, S. 79-2-195 et sur Carle § 50.

(3) Despagnet. *Précis*, § 645.

Ce n'est pas tout. Eût-on démontré que les jugements étrangers ont autorité de chose jugée, il resterait encore à établir que le jugement de faillite est un jugement véritable, soumis aux mêmes règles que les autres décisions judiciaires. Et c'est précisément ce que nient de grands jurisconsultes. M. von Bar, entre autres, (1) a relevé avec soin ce qui sépare les jugements ordinaires de ceux qui homologuent un concordat ou déclarent une faillite. Il a montré combien il était difficile d'assimiler la décision qui homologue un concordat à celle qui déclare qu'une dette n'existe qu'en partie ou est partiellement éteinte. Il a fait voir en outre toutes les particularités d'un jugement de faillite. Ce jugement ne confère de droits précis et privatifs à personne et, selon les législations, implique une mainmise, un dessaisissement ou même un transfert de propriété. De plus, tandis que les décisions judiciaires n'ont en général effet qu'à l'égard des personnes que la nature de leur obligation soumettait à la juridiction du tribunal saisi du litige, il a, presque seul de tous les jugements, un effet plus considérable, en quelque sorte contraire au droit commun. Il affecte des créances, des personnes, et des biens que rien ne plaçait sous la juridiction des juges qui ont ouvert la faillite. Il échappe en un mot au principe de la relativité de la chose jugée.

XIX. — Sa nature même est si particulière, si difficile à saisir, qu'elle a pu être invoquée dans tous les sens et servir, quelle que fût la manière dont l'on trai-

(1) Von Bar. *Das Internat. Privatrecht*, § 476.

tait en principe les jugements étrangers, tantôt à consacrer la théorie de la territorialité, tantôt à la rejeter. M. Thaller (1) en fait la base du système de la pluralité des faillites, tandis que M. Haus (2) en Belgique, et MM. Bonfils (3), Fœlix (4), Demangeat (5) et Massé (6) y ont vu la raison d'être de l'universalité de la faillite. D'après ces derniers auteurs, qui n'ont guère fait que reprendre la théorie de Merlin (7-8), le jugement de faillite étranger doit avoir un effet extraterritorial, par cette raison qu'il se borne à constater un fait et que les syndics, simples mandataires, peuvent invoquer le bénéfice du principe que les procurations, valables selon la loi du lieu où elles sont passées, doivent avoir effet partout.

Leur argumentation contient à la fois des idées vraies et des affirmations inexactes : il est en effet certain que, même si l'on refuse aux décisions étrangères l'autorité de la chose jugée, elles peuvent faire foi, jusqu'à preuve contraire, des faits qu'elles constatent (9); il est en outre reconnu, d'une manière générale, que les actes de

(1) Thaller, *La faillite en dr. comp.* t. 2 p. 353.

(2) Haus, *Du droit privé qui régit les étrangers en Belgique*, § 146.

(3) Bonfils, *De la compét. des tribunaux français à l'égard des étrangers*, n° 245, p. 210.

(4) Fœlix, *Droit int.* 3e éd. t. 2 p. 204 et 4e éd. t. 2 p. 192.

(5) Demangeat et Bravard-Veyrières, *Droit comm.* éd. 1891 p. 12 note.

(6) Massé, *Droit comm.* 3e éd. t. 2 n° 809.

(7) Merlin *Rép.* v°. Faillite II § 2, art. 10 n° 2.

(8) Fiore, *Dr. int.* trad. Pradier-Foderé 1881 p. 563 dit bien que les syndics sont de véritables mandataires, mais ne fait pas de cette idée la base de la théorie de l'universalité de la faillite.

(9) Bard. *Précis*, 1883 n° 239 p. 319.

juridiction gracieuse ont effet à l'étranger, et il est enfin admis que les procurations, passées selon la loi du lieu où elles sont données, sont valables dans les autres Etats (1).

Mais ce qui est faux, c'est que le jugement de faillite se borne à constater un fait; c'est aussi qu'il rentre dans la juridiction gracieuse ; c'est enfin que les syndics soient des mandataires et rien que des mandataires.

Sans doute, le jugement déclaratif établit un fait, le fait de la cessation des paiements ; mais sa portée est autre. Il fait plus que d'enregistrer cette constatation : il ne laisse pas à chaque créancier le soin de pourvoir, comme il l'entend, à la protection de ses intérêts ; il crée, de toutes pièces, une procédure de liquidation obligatoire pour tous et entraîne toute une série de nullités et d'incapacités. Non-seulement, le jugement de faillite constate la cessation des paiements ; mais, ce qui est bien plus important, il tire de cette constatation les conséquences les plus graves, et la question est de savoir si ces conséquences ont un effet territorial ou un effet extraterritorial.

C'est précisément à cause de la gravité de ses conséquences que le jugement de faillite ne peut être classé parmi les actes de juridiction gracieuse. L'intérêt des tiers est profondément engagé dans les débats qui précèdent ou suivent la mise en faillite ; celle-ci peut être prononcée sur assignation aussi bien que sur requête; certaines voies de recours sont ouvertes; le juge-

(1) Ripert. *Revue critique* 1877 p. 709.

ment contient la formule exécutoire, et les discussions qui s'élèvent, soit devant les tribunaux de commerce soit devant les Cours d'Appel, ne diffèrent en rien de celles que l'on voit dans les affaires qui, de l'aveu de tous, sont de nature contentieuse.

En général, les mises en faillite donnent lieu à des débats judiciaires : le commerçant obéré ou, parfois, ses créanciers contestent soit l'opportunité soit le bien-fondé de cette mesure. Cela suffit à démontrer que la faillite ne relève pas de la juridiction gracieuse et que les syndics sont autre chose que des mandataires (1). De qui émaneraient leurs pouvoirs ? Serait-ce du failli ? Mais souvent la faillite est prononcée malgré lui et l'on ne conçoit guère de mandat sans le concours du mandant. Serait-ce des créanciers ? Mais, parmi eux, les uns combattent l'ouverture de la faillite, et les autres ne manifestent aucune volonté ; la faillite s'impose à eux comme elle s'impose au débiteur. Peu importe qu'ils aient la capacité de donner un mandat; peu importe leur volonté : une seule chose est prise en considération, le texte de la loi en vigueur à l'endroit où la faillite est déclarée.

XX. Mais, quelles que soient les divergences juridiques qui séparent les partisans de l'universalité de la faillite, leur accord est complet sur un point : tous signalent les avantages pratiques de leur système. M. von Bar (2) va même jusqu'à prétendre que tous les

(1) Cf Weiss *Ann. Dr. Comm.* t. 2 part. 1 p. 36 note 1. et Carle *La faill. en dr. int.* n° 29.

(2) Von Bar. *Das Internat. Privatrecht*, t. 2, § 476, pag. 559.

arguments proposés sont comme des morceaux de verre derrière lesquels on voit distinctement que, si l'on soutient que la faillite est universelle, c'est parce que, pense-t-on, il est désirable qu'elle le soit.

Le grand avantage pratique du système de l'universalité de la faillite est d'être en harmonie parfaite avec la nature de cette institution (1). Le but de la faillite. c'est une répartition proportionnelle de l'actif entre tous les créanciers, et ce but ne peut être atteint que si la procédure est unique et comprend tous les biens comme tous les créanciers. Morceler cette procédure. c'est aller directement contre la nature et le but de la faillite : c'est, en fait, rompre l'égalité entre les créanciers, c'est, en fait, permettre aux uns de toucher des dividendes assez forts, alors que les autres ne pourront peut-être rien obtenir. Toutes ces procédures distinctes, sans lien entre elles, ne concorderont pas : au lieu d'une liquidation unique, bien conduite, l'on aura une multitude de liquidations discordantes, et lorsque l'on voudra revenir à la réalité des faits, lorsqu'on voudra se souvenir que c'est une personne unique qui a été mise en faillite, il sera impossible de se reconnaître au milieu du chaos engendré par tant de procédures indépendantes. La situation juridique du débiteur, liquidé judiciaire ici, concordataire là, en état d'union autre part, sera devenue complètement indéfinissable. Un

(1) En réalité, ainsi que le fait remarquer M. Despagnet, *précis* 1886, p. 603, les inconvénients que l'on reproche à la théorie de l'universalité de la faillite sont moins des conséquences de cette théorie que les suites mêmes du fait d'entrer en relations avec des personnes qui ont au loin soit leur domicile soit leurs biens.

seul résultat sera toujours atteint : le débiteur, qui n'était peut-être pas insolvable, sera complètement ruiné ; mais, au moins, les créanciers auront-ils touché des dividendes élevés ? Cela est peu probable : une seule procédure de faillite coûte cher et absorbe parfois la totalité de l'actif. Aussi, plus on multipliera ces procédures, plus on aura de chances, étant donné que l'actif reste toujours le même, pour le voir complètement absorbé par les frais. Sans doute, dans la théorie de l'universalité de la faillite, à l'instance principale de faillite devront parfois s'ajouter des instances en exequatur, mais une procédure d'exequatur n'est nécessaire que si l'on veut procéder à des actes d'exécution proprement dits ; et elle est toujours infiniment moins compliquée et infiniment moins coûteuse qu'une procédure de faillite.

XXI. — En un mot, l'universalité de la faillite assure l'égalité des créanciers, donne au débiteur une situation juridique qu'il est possible de connaître, et rend les frais de liquidation moins considérables. Ce sont là des avantages si essentiels qu'un mouvement se produit très nettement aujourd'hui en faveur de l'universalité de la faillite.

En 1880, le congrès de droit international de Turin s'est formellement prononcé en faveur de ce système et a déclaré qu'il devrait être consacré d'une manière générale par des traités. Cette résolution a une importance capitale et c'est à tort, croyons-nous, que MM. von Bar (1) et Thaller (2) ont essayé d'en atténuer la por-

(1) Von Bar. *Das Internat. Privatrecht*, t. 2, p. 600, § 501.
(2) Thaller. *La faillite en droit comparé* t. 2, p. 313.

tée. L'assemblée avait un véritable caractère international : la France, la Grèce, la Russie, la Suisse, les Pays-Bas et la Roumanie y avaient envoyé des délégués (1) et parmi eux se trouvaient MM. Tühr, Asser et Renault. En outre, fût-il vrai qu'elle ne comprît que des jurisconsultes gagnés à l'avance à la thèse de l'universalité de la faillite, ce n'en serait pas moins pour nous un événement capital que d'avoir vu des hommes aussi éminents que ceux qui étaient présents au congrès appuyer de leur autorité la théorie que nous défendons.

D'ailleurs, la manifestation d'opinions qui s'est produite à Turin en 1880 s'est renouvelée en 1889 au congrès de Montevideo et a été fortifiée par la publication de livres récents. En Russie, M. de Martens (2) regrette que le droit positif semble consacrer la territorialité de la faillite ; en Hollande, M. Josephus Jitta (3) et la commission de révision du Code de Commerce ont très nettement rejeté la thèse de la pluralité (4); en Italie, MM. Fiore (5), Contuzzi (6), Carle (7), Esperson (8),

(1) Les délégués étaient MM. Renault (France), Asser (Hollande), Rhally (Grèce), Thür (Russie), Lehr et Gentet (Suisse) et Petroni (Roumanie). Assistaient, en outre, au congrès sans mandat de leur gouvernement MM. Molinier (France) et G. Brune (Allemagne).

(2) De Martens. *Traité de dr. int.* 1886, t. 2, p. 504.

(3) Jitta. *Ann. dr. comm.* 1890-2-280.

(4) *Ann. dr. comm.* 1887-1-339.

(5) Fiore *Dr. int. privé*, nos 305 et s.

(6) Contuzzi *Journ. D. I. P.* 1892, p. 1116 et 1117.

(7) Carle, *la faill. en dr. int.* nos 14 et s.

(8) Esperson. *Journ. D. I. P.* 1884, p. 376.

Rocco (1), et Norsa (2), ainsi que M. Calvo (3) dans les pays de la langue espagnole ; MM. de Savigny (4) et Völderndorf (5), en Allemagne, et MM. Namur (6), Humblet (7), Timmermans, (8) et Bormans, (9) en Belgique, sont des partisans décidés de l'universalité. En Angleterre, sir Robert Phillimore (10) pense que la théorie de la pluralité des faillites est un « système barbare » ; et en France, si MM. Fœlix (11), Dubois (12), Demangeat (13), Glasson (14), Boistel (15), Nachbaur (16), Albert Simon (17), Weiss (18), Despagnet (19) et Surville et Arthuys ont défendu l'idée d'universalité, il est curieux de noter que leurs adversaires estiment

(1) Rocco. *Diritto civile internazionale*, 3e part., ch. 31.

(2) Norsa. *Rev. de Gand*. 1876, p. 627.

(3) Calvo. *Traité de dr. int.* éd. 1888, t. 2, § 907, p. 411.

(4) Savigny. *Traité de dr. romain*, trad. Guenoux, t. VIII, § 374, p. 288.

(5) Völderndorf. *Konkursordnung*, t. 2, p. 610, § 207.

(6) Namur. *Code de commerce*, t. 3, n° 1625.

(7) Humblet. *Traité des faill. et banq.*, n° 1037.

(8) Timmermans. *Belgique judiciaire*, 1884, p. 929.

(9) Bormans. Art. 11, 2e suppl. n° 308 ter.

(10) Phillimore *Internat. Law*, 3e éd. 1889, t. IV, p. 616, n° 778.

(11) Fœlix. *Droit int. privé*, t. 2, p. 207, 208.

(12) Dubois. S. 79-2-161.

(13) Demangeat et Bravard-Veyrières. *Dr. comm.* éd. 1891, p. 12 note.

(14) Glasson. *Journ. D. I. P.* 1881, p. 126 et s.

(15) Boistel. *Précis de droit commercial*, p. 631-632.

(16) Nachbaur. *De la faillite en droit international privé*, nos 625 et s.

(17) Albert Simon. *La faillite d'après le droit international privé*.

(18) Weiss. *Traité de droit international privé*, p. 961-962.

(19) Despagnet. *Précis de Droit int.* p. 600.

que la consécration de cette idée par le droit positif est une chose désirable; M. de Bœck (1) et MM. Lyon-Caen et Renault (2) pensent que l'avenir lui appartient, et M. Thaller, après avoir tenté de démontrer que le droit positif a adopté le système de la territorialité des faillites, s'empresse d'ajouter : « Tout « esprit éclairé manifestera le vœu que les Etats sortent « par des conventions graduelles de ce régime d'isolement respectif auquel il est malaisé pour le moment « de se soustraire. L'honneur de la civilisation le « demande plus encore que l'interprétation du droit « positif » (3).

XXII. — Mais, ce qui fait hésiter beaucoup de jurisconsultes et ce qui les empêche de se rallier au mouvement que nous venons de signaler, c'est, il ne faut pas se le dissimuler, que la théorie de l'universalité de la faillite, appliquée sans tempéraments, sans précautions, a certains inconvénients pratiques.

Sur plus d'un point, les critiques formulées par M. Wharton et par M. Demangeat sont réellement fondées. M. Wharton (4), se plaçant, comme d'ailleurs presque tous les auteurs américains, au point de vue des tiers, montre combien l'universalité de la faillite peut être pour eux pleine de dangers et de surprises : rien ne révèle extérieurement l'incapacité du failli, et

(1) De Bœck. D. P. 1891-2-227, col. 2.

(2) Lyon-Caen et Renault. *Précis de droit commercial*, n° 3138 tome 2, p. 928.

(3) Thaller. *La faillite en droit comparé*, t. 2, p. 378.

(4) Wharton. — *Conflict of Laws*, 187?, §§ 850, 851.

en fait, sauf s'il s'agit de maisons de banque ou de commerce de premier ordre, les faillites déclarées dans un pays sont en général peu connues dans les autres. M. Demangeat (1) s'appuyant sur cette même idée d'intérêt des tiers, soutient qu'une vente d'immeubles situés en France, faite en France par un commerçant dont la faillite a été prononcée à l'étranger, ne peut être annulée au profit de la masse. « Le jugement de fail-« lite, dit-il, n'étant pas porté en France à la connais-« sance des tiers, il serait trop dur qu'on pût leur « opposer l'incapacité qui en est résultée pour le « failli. » L'idée de MM. Wharton et Demangeat contient, certainement, une grande part de vérité ; et le projet de Code Hollandais a essayé d'en tenir compte en déclarant que la faillite, ouverte à l'étranger, n'aurait effet en Hollande que du jour de la publication au Journal Officiel Néerlandais (2). Il faut en effet protéger les tiers de bonne foi.

Mais, pour que la théorie de l'universalité de la faillite ne produise pas de résultats injustes, il ne suffit point de prendre des mesures pour éviter aux tiers de bonne foi les regrettables surprises dont ils seraient certainement victimes par suite de leur ignorance de faillites prononcées à l'étranger. Il faut permettre en outre aux tribunaux des pays où la faillite n'est pas déclarée d'ordonner toutes les mesures provisoires et conservatoires qui pourront paraître nécessaires dans

(1) Demangeat et Bravard-Veyrières. *Dr. comm.* 2e éd. 1891, p. 13 note.

(2) *Projet de Code Néerlandais*, art. 213.

chaque cas. Il ne suffit pas en effet, pour obtenir une liquidation de tous points satisfaisante, de renvoyer tous les créanciers devant le tribunal du domicile du failli et de reconnaître les pouvoirs des liquidateurs ou syndics étrangers ; il faut de plus éviter la dilapidation de l'actif existant et donner à ces liquidateurs étrangers, qui habitent peut-être une autre partie du monde, le temps d'intervenir et de requérir eux-mêmes les mesures nécessaires. Pour cela, des mesures promptes, énergiques, doivent être possibles : les tribunaux de la situation des biens doivent avoir la faculté d'ordonner telles mesures provisoires que de raison. MM. Glasson (1), Boistel (2) et Weiss (3) vont même jusqu'à leur donner le droit d'ouvrir, à titre conservatoire, une faillite provisoire.

Nous verrons s'il faut aller jusque là ; mais, avec ce double tempérament (mesures de protection dans l'intérêt des tiers, faculté pour les tribunaux des lieux où sont situés les divers biens d'ordonner toutes mesures provisoires) la thèse de l'universalité de faillite donne des résultats excellents, et c'est elle qui, avec ce double correctif, est, ainsi qu'on va s'en rendre compte, appliquée par la jurisprudence de la plupart des états civilisés.

(1) Glasson. *Journ. D. I. P.* 1881, p. 128.

(2) Boistel. *Précis* p. 631.

(3) Weiss. *Précis* p. 863, 867 et 868, et *rapport à l'institut de droit int.* (*Revue de Gand* t. 23 année 1891, p. 394).

CHAPITRE II

JURISPRUDENCES

XXIII. — Dans aucun pays, à notre connaissance du moins, la jurisprudence ne consacre purement et simplement le système de la territoralité de la faillite (1). Nulle part, la faillite déclarée en pays étranger ne se trouve complètement dépourvue d'efficacité ; elle est reconnue d'une manière plus ou moins large, ses effets sont plus ou moins limités, mais partout, elle est reconnue. En général, il est vrai, la jurisprudence n'adopte pas non plus sans réserves la théorie de l'universalité ; il n'y a guère que les tribunaux de Belgique, d'Italie et de Norvège qui appliquent dans son intégralité le principe de l'unité de la faillite.

Le plus souvent, la jurisprudence part de cette idée d'unité et d'universalité, mais n'en déduit pas toutes les conséquences, qu'en pourrait tirer une logique rigoureuse et mathématique ; au lieu de chercher à construire un système, qui se présente avec l'apparence

(1) Celle qui s'en rapprocherait le plus serait la jurisprudence de la République Argentine, cf. Daireaux, *Journ. D. I. P.* 8186, p. 416.

d'une théorie philosophique, les juges s'efforcent en général plutôt de donner satisfaction aux besoins de la pratique et tempèrent ce que la théorie de l'universalité aurait de trop rigoureux par des concessions à l'idée opposée, concessions qui varient selon les pays et qui donnent à la jurisprudence de chaque Etat une physionomie spéciale.

SECTION I

Jurisprudences étrangères

§ I

Belgique - Italie - Norwège

I. — BELGIQUE

XXIV. — Dans ses grandes lignes, la jurisprudence belge est aujourd'hui définitivement fixée. Depuis de longues années, les tribunaux et cours de Belgique conforment leurs décisions au principe de l'universalité de la faillite (1).

XXV. — La faillite doit être prononcée au domicile du débiteur (2), et par domicile, il faut entendre le cen-

(1) La doctrine belge est dans le même sens. Voir Humblet, *Traité des faillites et banqueroutes* n° 1037 et *Journ. D. I. P.* 1880, p. 91. — Namur, *Code de commerce* t. 3, n° 1625. — Timmermans, *de l'unité de la faillite. Belgique judiciaire* 1884, p. 929. — Bormans, art. 11, 2e suppl. n° 308 ter.

(2) Trib. Anvers, 1 oct. 1883, *Jur. du port d'Anvers* 1883, p. 342.

tre réel des affaires (1). Si une société a son siège social dans un pays et son principal établissement dans un autre, le tribunal du lieu où se trouve ce principal établissement pourra seul la mettre en faillite, car « une indication purement fictive et nominale ne peut « prévaloir sur la réalité des faits (2). » Mais, que décider si une maison de commerce a dans deux pays différents des établissements d'égale importance, dont l'un n'est pas subordonné à l'autre? Devra-t-on admettre la pluralité de domiciles et par suite la possibilité de plusieurs faillites? Non, il sera seulement loisible de s'adresser à la juridiction de l'un ou de l'autre pays et lorsque l'une aura statué, l'autre deviendra incompétente pour s'occuper de la même question (3).

Rarement, les tribunaux belges ont fait fléchir la règle que, seul, le tribunal du domicile peut prononcer la mise en faillite. Il leur est cependant arrivé, pour satisfaire certains besoins pratiques, de déclarer faillis des étrangers qui n'avaient en Belgique qu'une simple résidence (4). Mais s'ils l'ont fait, ce n'a été que dans

(1) Trib. Dinant, 10 juin 1885, *Journal des trib.* 1885, p. 1015. — Cour Gand, 5 juill. 1884, *Pasicrisie belge* 1885-2-266. — Trib. comm. Gand 26 janv. 1884, *Journal des Faillites* (France) 1884, p. 625. — Cour Bruxelles, 16 fév. 1874, *Pasicrisie* 1874-2-102. — Cour Bruxelles, 7 août 1871. *Pasicrisie* 1872-2-33.

(2) Trib. Arlon, 13 juin 1878, *Cloes et Bonjean* 1878, p. 793.

(3) Anvers, 10 juill. 1880, *Jur. du port d'Anvers* 1880-1-271.

(4) Anvers, 23 juill. 1889, *Jur. du port d'Anvers* 1889-1-432. — Trib. comm. Bruxelles, 5 déc. 1885, *Journ. des trib.* 1886, p. 204. — Cf. Cour Liège, 17 mars 1883 et Cass. 29 juillet 1886, *Journ. D. I. P.* (France) 1888 p. 680 et trib. civ. Dinant, 10 juin 1885, *Journ. D. I. P.* (France) 1887, p. 360 et *Journ. des trib.* 1885, n° 259.

des conditions de fait où, pratiquement parlant, la simple résidence dont il s'agissait était presque un domicile.

XXVI. — Ouverte à l'étranger par le tribunal du domicile du débiteur, la faillite a effet en Belgique, quelle que soit la nationalité du failli, peu importe qu'il soit belge ou qu'il soit étranger (1). La faillite est universelle. Quelques décisions ont donné pour base à cette universalité l'idée que le jugement de faillite constate un fait, n'est au fond qu'une procuration (2); d'autres se sont appuyées sur la nature même de la faillite (3); mais, la véritable théorie de la jurisprudence belge, celle que l'on trouve dans la grande majorité des jugements et des arrêts, est celle qui a été défendue en France par M. Weiss : le jugement de faillite a un effet extraterritorial parce qu'il modifie l'état de la personne, parce que qu'il rentre dans le statut personnel (4). Et

(1) Trib. Gand, 15 avril 1861. *Belgique judiciaire* 1861, p. 667. — *Contra* Trib. Bruxelles, 3 mars 1888, *Pas.* 1888-3-155 distinguant selon que le failli est belge ou non.

(2) Trib. Bruxelles 11 nov. 1892. *Pasicrisie* 1893-3-15. — Cour Liège, 24 mai 1879, *Pas.* 1879-2-307. — Trib. Neufchâteau, 9 fév. 1871, *Pas.* 1873-3-245. — Anvers, 23 mai 1863, *Jur. du port d'Anvers* 1865, p. 59. — Cour Bruxelles, 13 août 1836, *Pas.* 1836-2-217.

(3) Cour Bruxelles, 13 août 1851. *Pas.* 1851-2-230. « Attendu qu'il est de principe que l'état de commerçant failli étend son effet partout où ce commerçant possède des biens ; que l'administration de la faillite est *une, indivisible et universelle* étendant son action sur tout l'actif du failli en quelque lieu qu'il soit situé. — Anvers, 10 juill. 1880, *Jur. du port d'Anvers 1880-1-271*

(4) Cour Bruxelles, 21 juin 1820 — 19 juill. 1823. — 25 mars 1826. — 27 déc. 1826. — 12 janv. 1828. *Pasicrisie belge* à leurs dates.

il produira effet à l'étranger sans même avoir besoin d'y être déclaré exécutoire.

XXVII. — En principe, l'exequatur est inutile. Avant tout exequatur, la liquidation de la faillite doit se poursuivre en Belgique conformément à la loi du domicile du débiteur (1) et ce débiteur se trouve complètement dessaisi de l'administration de ses biens et de l'exercice de ses actions. A dater du jour de la prononciation

Cour Bruxelles, 9 nov. 1846, *Pas.* 1846 2-309.
Cour Liège 20 mai 1848, *Pas.* 1848-2-211.
Cour Liège 6 déc. 1851, *Pas.* 1854-2-278.
Cassation, 6 août 1852, *Pas.* 1853-1-146.
Cour Bruxelles, 14 déc. 1860, *Pas.* 1861-2-36.
Trib. comm. Bruxelles, 1 déc. 1873, *Journal D. I. P.* (France) 1874, p. 137.
Trib. civ. Mons, 14 fév. 1874, *Journal D. I P.* (France) 1875, p. 447.
Trib. civ. Arlon 29 av. 1874, *Jur. du port d'Anvers* 1877-2-129.
Trib. civ. Arlon 29 mai 1874, *Journal D. I. P.* (France) 1878, p. 517.
Gand 10 août 1881, *Jur. du port d'Anvers* 1883-2-110.
Cour Gand 6 mars 1883, *Journ. des faillites* (France) 1884, p. 633.
Trib. comm. Bruxelles 16 janv. 1884, *Journ. des Trib.* 1884, p. 1601.
Cour Bruxelles, 10 déc. 1885, *Journ. des faillites* (France) 1886 p. 38.
Trib. comm. Bruxelles 12 déc. 1885, *Journal des faillites* (France) 1886, p. 42.
Trib. comm. Gand 19 mars 1890, *Jur. comm. des Flandres*, 1890, p. 144.
Trib. comm. Gand 16 janv, 1892, *Journ. D. I. P.* (France), 1893, p 445.

Aucune décision ne s'appuie sur l'idée que les jugements étrangers ont autorité de chose jugée, en effet cette autorité leur est refusée par l'art. 10 du Code de procédure civile promulgué le 25 mars 1876, cf. de Bœck D. P. 1891-2-226, note col. 1

(1) Trib. Anvers 9 mars 1889, *Journ. des Trib.* 1889, p. 548.

du jugement étranger, les saisies-arrêts pratiquées par des créanciers du failli doivent être annulées (1); les actions dont sont munis ses créanciers doivent être intentées non plus contre lui, car il n'a plus de personnalité juridique pour leur répondre, mais contre les curateurs ou syndics étrangers (2) et à dater de ce jour également, ces curateurs ou syndics étrangers ont le droit d'agir en Belgique au nom de la masse qu'ils représentent (3).

L'universalité de la faillite est consacrée dans son entier par les tribunaux belges. Ils reconnaissent que la faillite de la maison principale s'étend aux succursales (4), et ils admettent que pour les contestations qui s'élèvent en cette matière, c'est-à-dire pour celles qui naissent de l'état même de faillite et n'existent qu'à raison de cet état, un seul tribunal au monde est compétent, celui qui a ouvert la faillite, qu'il soit belge ou non. « Les étrangers, dit un jugement du tribunal « d'Anvers du 23 février 1885 (5), peuvent être assignés

(1) Trib. civ. Bruxelles, 27 nov. 1871. *Jur. du port d'Anvers* 1872, p. 73. — Trib. civ. Arlon 29 avril 1874. *Jur. du port d'Anvers* 1877-2-129.

(2) Anvers 31 mai 1858, *Jur. du port d'Anvers* 1858, p. 99. — Anvers 23 mai 1863, *Jur. du port d'Anvers* 1865, p. 59. — Trib. civ. Mons, 14 fév. 1874, *Jur. du port d'Anvers* 1876-105.

(3) Cour Bruxelles, 12 août 1836. *Pas.* 1836-2-217. — Cour Gand 6 mars 1882. *Jur. du port d'Anvers* 1883, p. 112. — Cour Gand 6 mars 1883. *Belg. jud.* 1884, p. 1094.

(4) Cour Gand, 21 avril 1876, *Pas.* 1876-2-291. *Jur. du port d'Anvers*, 1876, p. 82.

(5) Anvers, 23 fév. 1885, *Jur. du port d'Anvers*, 1885, p. 135. Dans le même sens, Anvers, 6 déc. 1883, *Journ. des trib.*, 1884, p. 32.

« en Belgique, s'il s'agit d'une contestation en matière « de faillite, quand cette faillite est ouverte en Bel- « gique; réciproquement et par les mêmes motifs, les « étrangers doivent donc pouvoir décliner la compé- « tence des tribunaux belges et demander leur renvoi « devant le tribunal qui connaît de l'ensemble des « contestations que soulève l'administration d'une « faillite. »

XXVIII. — Le principe de l'universalité n'est mis en échec que dans un seul cas. C'est lorsque la reconnaissance de la faillite étrangère ou l'application de la loi étrangère en Belgique violerait l'ordre public (1). Nous ne considérons pas en effet comme une atteinte à cette règle de l'universalité l'obligation, imposée dans certains cas à ceux qui veulent se prévaloir de la faillite étrangère, de faire au préalable déclarer exécutoire le jugement de faillite ; exiger parfois une sentence d'exequatur, c'est subordonner l'universalité de la faillite à une condition, peu rigoureuse d'ailleurs, mais c'est reconnaître cette universalité.

En Belgique, l'exequatur n'est nécessaire que si l'on veut procéder à des actes d'exécution proprement dits (2). Le principe est incontesté. Malheureusement, lorsqu'il s'agit de décider si tel ou tel acte donné est un

(1) Anvers, 3 février 1872, *Belg. jud.* 1873, p. 779. — Anvers 6 et 27 février 1883, *Cloes et Bonjean* t. 31, p. 384. — Trib. comm. Bruxelles, 16 juill. 1884, *Journ. des trib.*, 1884, p. 1061. — Charleroi, 3 déc., 1887, *Journ. des trib.*, 1888, p. 602. *Belg. jud.* 1888, p. 138.

(2) Humblet, *Journ. D. I. P.* 1880, p. 93. — Trib. civ. Arlon, 29 av. 1874, *Journ. D. I. P.* 1878, p 516.

acte d'exécution, bien des incertitudes subsistent encore. Il est certain que les syndics qui veulent exécuter contre un créancier belge un jugement rendu par le tribunal de la faillite et le condamnant au rapport d'un paiement indû, doivent au préalable obtenir l'exequatur des tribunaux belges (1). Mais en est-il de même s'ils veulent, en vertu du jugement déclaratif étranger, requérir au nom de la masse inscription hypothécaire sur les immeubles situés en Belgique? Dans ce cas, M. Humblet déclare inutile tout exequatur préalable (2), seulement la question est encore controversée.

Les syndics ou curateurs étrangers ont qualité pour introduire la demande à fin d'exequatur (3), aucun délai ne leur est imposé (4); il suffit que la décision étrangère soit passée en force de chose jugée, peu importe même qu'il ait été formé contre elle un pourvoi en cassation (5). La demande doit être portée devant le tribunal civil, seul compétent pour en connaître (6), et être introduite par voie d'assignation (7). L'exequatur

(1) Cour Bruxelles, 14 déc. 1860, *Pas.* 1861-2-36.

(2) Humblet, *Traité des faillites et banqueroutes*, n° 1064.

(3) Cour Bruxelles, 14 déc. 1860, *Pas.* 1861-2-36. — Cour Bruxelles, 13 mai 1879, *Pas.* 1879-2-221. — Trib. Charleroi, 16 fév. 1856, *Belg. judic.*, 1856, p. 520.

(4) Trib. Bruxelles, 3 mars 1888, *Pas.* 1888-3-155.

(5) Cour Bruxelles, 8 août 1862, *Pas.* 1863-2-399. — Cass., 9 mars 1871, *Pas.* 1871-1-130. — Cour Bruxelles, 13 mai 1879, *Pas.* 1879-2-221.

(6) Cour Gand, 6 mars 1882, *Jur. du Port d'Anvers* 1883-2-112. — Cour Gand, 6 mars 1883, *Pas.* 1883-2-110. — Trib. Anvers, 1er oct. 1883, *Jur. du port d'Anvers*, 1883-342.

(7) Trib. civ. Gand, 12 déc. 1882, *Jur. du port d'Anvers*, 1883-118.

ne peut être refusé par ce seul motif que la loi étrangère est différente de la loi belge; il faut de plus que la loi étrangère contienne quelque chose qui soit en opposition avec l'ordre public belge, et si la décision étrangère est seulement pour partie contraire à cet ordre public, elle peut être pour tout le reste déclarée exécutoire (1). Mais, l'exequatur une fois accordé, se pose la question la plus délicate : à dater de quel jour la décision étrangère devenue exécutoire aura-t-elle effet en Belgique? Sera-ce du jour de sa prononciation à l'étranger, ou bien du jour où le jugement par lequel les tribunaux belges auront accordé l'exequatur aura été rendu et publié? L'intérêt des tiers semblerait exiger que l'on s'attachât uniquement au jour de la publication de la sentence d'exequatur; ce n'est en effet qu'à cette seule condition que les tiers de bonne foi seraient efficacement protégés. Mais la jurisprudence belge est en sens contraire; consacrant sans réserves et dans son entier la théorie de l'universalité, elle décide que lorsque l'exequatur du jugement déclaratif étranger est prononcé, ce jugement a toute sa portée à partir de sa date, et que dès lors la faillite est censée avoir été déclarée en Belgique le jour où elle a été ouverte en pays étranger (2).

XXIX. Naturellement, d'après les magistrats belges, la liquidation de la faillite doit être unique, et il est particulièrement intéressant de voir comment ils con-

(1) Cour Bruxelles, 17 oct. 1888, *Journ. D. I. P.* (France), 1889, p. 889.

(2) Trib. civ. Bruxelles, 3 mars 1888, *Pas.* 1888-3-155.

cilient ce principe avec cette autre règle que, pour les droits réels et les droits de préférence, il faut suivre la *lex rei sitæ* (1). Permettre au créancier privilégié d'agir en Belgique sans s'inquiéter de la faillite ouverte dans un autre Etat, c'est s'exposer à briser toute l'économie de la liquidation suivie à l'étranger, et cependant, ce créancier a le droit d'agir en Belgique. Conciliant ces deux idées, les tribunaux belges ont déclaré que le créancier privilégié doit au préalable, avant d'exercer en Belgique son droit de suite, faire vérifier et affirmer sa créance devant la juriction étrangère, car, dit un jugement du tribunal d'Anvers du 22 avril 1884 (2), « ce serait jeter la confusion dans la gestion et l'admi- « nistration judiciaires des masses faillies que de per- « mettre aux créanciers de faire valoir leurs droits de- « vant des juridictions différentes. » Exiger au préalable la vérification et l'affirmation de la créance privilégiée devant le tribunal de la faillite afin d'empêcher que la liquidation, qui est suivie devant ce tribunal, ne soit gênée, bouleversée même par suite de l'exercice de ces actions indépendantes suivies devant des juridictions étrangères, c'est là une idée heureuse qui montre combien la jurisprudence belge a compris la nécessité de l'unité de liquidation.

XXX. — Mais, ce qui fait surtout honneur aux tribunaux belges, c'est la manière dont ils se comportent lorsqu'ils se trouvent en présence de ce fait d'une pluralité

(1) Anvers, 20 août 1879. *Jur. du port d'Anvers*, 1879 p. 369. — Anvers, 10 juill. 1880. *Jur. du port d'Anvers* 1880 p. 271.

(2) Anvers, 22 avril 1884. *Jur. du port d'Anvers* 1885 p. 166.

de déclarations de faillites. Lorsque le même individu ou la même société a été mis en faillite à la fois en Belgique et en pays étranger, et que la juridiction belge était réellement compétente pour ouvrir la faillite, les tribunaux belges seraient en droit de poursuivre les opérations de la faillite qu'ils ont déclarée sans s'inquiéter de ce qui peut se faire à l'étranger. Ce serait leur droit et, juridiquement parlant, leur conduite serait inattaquable ; seulement, en fait, ce serait déplorable : cette pluralité de procédures indépendantes, distinctes, sans lien entre elles, serait regrettable et pour le débiteur et pour les créanciers. Faisant fléchir peut-être les règles de droit pur et désireuse avant tout de donner satisfaction aux nécessités du commerce, la jurisprudence belge permet à ce syndic étranger d'agir en Belgique, à la condition de faire intervenir dans l'instance le curateur belge. Ainsi, la Société des Forges et Hauts-Fourneaux de Stenay ayant été mise en faillite le 19 janvier 1875 à Namur, où était son siège social, puis le 28 janvier en France, à Montmédy, le tribunal d'Arlon et la Cour de Liège déclarèrent que le syndic français pouvait agir en Belgique en cette qualité, à la condition de faire intervenir le curateur belge, bien que la faillite eût été prononcée à Namur neuf jours avant de l'être à Montmédy (1). La Cour de Liége constate que, loin de se contredire, le jugement de Namur et celui de Montmédy ne font que se confirmer l'un

(1) Arlon, 13 juin 1878, *Cloes et Bonjean*. 1878. p. 793. — Cour, Liège. 24 mai 1879. *Pas.* 1879-2-307 ; *Jur. du port d'Anvers*, 1879, p. 140.

l'autre, puisque tous deux affirment l'état de cessation de paiements de la Société faillie. D'ailleurs, l'art. 462 du Code de commerce belge n'obligeant pas les tribunaux à ne nommer qu'un seul curateur et un étranger ayant en Belgique la capacité nécessaire pour y remplir cette fonction, les tribunaux pourraient adjoindre le syndic étranger au curateur belge, afin qu'ils pussent procéder ensemble au recouvrement de l'actif et à la liquidation générale de la faillite, ce qui permettrait de se rapprocher, dans la mesure du possible, de cette unité de liquidation que la jurisprudence belge considère comme si désirable pour les créanciers et pour le failli lui-même.

XXXI. — Mais, une dans sa liquidation et universelle dans ses effets, la faillite ne peut avoir d'autres caractères dans les solutions qui lui sont données. Il y aurait une véritable contradiction à ne pas reconnaître la même efficacité au jugement déclaratif et au concordat. Si l'un a des conséquences extraterritoriales, l'autre doit en avoir également. Il serait incompréhensible que la procédure de faillite s'étendît à tous les pays et que la solution qui lui est donnée dans l'Etat où elle est suivie fût limitée à cet Etat. Le failli, qu'il soit concordataire ou en état d'union dans le pays où sa faillite a été prononcée, doit avoir la même qualité partout ailleurs. La solution qui est donnée à la faillite en pays étranger doit être, quelle qu'elle soit, reconnue en Belgique, à moins toutefois que l'application de la loi étrangère ne mette en danger l'ordre public.

La jurisprudence belge est constante en ce sens, et

elle base l'extraterritorialité des effets du concordat sur l'idée de statut personnel. Un jugement du tribunal de commerce d'Alost du 8 août 1888 (1) avait refusé de reconnaître à un Hollandais la qualité de concordataire, alors qu'il avait obtenu son concordat en Hollande; ce jugement se fondait sur ce que « les incapacités dont « la loi frappe le failli ne sont que temporaires et « qu'ainsi on ne peut dire que la déclaration de faillite « touche à l'état des personnes ». Ce jugement fut déféré à la Cour de Cassation belge et le procureur général Mesdach de ter Kiele soutint le pourvoi dans un réquisitoire où il s'attachait à prouver « que la durée d'une « incapacité, si courte qu'elle soit, n'est pour rien dans « la détermination de sa nature, et qu'à l'égal du dé- « ment, reconnu tel en justice, le failli subit une véri- « table *capitis deminutio* (2). La Cour de Cassation rendit un arrêt conforme aux conclusions du procureur général et décida que, la loi des faillites rentrant dans le statut personnel, le Hollandais, concordataire en Hollande, l'était également en Belgique (3). Le tribunal de commerce de Gand, statuant comme tribunal de renvoi, adopta purement et simplement la théorie de la Cour de Cassation (4).

L'universalité de la faillite, basée sur l'idée de statut

(1) Trib. comm. Alost 8 août 1888 sous Cass. belge. *Sirey*, 1891-4-7.

(2) S. 1891-4-8.

(3) Cass. 23 mai 1889 S. 1891-4-7.

(4) Trib. comm. Gand 19 mars 1890 *Gazette du Palais* (France) 1890-2-27 Dans le même sens trib. comm. Bruxelles 1 déc. 1873 *Journ. D. I. P.* (France) 1874 p. 137.

personnel, voilà. en un mot, toute la jurisprudence belge.

Les décisions contraires sont extrêmement rares et en général anciennes (1) ; une des plus curieuses a été rendue par le tribunal de commerce de Bruxelles qui, le 9 mai 1836, a rejeté la théorie de l'universalité de la faillite en s'appuyant précisément sur la notion de statut personnel (2). Un belge avait été déclaré en faillite à l'étranger par le tribunal de son domicile ; le tribunal de commerce de Bruxelles refusa de reconnaître cette faillite, parce que la faillite affecte l'état de la personne et que l'état d'un citoyen belge ne peut être régi que par la loi belge.

XXXII. — Les décisions récentes que l'on cite parfois ne sont pas, si on les examine de près, en contradiction avec la théorie de l'universalité de la faillite. La plupart d'entre elles ne sont que la consécration de ce principe que l'universalité des effets de la faillite doit être restreinte dans le domaine du droit civil et du droit commercial, elles décident que le jugement de faillite étranger n'entraine de plein droit en Belgique, pour le Belge qui en a été l'objet, ni l'incapacité électorale (3) ni celle d'être juré (4). Les autres sont rela-

(1) Cour Bruxelles 6 juin 1816 Merlin. *Rép.* v°. Faillite sect. 2 § 2 art. 10 — Cour Bruxelles 23 mars 1820 *S. coll. nouv.* t. 6 (1891-1821)-2-236 — Cour Liège 17 juin 1839 *Pas.* à sa date. — Trib. Bruxelles 12 fév. 1879 *Pas.* 1879-3-136, jugement infirmé par la cour de Bruxelles le 13 mai 1879 *Pas.* 1879-2-221.

(2) Trib. comm. Bruxelles 9 mai 1836 *Pas.* 1836-2-317 infirmé par la Cour de Bruxelles le 13 août 1836 *Pas.* 1836-2-317.

(3) Cour Bruxelles 9 août 1869, *Belgique judiciaire*, 1869 p. 1020. — Cass. 10 sept. 1869. *Pas.* 1869-I-480.

(4 Cass. 21 mars 1883 *Pas.* 1883-I-72.

tives à des matières pénales : si la Cour de Cassation belge a, le 1er février 1876, paru déclarer qu'un individu, mis en faillite à l'étranger, pouvait être ensuite l'objet de la même mesure en Belgique, cet arrêt a été rendu en matière de banqueroute et la Cour s'est bornée à affirmer que l'état de faillite où se trouvait l'inculpé étranger ne devait pas devenir pour lui une immunité le dispensant de répondre en Belgique du crime de banqueroute frauduleuse (1).

II. — ITALIE

XXXIII. — Les détails que nous avons donnés sur la jurisprudence belge nous dispenseront d'insister longuement sur la jurisprudence italienne. Ce sont en effet les mêmes solutions. En Italie comme en Belgique, les cours et tribunaux reconnaissent formellement le principe de l'universalité de la faillite (2).

XXXIV. — La faillite doit être déclarée au domicile du débiteur c'est-à-dire au centre réel de ses affaires, au centre de sa vie juridique et économique (3). Une fois ouverte par le tribunal du domicile, elle a un effet

(1) Cass. 1 fév. 1876, *Pas.* 1876-1-86.

(2) Cf. Esperson *Journ. D. I. P.* 1884, p. 376-378. — Dubois S. 1879-2-161. — Norsa. *Revue de Gand* 1876, p. 631. — Carle *La faillite en droit international.*

(3) Cour Cass. Florence 10 av. 1879. *Journ. D. I. P.* 1881, p, 453. — Cour de Lucques 9 avril 1880. *Journ. D. I. P.* 1881, p. 455. — Cour Milan 30 nov. 1883 *Rassegna di diritto comm.* 1883 p. 344 *Journ. D. I. P.* 1885 p. 461.

universel, elle s'étend aux succursales (1) et doit être reconnue en pays étranger. « Le tribunal qui a dé-« claré la faillite devient le centre de toutes les actions « dirigées contre le failli : il est le tuteur et le régula-« teur, dans l'intérêt commun, des opérations relatives « à l'avoir du failli (2). »

La faillite doit être une dans son ouverture, dans sa liquidation, et dans sa solution, qui elle aussi doit avoir un effet extraterritorial (1). Mais cette théorie, qui n'est pas expressément formulée par la loi italienne n'a pas été admise sans de vives résistances. Certains auteurs ont voulu soustraire les immeubles situés en Italie aux effets de la faillite étrangère (2) ; ils ont même cité en leur sens un arrêt de la Cour de cassation de Turin du 29 avril 1871 (3). Seulement cet arrêt n'a pas la portée qu'on a voulu lui attribuer : s'il a déclaré que les immeubles, situés en Italie, ne devaient pas être compris dans une faillite, ouverte en Autriche, c'est par le motif tout spécial que, d'après sa teneur même, le jugement de faillite autrichien ne frappait pas les immeubles sis à l'étranger, et que ce jugement ne pouvait acquérir en Italie une force que les magistrats qui l'avaient rendu ne lui avaient pas donnée. Encore à

(1) Naples 4 mars 1868. *Gazzetta dei Tribunali* (de Gênes) 1868, p. 457. — Cour Turin 13 août 1870 *Giurisprudenza* (de Turin) VII p. 508. — Milan 15 déc. 1876 *Journ. D. I. P.* 1879 p. 77. — Cour Rome 15 juin 1882 (affe Société Union générale) *Rassegna di diritto comm.* 1883, p. 40. — *Journ. D. I. P.* 1885, p. 458. — *Contra* Cour Turin 5 mars et 27 juillet 1866 *Giurisprudenza* (de Turin) III p, 170 et 361.

(2) Cour Turin 4 avril 1865 *Giurispr. Torino* an II, p. 165.

l'heure actuelle, certaines décisions, rares il est vrai, rejettent parfois complètement l'universalité de la faillite. En 1873 et en 1876, la cour de Brescia (1) et la Cour de Cassation de Turin (2), revenant sur les vrais principes formulés en 1868 par la Cour de Milan (3), ont refusé de reconnaître en Italie les effets de nullités prononcées en France en vertu de l'art. 446 du Code de commerce français ; et, dans deux arrêts récents, la Cour de Gênes s'est inspirée de la théorie de la territorialité. Le 11 février 1886, elle a décidé qu'une nouvelle faillite pouvait être ouverte en Italie, si le débiteur y avait un établissement de commerce secondaire ou y avait fait habituellement des actes de commerce (4) ; et, le 23 octobre 1892, elle a refusé d'accorder l'exequatur à un jugement d'homologation de concordat rendu dans la République Argentine (5). Ces deux arrêts

(1) Voir, entre autres, un arrêt Cour Gênes 9 av 1888, *Journ. D. I. P.* 1889, p. 911 permettant d'invoquer en Italie un « *order of discharge* » obtenu en Angleterre.

(2) D'aprés M. Ripert. *Rev. crit.* 1877, p. 736 ce système peut s'appuyer sur l'art. 8 du code civil italien qui, pour faire échapper les immeubles sis en Italie au statut réel en matière de succession, prend soin de le dire formellement; d'où arg. a contrario. D'après M. Norsa *Rev. de Gand* 1876, p. 632 le doute vient de ce que l'art. 7 (Code civil) soumet les immeubles à la *lex rei sitæ*.

(3) Cass. Turin 29 avril 1871 *Giurispr. Torino* an VIII p. 457.

(4 et 5) Cour Brescia 20 nov. 1873. *Monitore dei Trib.* 1874, p. 63 — Cour cass. Turin 6 oct. 1876. *Monitore dei Trib.* 1876, p. 1253. *Journ. D. I. P.* 1879, p. 82. Ces 2 arrêts ont refusé de reconnaître en Italie les effets de la nullité d'une cession de créance prononcée en France en vertu de l'art. 446. C. Co, par ce motif que le débiteur de la créance était italien, que le cessionnaire était italien, que la cession avait eu lieu en Italie, et que « la loi qui

s'appuient sur le même motif : l'universalité du jugement déclaratif de faillite dans les rapports internationaux est encore un des desiderata de la science juridique et n'a pas encore passé dans le droit positif. Heureusement, il est vraisemblable que toutes ces résistances disparaîtront. La doctrine italienne est trop ouvertement en faveur de la théorie de l'universalité pour que les hésitations de la jurisprudence subsistent encore pendant longtemps. Les écrits de Carle, de Norsa, de Rocco et d'Esperson, ainsi que les vœux formulés au congrès de Turin par les jurisconsultes italiens les plus éminents, exerceront forcément une influence décisive sur les tribunaux de leur pays.

XXXV. — D'ailleurs, la loi italienne elle-même semble conduire tout naturellement la jurisprudence à admettre l'universalité de la faillite. La loi reconnait formellement, bien qu'implicitement, que les jugements étrangers ont en Italie autorité de chose jugée. En combinant ce principe avec l'idée d'unité du patrimoine, la jurisprudence est logiquement amenée, ainsi que l'ont d'ailleurs déjà fait plusieurs Cours, entre autres, celle de Milan, le 15 décembre 1876 (1), à déclarer que, même dans les rapports internationaux, la faillite est une et universelle.

XXXVI. — Mais, lorsqu'aucune cour, lorsqu'aucun tribunal, ne formulera plus de protestations, et qu'ainsi la jurisprudence aura unanimement adopté la théorie de

« régit les obligations, quant à leur substance et quant à leurs « effets, est la loi du lieu où elles sont contractés. »

(1) Cour Milan 15 déc 1876. S. 1879-2-161.

l'universalité, peut-être restera-t-il encore des traces de l'ancienne résistance. Les jurisconsultes italiens pensent en général que le jugement de faillite étranger ne doit être déclaré exécutoire que si l'on veut procéder à des actes d'exécution proprement dits ; et beaucoup de décisions italiennes se sont même conformées à cette idée (1). Malgré cela, il y a dans les tribunaux italiens une tendance visible à exiger l'exequatur d'une manière plus large ; nous tenons à la signaler, car, si la procédure d'exequatur était bien réglementée, il y aurait peut-être là une pensée féconde ; la nécessité de l'exequatur serait une protection pour les tiers (2). Exiger l'exequatur, ce serait leur donner quelques chances de plus de connaître la faillite qui leur sera opposée. Certaines décisions judiciaires, conformes à la théorie de Rocco, décident que, « pour produire en Italie un effet « quelconque, les jugements de faillite rendus à l'étran- « ger doivent être revêtus de l'exequatur par les ma- « gistrats italiens » (3). D'autres, plus nombreuses, déclarent que l'exequatur est nécessaire, non-seulement pour les actes d'exécution, mais aussi pour que l'incapacité du failli étranger soit reconnue en Italie. Telle est même, selon M. Norsa, la jurisprudence dominante;

(1) Esperson. *Journ. D. I. P.*, 1884, p. 376-378. — Brescia, 1er août 1871. *Annali*, 1871, 2e part., p. 575.

(2) A l'heure actuelle, la demande et la procédure, n'ayant aucune publicité réelle, ne servent en aucune mesure à avertir les tiers.

(3) Cour Florence, 11 sept. 1889, confirmant un jugement du trib. d'Arezzo du 11 juillet 1889. *La Legge*, 1890, p. 198. *Journ. D. I. P.*, 1892, p. 292. — *Contra*. Cass. Turin, 22 déc. 1884, *Journ. D. I. P.*, 1888, p. 55.

et il en résulte, d'après cet auteur, qu' « avant l'octroi « de l'exequatur, celui qui a fait faillite à l'étranger est « capable de contracter, peut librement disposer des « biens qu'il y possède ; et que les actes faits par lui « dans le royaume sont valables, comme, réciproquement, le failli italien peut efficacement contracter à « l'étranger » (1).

XXXVII. — Malheureusement, en Italie comme partout ailleurs, des difficultés s'élèvent lorsqu'il s'agit de savoir quels sont au juste les actes d'exécution. S'il est reconnu d'une manière générale qu'avant tout exequatur le syndic étranger peut agir en Italie au nom de la masse (2), tout accord disparaît lorsque l'on veut déterminer les conditions auxquelles ce syndic étranger pourra prendre inscription hypothécaire sur les biens que le failli possède en Italie, ou pourra faire annuler une saisie conservatoire pratiquée en Italie par un créancier du failli. Un exequatur préalable lui sera-t-il nécessaire? M. Norsa le pense pour l'inscription hypothécaire et s'appuie sur l'art. 1973 du Code civil italien (3); mais la question reste con-

(1) Norsa, *Revue de Gand*, t. VIII, 1876. p. 637 et suiv., citant en ce sens, Cass. Turin. 13 av. 1867 et 29 av. 1871 et Cour Naples 4 mai 1868 ; et, en sens contraire, Cour Milan, 5 nov. 1869.

(2) Cour Gênes, 27 fév. 1863, *Caveri Giurisp. Comm.*, III, 2, 49. — Cour Milan, 5 nov. 1869, *Monit. dei Trib.*, 1870. p. 105. — Cour Brescia, 1er août 1871, *Monit. dei Trib.*, 1871, p. 817. — Cass. Turin, 22 déc. 1884, *Filanghieri Ann.* X, part. 2, p. 254. *Journ. D. I. P.*, 1888, p. 557. — Cour Gênes, 14 juin 1886, *Journ. D. I. P.*, 1887, p. 103.

(3) Norsa, *Revue de Gand*, t. VIII, 1876, p. 636. L'art. 1973 du Code civil italien est ainsi conçu : « les sentences rendues par les

troversée. Quant au droit du syndic étranger de faire annuler une saisie, les deux dernières décisions rendues sur ce point sont contradictoires. La Cour de Gênes, le 25 mars 1892 (1), a exigé un exequatur préalable par ce motif que « prononcer l'annulation de « la saisie... ce serait bien mettre à exécution en Ita- « lie le jugement étranger qui a déclaré la faillite » ; mais, trois mois auparavant, le 14 décembre 1891 (2), la Cour de Milan avait adopté la solution contraire. Et nous ne relevons que les controverses les plus importantes, dans lesquelles s'élèvent des doutes sérieux : nous ne citons pas les opinions isolées qu'un arrêt a émises, et qui n'ont plus été reproduites depuis, comme, par exemple, cette idée, formulée par un arrêt de la Cour de Brescia, que tout exequatur est inutile s'il s'agit d'exécuter la faillite étrangère sur les meubles et non sur les immeubles (3) Cet arrêt de Brescia s'appuyait sur ce que les meubles sont régis par la loi du propriétaire. Mais, si cette maxime a pour effet d'obliger les magistrats italiens à faire aux meubles application de la loi de celui à qui ils appartiennent, elle ne saurait avoir pour conséquence de permettre à des juges

« autorités étrangères ne produisent hypothèque sur les biens « situés dans le royaume que si l'exécution est ordonnée par « l'autorité judiciaire du royaume.

(1) Cour Gênes, 25 mars 1892, *Monitore dei Tribunali*, 1892, p. 491, ou *Journ. D. I. P.*, 1893, p. 237.

(2) Cour Milan, 14 déc. 1891, *Monitore dei Tribunali*, 1892, p. 169. *Revue pratique de droit international*, 1892, p. 253.

(3) Cour Brescia, 1er août 1871, p. 817. *Annali di Giurispr.* ital., vol. V, 2, 575.

étrangers de donner des ordres à la force publique italienne.

XXXVIII. — A raison de sa fréquence même, la procédure d'exequatur a été rendue particulièrement simple et expéditive en Italie. Si le failli et tout créancier ont le droit d'intervenir dans le débat et de combattre la demande (1), il est inutile que tous les créanciers qui ont fait ouvrir la faillite à l'étranger, soient mis en cause (2), et il est même de jurisprudence constante que, si la faillite a été déclarée d'office à l'étranger, l'exequatur peut être obtenu sans qu'aucun créancier soit cité (3).

XXXIX. — En un mot, la jurisprudence italienne peut se résumer de la manière suivante : unité et universalité de la faillite et des solutions qui lui sont données, mais tendance, dans l'intérêt des tiers, à admettre facilement la nécessité d'une sentence d'exequatur.

III. — NORWÈGE.

XLI. — Des jurisprudences belge et italienne, il convient de rapprocher la jurisprudence norvégienne qui, du moins dans la mesure où nous avons pu nous en rendre compte, adopte, elle aussi, l'universalité de la faillite. Deux arrêts rendus le même jour, le 29 jan-

(1 et 2). Cour de Naples, 4 mai 1868, *Giurispr. Torino*, an V, p. 664.

(3) Cour Turin, 13 août 1870, cité par Norsa, *Revue de Gand*, t. VIII, 1876, p. 636, n° 177.

vier 1887, ont décidé qu'un étranger ne pouvait être mis en faillite en Norwège s'il n'y avait son domicile (1), et que la faillite déclarée en Angleterre produisait effet en Norwège et comprenait les biens du débiteur situés dans ce pays sans qu'il y eût besoin d'une déclaration spéciale de faillite (3). Même, d'après un article de M. Getz, de Christiania (3), il y aurait en Norwège une disposition excellente, éminemment protectrice des droits des tiers : le syndic étranger ne primerait, d'une manière définitive, les créanciers agissant par voie de poursuites individuelles que du jour où il y aurait eu par lui prise d'inscription sur les immeubles et prise de possession des meubles. Grâce à cette sage mesure, ce serait en Norwège l'universalité de la faillite sans danger pour les tiers.

§ II

Jurisprudences indécises, ou combinant les deux systèmes.

XLI. — Avec l'examen des jurisprudences belge, italienne et norvégienne, nous avons terminé l'étude de celles qui appliquent d'une manière complète la théorie de l'universalité de la faillite. Toutes les autres ne sont que des compromis, des conciliations entre les deux idées contraires de territorialité et d'extraterritorialité. Suivant les tendances de chaque pays et aussi

(1) Hoiesteret, 29 janv. 1887. *Journ. D. I. P.*, 1889, p. 920.

(2) Cour suprême de Christiania, 29 janv. 1887. *Journ. D. I. P.*, 1890, p. 164.

(3) *Zeitschrift für internationales Privat-und-Strafrecht*, 1re année, 1890-1891, p. 256.

suivant ce que l'on considère comme l'intérêt national, l'une ou l'autre prédomine. Entre la Hollande, où la jurisprudence, partagée entre les deux théories opposées, n'a pu encore parvenir à se fixer, et l'Allemagne, où le principe de la territorialité compte de si nombreux partisans, l'on rencontre beaucoup de systèmes intermédiaires : les jurisprudences autrichienne, grecque, et anglaise tiennent le milieu entre la Hollande, qui finira sans doute par admettre la règle de l'universalité, et l'Allemagne ou les États-Unis, qui en sont restés au point où l'Angleterre en était en 1750.

I. — HOLLANDE.

XIII. — En Hollande, la jurisprudence est encore très incertaine. En 1890, M. Jitta l'a résumée, d'une manière malheureusement fort exacte, en disant qu'elle était contradictoire (1). Au début de ce siècle, alors que la Hollande et la Belgique ne formaient qu'un seul royaume, les tribunaux néerlandais inclinaient vers la théorie de l'universalité de la faillite ; reproduisant la doctrine des arrêts de la cour de Bruxelles de 1820, 1823, 1826, et 1828 (2), ils se fondaient sur l'idée que la faillite affecte l'état de la personne et rentre dans le statut personnel. La Hollande devenue un royaume indépendant, le système de la territorialité de la faillite

(1) Josephus Jitta. *Annales de dr. comm,* 1890-2-280.

(2) Cour Bruxelles 21 juin 1820 ; 19 juill. 1823 ; 25 mars et 27 déc. 1826 ; 12 janv. 1828. *Pas. belge*, à leurs dates.

gagna du terrain, mais les deux opinions s'équilibrèrent à peu près jusqu'en 1863 (1). A cette époque, la thèse de la pluralité sembla devoir dominer. Elle fut consacrée par la cour de Hollande septentrionale (2), par le tribunal d'Amsterdam (3), et par le tribunal de Haarlem (4). Mais, après 1877, un revirement très net se produisit en faveur de théorie de l'universalité : à deux reprises, le tribunal d'Amsterdam, par des décisions en date des 9 mai 1879 et 2 février 1880, admit des « *trustees* » anglais (5) à agir devant les tribunaux néerlandais.

Ces deux décisions ne sont pas isolées. L'universalité de la faillite a encore été reconnue par le tribunal d'Amsterdam, le 22 nov. 1877 (6), par le tribunal de Zwolle, le 19 décembre de la même année (7), et par la cour d'Amsterdam, le 20 juin 1879 (8).

Mal .eureusement, vers 1885, nouvelle évolution : le tribunal d'Arnhem, le 16 mars 1885 (9), celui de La

(1) M. S. J. Hingst *Rev. de Gand* t. 14 année 1882 p. 431. Cet auteur, (p. 432) cite des décisions du trib. d'Amsterdam (22 mars 1849 et 26 juin 1863) et du trib. de Rotterdam (13 juin 1866), qui ont permis à des curateurs ou syndics étrangers d'agir en Hollande en cette qualité.

(2) Cour de Hollande septentrionale, 23 fév. 1860, *W.* n° 2227.

(3) Trib. Amsterdam, 6 nov. 1863, *W.* n° 2538.

(4) Trib. Haarlem, 6 nov. 1877, *W.* n° 5491.

(5) Ces deux décisions sont citées dans la *Revue de Gand* t. 14, p. 434.

(6) Trib. Amsterdam, 22 nov. 1877, cité *Rev. de Gand* t. 14, 1882, p. 431 n° 88.

(7) Trib. Zwolle, 19 déc. 1877 *W.* n° 4228.

(8) Cour Amsterdam, 20 juin 1879, *W.* n° 4419.

(9) Trib. Arnhem, 16 mars 1885, *W.* n° 5223. *Journ. D. I. P.* 1887 p. 243 : la faillite ouverte en pays étranger ne suspend pas en Hollande les poursuites individuelles.

Haye, le 30 nov. 1887 (1), et celui de Maëstricht, le 2 février 1888 (2), rejettent l'universalité de la faillite. La cour de cassation elle-même, le 5 mars 1888 (3), se prononçant dans le même sens, casse un arrêt de la cour d'Amsterdam qui, le 17 février 1888, avait reconnu à la faillite ouverte en pays étranger un effet universel.

XLIII. — Mais, quelles que soient les hésitations et les incertitudes que nous constatons, il est vraisemblable que le système de l'universalité sera consacré par le droit positif hollandais ; les écrits de MM. Josephus Jitta et Asser exercent en Hollande une influence considérable et, malgré les vœux formulés par la Chambre de commerce d'Amsterdam (4), le projet de code de commerce hollandais a rejeté le système de la territorialité (5).

D'ailleurs, en Hollande, le problème se pose, à peu près, de la même manière qu'en Belgique. L'art. 431 du code civil néerlandais dispose que, « hors les cas expres- « sément prévus par la loi, les jugements rendus par « les juges ou tribunaux étrangers ne seront pas exé-

(1) Trib. La Haye, 30 nov. 1887, *W.* n° 5491.

(2) Trib. Maëstricht, 2 fév. 1888, *W.* n° 5523, *Journ. D. I. P.* 1888, p. 564.

(3) Cour cass. 5 av. 1888, *W.* n° 5538. *Journ. D. I. P.* 1888. p. 564. — Un jugement du trib. de La Haye, du 14 juin 1889, rapporté dans les *Annales du droit commercial* (1890-2-280), s'est conformé à la doctrine de cet arrêt de cassation : il a déclaré que l'ouverture de la faillite à l'étranger n'empêchait pas, en Hollande, les poursuites individuelles des créanciers.

(4) *Annales de droit commercial*, 1890-2-281.

(5) *Annales de droit commercial*, (1887-1-339 et 1890-2-280).

« cutoires dans le royaume, et que les procès pourront « être de nouveau intentés devant le juge néerlandais « et jugés par lui » ; de sorte qu'en Hollande, il est, comme en Belgique, impossible de donner pour fondement à la théorie de l'universalité l'idée que les jugements étrangers ont autorité de chose jugée. Volontiers, certains auteurs hollandais, comme M. S. J. Hingst (1), feraient dépendre la solution de la controverse qui nous occupe de l'interprétation de cet art. 431. Mais, ainsi que l'a montré M. Jitta (2), cet article est étranger à la matière de la faillite, car les conséquences légales du jugement de faillite ne constituent pas des mesures d'exécution forcée, au sens de la loi. Les décisions les plus récentes laissent de côté cet art. 431 : si elles admettent l'universalité, c'est parce que la faillite rentre dans le statut personnel ; si elles la rejettent, c'est parce que la faillite, étant une « saisie générale de tous « les biens du débiteur ordonnée par le juge, ne peut « avoir effet là où ce juge n'a pas d'autorité (3) ».

(1) M. S. J. Hingst, *Revue de Gand*, t. 14, 1882, p. 431.

(2) Jitta, *Annales de dr. comm.* (1890-2-280).

(3) Telle est la théorie du jug. du trib. de Maëstricht du 2 fév. 1888 et de l'arrêt de la cour de cassation du 5 av. 1888 : ces deux décisions repoussent l'universalité de la faillite parce que, de sa nature, la faillite est un acte d'exécution. Le tribunal de Maëstricht commence d'ailleurs par réfuter l'idée que la faillite rentre dans le statut personnel.

II. — AUTRICHE

XLIV. — Contrairement à ce que nous avons constaté en Hollande, il y a en Autriche un système universellement reconnu, qui indique nettement quels sont les effets d'une faillite ouverte dans un autre état, et quels doivent être, à l'étranger, ceux d'une faillite déclarée en Autriche. Ce système est formulé par les articles 51, 59, et 61 de l'ordonnance sur les faillites, promulguée le 25 décembre 1868, et peut se ramener aux quatre idées suivantes : égalité des créanciers, quelle que soit leur nationalité — territorialité de la faillite pour les immeubles — extraterritorialité pour les meubles — mais, avant tout, réciprocité.

Aucune controverse ne s'élève sur les principes généraux, à en juger tout au moins par les derniers traités de droit international parus en Autriche sur la matière. MM. Vesque de Püttlingen (1) et Jettel (2) se bornent en effet à peu près à recopier le texte de l'ordonnance de 1868 (3).

XLV. — L'idée d'universalité a reçu en Autriche diverses applications. Le 21 juin 1887, le tribunal régional supérieur de Vienne a décidé, à propos de la

(1) Vesque de Püttlingen, *Handbuch des im Oesterreich-Ungarn geltenden internationalen Privatrechts*, 2e éd. Wien, 1878, p. 486.

(2) Emil Jettel. *Handbuch des Internationalen Privatrechts*, 1893, p. 198, et s.

(3) Cf. Kohler, *Lehrbuch des Konkursrechts*, p. 619, Stuttgart, 1891. L'ord. du 25 décembre 1868 a été modifiée par une loi du 16 mars 1884 (*Ann. législ. étr.* 1885, p. 304).

faillite de l'Union Générale, que la capacité du syndic d'une faillite étrangère pour agir devant les tribunaux autrichiens doit s'apprécier d'après la loi du lieu d'ouverture de la faillite (1). En outre, l'art. 61 (2) de l'ordonnance sur les faillites réglemente la manière dont le principe de l'universalité doit être entendu en matière mobilière.

« La fortune mobilière du failli autrichien, située à « l'étranger, doit, dit cet article, être comprise dans la « faillite ouverte en Autriche, et, en conséquence, la « demande de remise de cette fortune doit être adressée « aux autorités étrangères.

« Par contre, la fortune mobilière d'un failli étranger, « située en Autriche, doit être transmise au tribunal « étranger de la faillite, sur sa demande. »

Mais, qu'on le remarque bien, la faillite ouverte en pays étranger ne produit effet en Autriche que du jour où la demande de remise est faite par l'autorité étrangère. Cela a été formellement décidé par la Cour Suprême d'Autriche, le 11 juin 1884. « Les biens non « compris dans l'actif de la faillite peuvent, aux termes « de cet arrêt, être l'objet de poursuites et de saisies. « Et, de ce nombre sont les biens mobiliers, situés en « Autriche, quand il s'agit d'une déclaration de faillite « prononcée en pays étranger, si l'autorité étran-

(1) Trib. régional supérieur de Vienne, 21 juin 1887, *Pand. fr.* 1889-5-11.

(2) Pour le texte des art. de l'ordonnance nous reproduisons à peu près la traduction de M. de Salles.

« gère n'a pas demandé à se saisir des meubles (1). »

En matière mobilière, c'est donc le principe de l'universalité, tout au moins du jour où l'autorité étrangère a sollicité la remise des meubles. En matière immobilière au contraire, c'est la règle de la territorialité qui a été adoptée purement et simplement : « la procédure « de la faillite relative à la fortune immobilière de-« meure réservée, poursuit l'art. 61, aux tribunaux de « l'Etat, où est située cette fortune. » Si la personne qui a été mise en faillite à l'étranger possède en Autriche des biens immobiliers, une nouvelle faillite doit être ouverte en Autriche sur ces biens (2), (3).

(1) Arrêt de la Cour Suprême d'Autriche du 11 juin 1884, S. t. XXII p. 320 ou *Journ. D. I. P.* 1888, p. 126. — Voir en outre Trib. régional supérieur de Vienne, 21 juin 1887. *Pand. fr.* 1889-5-11, (motifs).

(2) Nous n'abordons pas l'étude des difficultés qui s'élèvent lorsque le failli a des immeubles ou des meubles dans diverses provinces de la monarchie austro-hongroise, les unes, soumises à l'ord. du 25 décembre 1868, et les autres, régies par d'autres lois. Les conflits de lois qui s'élèvent à l'intérieur de l'Empire austro-hongrois ne rentrent pas dans notre plan. Ils sont exposés, entre autres, par Carle n° 36 et M. Thaller, *la faillite en droit comparé*, t. 2, p. 356, note 3. Voir aussi Cour Suprême de Vienne, 6 mars 1877. (S. t. 15, n° 6398, p. 83. *Journ. D. I. P.* 1881, p. 168) et les art. 60 et 155 de l'ordonnance.

(3) Très souvent, à cause de cette distinction entre meubles et immeubles, la théorie autrichienne est comparée à celle qui prévaut en Angleterre V. entre autres Kohler *Lehrbuch des Konkursrechts* 1891, p. 619. — En Hongrie, le système actuellement appliqué est très peu différent de celui qui est en vigueur en Autriche. *Ordonnance sur les faillites pour la Hongrie* § 73, voir toutefois le § 75 de cette ordonnance cf. sur la Hongrie Vesque de Püttlingen. *Handbuch des im Oesterreich-Ungarn geltenden Int. Privatrechts*, 2e éd. Wien 1878, p. 486-487.

XLVI. — C'est là évidemment, une conception très critiquable, mais, hâtons-nous de le dire, le vice du système est. dans une certaine mesure, atténué par les règles que formule l'art. 51 de l'ordonnance du 25 déc. 1868. Cet art. pose le principe de l'égalité de traitement, quelle que soit la nationalité des créanciers. A défaut de traités, dit-il « il faut appliquer ce principe « que les étrangers ont à la faillite les mêmes droits « que les nationaux. » Cet art. 51 est complété par les art. 69, 105 et 107 qui prennent certaines précautions, afin que la faillite étrangère soit portée à la connaissance des créanciers étrangers. L'art. 69 al. 3, dispose que « l'ouverture de la faillite pourra aussi être « publiée dans les journaux de l'étranger, s'il est à pré- « sumer qu'il se trouve à l'étranger des créanciers ou « des biens du failli » ; l'art. 105 donne aux créanciers éloignés un délai de production plus long (1) et l'art. 107 décide que « le délai de production et l'audience de « vérification, une fois publiés, doivent en outre être « signifiés aux créanciers présumés dont le domicile « ou la résidence sont connus. »

XLVII. — Malheureusement, au dessus de ces idées réellement libérales, sauf en ce qui concerne les immeubles, plane le principe de la réciprocité. Il domine, on peut le dire, toute la législation autrichienne ; il en est l'âme et le trait distinctif.

L'art. 61, après avoir posé comme règle que les biens

(1) Art. 105. « Le délai général de production doit être, eu égard « au domicile des créanciers connus, de 30 jours au moins et « de 90 jours au plus à partir du jour de la publication. »

mobiliers doivent être livrés à la faillite étrangère, ajoute la restriction suivante. « Si les autorités d'un « Etat étranger refusent la remise de la fortune mobi- « lièreo u ne l'accordent que dans des limites restreintes, « il y a lieu d'appliquer le principe de réciprocité(1). »

Et l'art. 51, après avoir déclaré que les étrangers ont dans les faillites ouvertes en Autriche les mêmes droits que les Autrichiens, subordonne l'application de cette règle à la condition que les Autrichiens aient, au cas de faillite dans l'Etat dont les étrangers sont ressortissants, les mêmes droits que les nationaux de cet Etat, (2) En un mot, l'art. 51 de l'ord. sur les faillites fait à

(1) L'art. 61 ajoute « le tribunal doit porter tous les cas de « cette nature à la connaissance du Ministre de la Justice, »

(2) En vertu de l'art. 52, « les dispositions de l'art. 51 sont ap- « plicables aux droits cédés par des étrangers à des nationaux, « si la cession n'a eu lieu qu'après la déclaration de faillite. » Il est regrettable qu'aucune disposition analogue à cet art. 52 ne se rencontre dans la législation autrichienne à propos des droits de compensation qui peuvent être invoqués dans une faillite. La solution consacrée par la jurisprudence est on ne peut plus mauvaise. Le tribunal régional supérieur de Vienne le 21 juin 1887, *Pandectes Franç.* 1889-5-11 a décidé que « l'acqui- « sition, postérieurement à l'ouverture de la faillite, par un dé- « biteur autrichien d'une créance appartenant à un tiers con- « tre une société française (l'Union Générale) déclarée en fail- « lite par les tribunaux n'est pas nulle, et que cette créance « peut être opposée par voie de compensation à l'action en « paiement dirigée contre ce débiteur autrichien par le syndic « de la faillite française. » Ce qui est bizarre, c'est que cette dé cision arrive ainsi à admetre la compensation dans un cas où la loi française (loi de la faillite) et la loi autrichienne (loi personnelle du débiteur qui invoquait la compensation) refusent pour des motifs d'honnêteté publique de permettre aucune compensation.

notre matière l'application du principe général formulé par l'art. 33 du Code Civil Autrichien. Il y a toutefois une différence entre ces deux articles. L'art. 33 oblige l'étranger à prouver que, dans son pays, étrangers et nationaux sont traités sur un pied d'égalité. L'ord. de 1868 établit au contraire une présomption d'égalité et ce n'est que lorsque le juge a quelque motif spécial de douter de l'exactitude de cette présomption, que l'étranger est tenu de « prouver, dans « un délai déterminé et par pièces authentiques, « d'après quels principes les citoyens Autrichiens sont « traités, dans le même cas, dans l'Etat auquel il « appartient. »

III. — ANGLETERRE

XLVIII. — S'il était un pays que sa législation nationale semblât devoir obliger à consacrer le principe de la territorialité, c'est assurément l'Angleterre. Des difficultés toutes spéciales semblaient, en effet, s'opposer à ce que les tribunaux anglais reconnussent une faillite ouverte en pays étranger. Le droit anglais ne connaît pas la procédure de l'exequatur (1) et l'institution de la faillite est comprise en Angleterre d'une autre manière que sur le continent. En France, en Belgi-

(1) Le jugement étranger ne peut être déclaré exécutoire en Angleterre, mais, il peut servir de base soit à une demande soit à une défense en justice et les Cours anglaises l'acceptent alors sans examen du fond comme *ratio jus dicendi*. *Journ. D. I. P.*, 1881 p. 411 et 1878, p. 22. Westlake, *Private International Law*. 1890, p. 141.

que et dans presque tous les autres pays, la faillite a le caractère d'un jugement qui dessaisit le débiteur. En Angleterre, la faillite est un transfert de propriété, un *assignment*; de sorte que la théorie de la faillite n'est qu'une partie de la théorie plus vaste des *general assignments*, des transferts à titre universel. Par suite, il était à peu peu près impossible de reconnaître effet en Angleterre à une faillite ouverte en pays étranger en lui conservant son caractère de jugement; il fallait, si on voulait ne pas la méconnaître complètement, introduire dans la jurisprudence la fiction que, dans le pays où elle avait été déclarée, la faillite n'était envisagée que comme un transfert de propriété, que comme un *assignment*.

XLIX. — Cette fiction, la jurisprudence anglaise l'a admise (1) pour donner satisfaction aux besoins du commerce, et l'on peut dire qu'aujourd'hui le droit anglais consacre l'universalité de la faillite en matière mobilière et est sur le point de l'admettre également en matière immobilière (2).

La faillite, déclarée par les tribunaux anglais, doit s'étendre aux meubles situés à l'étranger : « Je ne con-« çois pas, disait lord Thurlow (3), dans une affaire où il « s'agissait de matières mobilières, un pays qui ne re-« connaîtrait pas les droits des *assignees* nommés

(1) Westlake, *Private Int. Law*, éd. 1890, p. 142.

(2) Très souvent, à cause de cette distinction entre meubles et immeubles, la théorie anglaise a été comparée à la théorie autrichienne. Kohler, *Lehrbuch des Concursrechts*, 1891, p. 619.

(3) *Ex parte Blake*, 1 Cox Eq.: 398.

« selon la loi anglaise (1). » Réciproquement, les faillites ouvertes en pays étranger ont effet sur les meubles qui se trouvent en Angleterre (2). Le titre des syndics ou curateurs étrangers est même préféré à celui des créanciers qui ont pratiqué une saisie postérieurement à la déclaration de faillite, et cela que ces créanciers aient connu ou ignoré la prononciation de la faillite par les tribunaux étrangers (3). Leur bonne foi ne peut leur servir à paralyser les effets de la faillite étrangère. Celle-ci aura pleine efficacité en Angleterre. Les syndics étrangers pourront exercer tous les droits que leur confère la loi selon laquelle ils ont été nommés, quelque particuliers que puissent paraître ces droits aux yeux des jurisconsultes anglais (4). Une double

(1) Dans le même sens : Yate Lee and Wace, *on Bankruptcy* 3e éd. 1887, p. 317. — Dicey, *la loi du domicile*, trad. Stocquart §§ 228-229. — Baldwin *on Bankruptcy*, 6e éd. 1890, p. 174. — Foote *Pr. Int. Jur* 1890, p. 303. — *Sill. v. Worswick* 1 H. Bl.: 665 — *Hunter v. Potts*, 4 T. R., 182. — *Neal v. Cottingham* 1 H. Bl. 132 n.

(2) Cet effet extraterritorial est, en général, reconnu même aux faillites qui ont été ouvertes en pays étranger par un tribunal autre que celui du domicile. Dicey, trad Stocquart § 230, p. 251. — Nelson *Priv. Int. Law.* 1889. p. 168. — Foote *Priv. Int. Jur.* 1890, p. 309. — Westlake. *Revue de Gand.* t. 6, 1874, p. 396. — *Re Davidson* 1873, L. R. 15, Eq. 383.

(3) Piggott, *Foreign Judgments* 1879, p. 201. — Phillimore, *Int. Law*, t. IV éd. 1889, p. 617, n° DCCLXX. — Foote, *Priv. Int. Jur.* 1890, p. 308. — Baldwin, *On Bankruptcy*, 6e éd. 1890, p. 174 Lee and Wace, *On Bankr.*, 3e éd. 1887, p. 317. — Dicey trad. Stocquart, p. 239, règle 63. — Nelson, *Priv. Int. Law* 1889, p. 291. — Westlake. *Priv. Int. Law*, éd. 1890, §§ 134 et 135.

(4) *Alivon v. Furnival* (1834), 1 C. M. and R. 277, ou 3 L. J. : Ex : 241. — Sur le point de savoir si les syndics étrangers peuvent agir en justice en Angleterre en leur nom personnel, voir Foote. *Priv. Int. Jur.* 1890, part. 2, ch. 7, p. 310.

restriction sera seulement apportée à la reconnaissance de la faillite étrangère : elle ne pourra jamais avoir, en Angleterre, des effets plus étendus que dans le pays où elle a été prononcée et, en second lieu, tous les objets qui, meubles de leur nature, sont considérés comme immeubles par la *lex rei sitæ* échappent complètement à son atteinte (1).

L. — L'universalité de la faillite en matière mobilière n'est plus aujourd'hui, en Angleterre, l'objet d'aucune controverse; en 1791, lord Loughborough la disait déjà consacrée par une jurisprudence constante (2); il citait entre autres deux arrêts rendus, l'un en 1764, dans l'affaire *Salomon c. Ross* (3), et l'autre en 1769, dans l'affaire *Jollet c. Deponthieu* (4). Depuis, les décisions qui l'ont consacrée sont très nombreuses (5); en général, elles affirment le principe sans même le justifier, tant il semble indiscutable. Les auteurs agissent souvent de même, cependant quelques-uns d'entre eux, Kent (6), Wheaton (7), Phillimore (8),

(1) Dicey trad. Stocquart, t. I, p. 241 et 242, § 223.

(2) *Sill. v. Worswick*, (13 juill. 1791), 1 Hy. Bl : 665.

(3-4) *Salomon v. Ross*, et *Jollet v. Deponthieu*, 1 Hy. Bl : 131 et 132.

(5) *re Blithman* (1886), L. R. 2 Eq. 23, 26. — *re Davidson's Settlements*, L. R. 15 Eq. 383. — *Neal v. Cottingham*, 1 H. Bl : 132 n. — *Philipps v. Hunter*, 2 H. Bl. 402. — *Potter v. Brown*, 5 East. 124. — *Ex parte Cridland* 3 V. and B. 94. — *Selkrig v. Davis* (1814), 2 Rose 291. — *Hunter v. Potts* (1791), 4 T. R. 182. — *Semphill v. Queensland Sheep Investment Co* (1873), 29 L. T. 737. — *Banco de Portugal v. Wadwell* (1880), 5 App. Cas. 161.

(6) Kent, *Commentaries on American Law*, 12e ed., 1872, t. 2, § 406, p. 541.

(7) Wheaton, *Intern. Law*, 3e éd., 1889, p. 140, § 88.

(8) Phillimore, *Internat. Law*, t. IV, DCCLXX, 3e éd., 1889, p. 617

Williams (1) et Foote (2) sont moins laconiques. Ils disent pourquoi la faillite a, en matière mobilière, un effet universel ; c'est, affirment-ils, parce que les meubles du failli sont réputés se trouver au domicile de celui-ci. La raison est peut-être juridique, mais qu'on nous permette de la critiquer. Dire que la faillite, déclarée en pays étranger, s'étend aux meubles situés en Angleterre, parce qu'ils sont réputés se trouver dans le pays où la faillite est ouverte, c'est en réalité ne rien expliquer du tout ; les fictions ne rendent compte de rien, elles ne servent qu'à éviter de donner des raisons ou à cacher la faiblesse de celles qui sont alléguées. Pour nous, au lieu de faire découler l'extra-territorialité de fait de la territorialité juridique, ce qui est pour le moins bizarre, nous préférerions nous appuyer sur le texte de la loi anglaise des faillites de 1883, et dire que la faillite a un effet universel en matière mobilière, par ce que le *trustee* est investi de l'actif du failli et que l'art. 168 de cette loi indique parmi les objets compris dans ce mot « actif » les meubles du failli, en quelque lieu qu'ils se trouvent (3). Que l'on n'objecte pas que la loi de 1883 ne concerne que les faillites ouvertes en Angleterre et ne peut ainsi reconnaître d'effet extraterritorial qu'à elles seules. Il est en effet évident que, si les jurisconsultes anglais veulent que les faillites déclarées dans leur

(1) Williams, *On Bankruptcy*, 4e éd., 1886, p. 171.
(2) Foote, *Priv. Int. Jur.*, 1890, part. 2, ch. 7, p. 302.
(3) Cf. Williams, *On Bankruptcy*, 4e éd., 1886, p. 171.

pays s'étendent aux meubles situés à l'étranger, ils doivent accorder en Angleterre une force identique aux faillites ouvertes dans les autres Etats.

LI. — Mais, si les auteurs et les tribunaux anglais sont fixés sur les effets internationaux des faillites en matière mobilière, il n'en est pas tout à fait de même en matière immobilière. Une évolution très nette est en effet en train de se dessiner. Longtemps, le principe de la territorialité absolue a été purement et simplement appliqué. Les immeubles, sis à l'étranger, échappaient, en vertu de la loi anglaise elle-même, aux faillites ouvertes en Angleterre, comme les immeubles sis en Angleterre échappaient aux faillites étrangères. La loi sur les faillites de 1849, (art. 142), restreignait expressément ses effets aux immeubles situés en Angleterre, en Ecosse ou en Irlande et si celle de 1869 ne contenait expressément aucune limitation de cette sorte, l'on admit toutefois qu'elle n'avait rien innové. Mais, dès cette époque, l'on tendait à assurer en fait l'universalité de la faillite en matière immobilière ; l'on reconnaissait que les créanciers avaient un double moyen d'obtenir exécution sur les immeubles sis à l'étranger. Ils pouvaient d'abord céder leurs créances à des personnes qui seraient mieux en situation qu'eux pour saisir et vendre ces immeubles, et ils pouvaient surtout, ce qui était bien plus important, s'opposer à ce qu'un ordre de décharge fût accordé à leur débiteur; les tribunaux anglais tenaient toujours grand compte d'une opposition basée sur ce fait que le failli voulait soustraire à ses créanciers tout ou partie de son actif immobilier. Ce moyen de contrainte était fort efficace et à peu près universellement reconnu. La controverse ne portait que sur un point : le failli était-il tenu légalement de transférer au *trustee* la propriété de ses immeubles situés à l'étranger? pouvait-il y être contraint directement? Lord Selbourne. dans l'affaire Harrison c. Harrison (1), et Parke, dans l'affaire Cockerel c. Dickens (2), répondirent négativement (3) : mais Parke eut bien soin de relever les deux moyens de contrainte indirects que nous avons indiqués.

Tels étaient l'état et les tendances du droit anglais, lorsque fut discutée et votée la loi de 1883, connue en Angleterre sous le nom de *Bankruptcy Act. 1883* (4). Dans son art. 44, elle décide que l'actif du failli partageable entre ses créanciers (*property of the bankrupt divisible amongst his creditors*) comprend tous les biens appartenant au failli au commencement de la faillite ou qui peuvent lui être acquis ou dévolus avant sa décharge et l'art. 168 définissant ce mot « actif » (*property*) dit qu'il embrasse « les biens-fonds et toute « sorte de bien réels ou personnels *situés en Angleterre* « *ou ailleurs.* » Ne résulte-t-il pas de là que les faillites ouvertes en Angleterre s'étendent non seulement aux meubles, quel que soit l'endroit où ils se trouvent, mais aussi aux immeubles situés à l'étranger? Les art. 44 et 168 du *Bankruptcy Act*. n'ont-ils pas, en un mot, introduit

(1) *Harrison v. Harrison*, L. R. 8, Ch. 342.

(2) *Cockerel v. Dickens*, 3 Moo. P. C. 98, 133.

(3) Dans le même sens : Williams, *on Bankruptcy*, 5e éd., 1891, § 44, p. 181. — Griffith and Holmes, vol. I, p. 393. — *Selkrig v. Davies*, 2 Rose, 97.

(4) 46 et 47, Vict. c. 52.

dans le droit anglais l'universalité de la faillite en matière immobilière ? Beaucoup d'auteurs l'ont pensé, mais, comme cette réforme est d'une importance capitale et qu'elle n'est qu'implicitement formulée par la loi, d'autres ont prétendu que, sur ce point, la législation anglaise n'avait pas été modifiée. MM. Lawford Yate Lee et H. Wace (1) ainsi que les continuateurs de Sir Robert Pillimore (2) et MM. Baldwin (3), Westlake (4) et Gillespie (5) soutiennent encore que la faillite déclarée en Angleterre n'a aucun effet sur les immeubles situés à l'étranger. Ils ne croient pas qu'une réforme aussi grave ait pu être introduite indirectement sans que, pour ainsi dire, personne s'en aperçût. Ce raisonnement n'est pas décisif ; le texte de la loi est là, il faut en tenir compte. Sans doute, la question est délicate, si délicate même que certains auteurs, comme MM. Hough et Chalmers (6), n'ont pas voulu se prononcer, mais l'opinion qui, pour nous, est la meilleure et la plus juridique est assurément celle qui serre de plus près le texte de la loi. La loi dit que l'actif du failli, partageable entre ses créanciers, comprend les biens immobiliers, partout où ils se trouvent ; l'interprête ne peut pas en

(1) Lawford Yate Lee et H. Wace, *On Bankruptcy* 3e éd. 1887, sec. 44, p. 315, 316.

(2) Sir Robert Phillimore, 3e éd. 1889, publiée par Sir Walter Phillimore et M. James Mure, tome IV, p. 626, n° DCCLXXIX.

(3) Baldwin, *On Bankruptcy* 6e éd. 1890, p. 174.

(4) Westlake, *Priv. Int. Law* éd. 1890.

(5) Gillespie (avocat du barreau d'Edimbourg) traduction du traité de von Bar éd. 1892, p, 1049.

(6) Hough et Chalmers, *The Bankruptcy Act. 1883*, éd. 1884, p. 189.

conclure que les immeubles situés à l'étranger échappent à la faillite ouverte en Angleterre. Aussi la théorie de l'universalité de la faillite en matière immobilière est-elle soutenue avec énergie par MM. Nelson (1), Wheaton (2), Alderson Foote (3), et Williams (4). D'après ces auteurs, le *trustee* nommé par les tribunaux anglais est investi de la propriété des immeubles sis à l'étranger. Et ce n'est pas là une vaine formule, elle a un intérêt pratique même dans le cas où la législation du pays où se trouvent les immeubles refuserait de reconnaître le titre des *trustees* anglais. Il faut en effet la combiner avec l'art. 24, § 2 du *Bankruptcy Act* de 1883, qui indique les devoirs du failli et déclare qu'il doit « faire généralement tous les actes concernant ses « biens et qu'à cet égard il se conformera soit aux ré- « quisitions du séquestre officiel, de l'administrateur « spécial ou du *trustee*, soit aux décisions de la Cour. » Si la loi étrangère méconnait donc les droits que le *Bankruptcy Act* confère au *trustee* anglais, celui-ci pourra exiger que le failli lui transfère la propriété de ses immeubles dans les formes requises par la loi étrangère. Si le failli s'y refuse, il se rendra coupable d'offense envers la Cour (*contempt of Court*) et deviendra à ce titre passible de peines. (*Bankruptcy Act*, art. 24 § 4).

(1) Nelson, *Priv. Int. Law.* 1889, p. 167.

(2) Wheaton, *Int. Law.* 3e édit. 1889, § 139, p. 218.

(3) Alderson Foote, *Private Int. Jur. 1890*, part. 2, ch. 6, p. 208 et *Journ. D. I. P.* 1884, p. 231.

(4) Williams, *on Bankruptcy*, 5e éd. 1891, p. 181, § 44

LII. — Le droit anglais est donc en voie de consacrer la théorie de l'universalité de la faillite en matière immobilière au moins sous une de ses formes, c'est-à-dire au profit des faillites ouvertes en Angleterre. Mais, la conséquence forcée de ce premier progrès sera évidemment la reconnaissance de l'universalité de la faillite en matière immobilière sous son autre forme, c'est-à-dire au profit des faillites étrangères à l'encontre des immeubles anglais; ce sera peut-être un peu plus long, car, avant de reconnaître des droits aux étrangers contre les nationaux, on commence par accorder ces mêmes droits aux nationaux contre les étrangers. Mais, l'évolution est déjà commencée. Si les auteurs déclarent encore qu'une faillite étrangère n'a pas effet sur les immeubles sis en Angleterre, qu'elle n'en transfert pas de plein droit la propriété aux syndics étrangers, M. Nelson (1) fait observer que, la propriété immobilière étant maintenant saisissable pour dettes, rien ne s'oppose plus à ce que le titre des syndics étrangers soit reconnu en matière immobilière et il ajoute que la doctrine nouvelle n'est pas en contradiction absolue avec la décision *Cockerel c. Dickens* qui jusqu'ici avait fait loi en la matière; cela a son importance, étant donnée l'autorité qu'ont les précédents dans le droit anglais. M. Nelson termine même son argumentation en disant que les tribunaux anglais doivent aider le syndic étranger à mettre la main sur les immeubles sis en

(1) Nelson, *Priv. Int. Law* 1889, p. 169, note 1. — M. Foote, *Priv. Int. Jur.* 1890, part. 2, ch. 6, p. 211 va beaucoup moins loin que M. Nelson cf. *Waite v. Bingley*, 21 Ch. D. 674, 682.

Angleterre ; grâce à cette assistance, ce pourra être en fait l'universalité de la faillite même pour les immeubles.

LIII. — La contre-partie de l'universalité de la déclaration de faillite est l'universalité des concordats et décharges. Les décharges obtenues en pays étranger ont effet en Angleterre. Toutefois, l'application de ce principe est subordonnée à une double condition :

1° Les décharges que l'on oppose en Angleterre doivent être absolues, c'est-à-dire affecter le lien de l'obligation lui-même, entraîner une extinction complète de la dette et de toutes les actions des créanciers ; elles ne doivent pas en un mot être une simple atténuation du recours en justice (1).

2° Elles doivent découler soit de la loi du pays où l'obligation a été contractée, soit de décisions judiciaires rendues dans ce pays. Par application de ce principe, les auteurs anglais reconnaissent que, si les décharges obtenues en Angleterre sont opposables en Angleterre à tous les créanciers, quel qu'ait été le lieu du contrat (2), les tribunaux étrangers sont en droit de n'attribuer

(1) Yate Lee et Wace, *on Bankruptcy* 3e éd. 1887 p. 158 — Phillimore, *Priv. Int. Law* éd 1889 vol IV n° DCCXCVII p. 639 — Piggott, *Foreign Judgments* 2e éd. p. 340. — Halleck, *Priv. Int. Law*. 3e éd. 1893 vol. I ch. 7 § 13 p. 207. — Williams, *on Bankruptcy* 4e éd. 1886 § 30 p. 86.

(2) Piggott, *Foreign Judgments* 2e éd. p. 346. = Baldwin, *on Bankruptcy* 6e éd. 1890 p. 479. — Foote, *Priv. Int. Jur.* 1890 p. 463. — Lease, *Law of contracts* 1892 p. 895. — Gillespie, traduction de von Bar 1892 p. 1050. — *Armani v. Castrique*, (1844) 14 L. J. Ex : 36. — *Gill v. Barron*, L. R. 2 P. C 157 — *Davis v. Shapley*, 1 B and Ad : 54.

aucun effet à ces décharges, si le contrat n'a pas été passé en Angleterre (1). Par application de ce principe également, la décharge qui résulte d'un concordat obtenu en France et qui affecte une obligation contractée en France a en Angleterre le même effet qu'elle eût eu en France et cela, quelle que soit la nationalité des parties en cause (2) ; tandis que celle qui résulte de la loi française des faillites et qui affecte un lien de droit issu d'une convention passée en Angleterre n'est pas reconnue par les tribunaux anglais. Une des dernières applications de cette règle a été faite par la Cour d'Appel de Londres, le 26 juin 1890, au préjudice de la Société des Métaux. « En admettant, dit Lord Justice « Lopes (3), qu'il y ait eu décharge dans la faillite de la « société défenderesse en France, cette décharge ne peut « opérer comme une décharge à l'égard d'un contrat « fait en Angleterre, alors même que la défenderesse « est domiciliée en France ». Les auteurs les plus considérables, et parmi eux, Story, Phillimore, Bell, Burge, Nelson et Piggott (4) ainsi que de nombreuses

(1) Piggott, *Foreign Judgments* 2e éd. p. 346 — Foote, *Priv. Int. Jur.* 1890 p. 463. — *Bradley v. Hodges.* 1 B. and S. 375. — *Ellis v. M' Henry*, L. R. 6 C. P. 228. — *Philips v. Allan*, 8 B. and C 477. — *Lewis v. Owen*, 4 B. and Ald. 654.

(2) *Orr v. Brown*, 5 Carrington and Payne Reports 414. — *Quelin v. Moisson*, affaire appelée aussi *Edward v. Ronald* analysée avec soin par Phillimore *Priv. Int. Law* tome IV n° DCCXCVIII et rapportée 1 Knapp's P. C. Rep. p. 266.

(3) *Gibbs v. Société des Métaux*, L. R. 25 Q. B. D 339 ou *Le Droit* 15 août 1890.

(4) Story, §§ 342 et 348. — Piggott, *Foreign Judgments* 2e éd. p. 340. — Phillimore, *Intern. Law* 3e éd. 1889 vol 4 p. 639 n° DCCXVII — Williams, *on Bankruptcy* 4e éd. 1886 § 30 p. 86. — Burge, vol 3

décisions (1) judiciaires subordonnent ainsi l'effet extraterritorial des décharges à la condition qu'elles soient accordées dans le pays où s'est formée l'obligation (2). Ils se fondent sur cette raison de droit que les parties contractantes avaient en vue, au moment où elles se liaient, la loi du lieu du contrat et que seule cette loi peut affecter les rapports juridiques des parties. Mais, pour être fondée sur une de ces présomptions de volonté toujours si hypothétiques et pour être peut-être définitivement fixée, cette doctrine n'en offre pas moins certaines bizarreries et n'en a pas moins soulevé certaines critiques. M Westlake (3), tout en

p. 924 part, 2 ch. 22. — Addison, *Law of contracts* 9e éd. 1892. — Chitty, *Law of contracts* 12e éd. 1890 ch. 13 p. 895 — Leake, *Law of contracts* 3e éd. 1892 Ch 13 p. 895 — Nelson, *Priv Int. Law* 1889 p. 171-172 — 2 *Bell's Comment.* 5e éd. § 1267 p. 688-692. — Westlake, *Priv. Int. Law* 1890 p. 281-283 et §§ 240-241.

(1) *Burrows v. Jemino* (1726), 2 Stra, 733 — *Ballantine v. Golding* (1783) Cook's Bk Law : 419 *Potter v. Brown* (1804) 5 East 124 — *Odwin v. Forbes*, (1817) Buck, 57 — *Quelin v. Moisson* (1828) 1 Knapp 266 — *Gardiner v. Houghton*, (1862) 2 B. and S. 743 — *Philips v. Eyre*, (1870) L. R. 6 Q. B. 1, 28. — *Ellis v. M'Henry*, L. R. 6 C. P. 228. — *Pedder v. Macmaster*, 8 T. R. 609 — *Clerke v. Emery*, 1 F. and F. 446 — *Philipps v. Allan*, (1828) 8 B. and C. 477 — *Queen v. Keefe*, (1795) 2 H. Bl. 553 — *Smith v. Buchanan*, (1800) 1 East. 6 — *Lewis v. Owen*, (1821) 4 B. and Ald. : 654 — *Bartley v. Hodges*, (1861) L. J. Q. B. 252.

(2) Toutefois la décharge qui est accordée dans un pays autre que celui du contrat a un effet extraterritorial, à l'égard des créanciers qui ont reconnu la procédure suivie dans ce pays, par exemple en y produisant leurs créances ou en touchant des dividendes. Pigott, *Foreign judg.* 2e éd. ch. X. p. 342. — Leake. *aw of contracts* 3e éd. 1892 ch. 13 p. 895. — *Philipps v. Allan*, (1828) 8 L. J. K B. 2 — *Ex parte Robertson* L. R. 20 Eq. 733 ; 44 L. J. B. 99.

(3) Westlake cité par Pigott, *Foreign judg.* 1re éd. p. 218 et 223 cf. *Odwin v. Forbes*, 1 Buck. C. B. 57.

reconnaissant que le système contraire est moins juridique, le préfère comme plus conforme à la *comitas gentium* c'est-à-dire à l'équité et à l'utilité pratique. M. Nelson (1) semble assimiler au cas où la décharge est accordée dans le pays où a été contractée l'obligation celui où elle est obtenue selon la loi du domicile du débiteur.

Et M. Piggott (2), en développant la théorie dominante, en montre les défauts. Il suppose qu'un contrat a été passé en France et que la décharge résulte de la loi des faillites anglaise ; les tribunaux Français, dit-il, auront raison de refuser de la reconnaître et les juridictions anglaises auront également raison de lui donner effet. Mais, supposons que le créancier agisse en France et obtienne, malgré la décharge accordée en Angleterre, jugement contre son débiteur, puis intente en Angleterre une action en vertu du jugement français, que devra faire la juridiction anglaise saisie du litige? Il semble, dit M. Piggott, qu'elle devra donner plein et entier effet à la décision française, car celle-ci est conforme à ce principe du droit international, que la décharge qui résulte d'une loi autre que celle du lieu du contrat n'a qu'un effet territorial. Cette solution de M. Piggott est logique, mais n'est-il pas réellement inadmissible que le créancier, en allant plaider à l'étranger, puisse en Angleterre se soustraire à la loi anglaise? En outre, est-il juridique de déclarer que la décharge accordée

(1) Nelson, *Priv. Int. Law* 1889 p. 172. — Dans le même sens Westlake, *Priv. Int. Law* 1890 § 241.

(2) Piggott, *Foreign judgments* 2e éd. p. 346.

en Angleterre porte sur toutes les dettes du failli, quel que soit le lieu où elles sont nées, mais n'affecte ces dettes qu'en Angleterre? Est-il enfin facile d'admettre que la décharge n'a pas la même étendue que l'*assignment* et aura-t-on expliqué cette dernière bizarrerie en disant que l'*assignment* concerne la fortune du failli et la décharge celle de ses créanciers?

LIV. — Nous ne le croyons pas; pour nous, il eût été préférable, à tous égards, que le principe de l'universalité de la faillite fût appliqué sans distinctions à toutes les catégories de décharges. Mais, pour une dérogation malheureuse à ce principe, le droit anglais nous en offre plusieurs autres, qui, croyons-nous, sont plus difficilement critiquables.

LV. — Un des inconvénients pratiques du système de l'universalité pourrait être, il faut l'avouer, l'unité absolue de déclaration de faillite. Lorsque les biens du débiteur insolvable sont disséminés dans des pays étrangers; lorsque le tribunal du domicile est situé au loin, peut-être dans une autre partie du monde, et que le temps matériel nécessaire pour agir devant cette juridiction est forcément assez long, il est dur de refuser toute compétence aux juges de la situation des biens. Renvoyer les créanciers à se pourvoir au loin, c'est faciliter la disparition de l'actif et rendre ainsi illusoire la procédure même de la faillite.

Aussi, en Angleterre, les tribunaux ont-ils le droit de prononcer la faillite ou la mise en liquidation d'individus et de sociétés qui n'y sont pas domiciliés, sauf naturellement à donner à cette faillite tel effet que de raison.

Si l'étranger est domicilié en Angleterre, aucune difficulté, les juridictions anglaises ont le droit de le mettre en faillite (1) ; un doute peut seulement s'élever si le domicile est purement commercial (2). S'il est domicilié dans un autre pays, il faut tout d'abord que, dans l'année qui a précédé l'introduction de la demande, il ait résidé ordinairement en Angleterre ou y ait eu soit une maison d'habitation (3) soit le siège de ses affaires ; il faut en second lieu qu'il ait commis un des actes énumérés par la loi de 1883 comme susceptibles d'entraîner une mise en faillite ; si l'acte relevé est d'une gravité suffisante, peu importe qu'il ait été consommé en Angleterre ou ailleurs (4).

S'il s'agit d'une société, elle peut être mise en li-

(1) *Bankruptcy Act*. 1883 art. 4.

(2) Phillimore, *Priv. Int. Law*, 3e éd. 1889 t. 4 p. 616 n° DCCLXVIII — Yate Lee et Wace, *on Bankruptcy* notes to s. 44 (3e éd. p. 317) — *Re Blithman*, L. R. 2 Eq. p. 23 — *Re Davidson's Trusts*, L. R. 15 Eq. p. 383.

(3) La jurisprudence anglaise admet facilement que le débiteur ait eu en Angleterre une résidence ou une maison d'habitation. L'occupation d'une chambre d'hôtel pendant un temps assez prolongé a été considérée comme une résidence ordinaire au sens de l'art. 4 du *Bankruptcy Act.* de 1883. *In re Norris, ex parte Reynolds*, W. N. 1888 p. 87 ; cf. *In re Hecquard* 24 Q. B. D. 91.

(4) *Bankruptcy Act.* 1883 art. 4. — Foote, *Journ. D. I. P.* 1884 p. 230 — Nelson, *Priv. Int. Law* p. 163-165 — Gillespie, trad. de von Bar 1892 p. 1049 — *Re Norris* (1888), W. N. 1888 p. 87. — C'est le rejet du système de la résidence provisoire consacré par le *Bankruptcy Act.* de 1869. *Journ. D. I. P.* 1884 p. 229 cf. cour d'appel Londres 17 janv. 1884. *Brandon v. Trench*, L. T. Rep. vol L p. 41 ou *Journ. D. I. P.* 1885 p. 103 — Sur le système analogue en vigueur en Ecosse v. Gillespie, trad. de von Bar 1892 p. 1024, note 37.

quidation en Angleterre si elle y est domiciliée, incorporée ou enregistrée, si elle y a son principal établissement (1) et en outre dans les cas où une telle mesure paraît juste et équitable.

Il est de jurisprudence constante qu'une société étrangère peut être mise en liquidation en Angleterre, si elle n'y a qu'une succursale (2); mais, dans ce cas, les tribunaux peuvent, à leur gré, d'après les circonstances de la cause, accorder ou refuser l'ordre de mise en liquidation ; ils ont un pouvoir d'appréciation à peu près absolu.

LVI. — Naturellement, ce pouvoir d'appréciation s'exerce surtout lorsqu'il s'agit de statuer sur la mise en faillite ou en liquidation d'une personne ou d'une société non domiciliée en Angleterre. Les juges ont alors à voir s'il y a un intérêt à ouvrir en Angleterre la faillite ou la liquidation et ils rejettent en général la demande lorsque le débiteur n'a en Angleterre ni biens ni créanciers (3) ou lorsque la société y a

(1) Nelson, *Priv. Int. Law.* 1889 p. 240. Lindley, *On Company Law*, 5e éd. 1889 p. 912 — Westlake, *Priv. Int. Law*, 1890 p. 151. — Buckley, *Law and Practise under the Companies Act*, 6e éd. 1891 p. 218 — *Princess of Reuss v. Ross*, 1871 L. R. 5 E. *and* I. A, 176, — *Re General Company for the promotion of Land credit Limited*, 1870, L. R., 5 Ch. Ap. 363 — *Re Factage parisien Limited* (1864) 34 L. J., N. S., Ch. 140.

(2) Nelson, *Priv. Int. Law* 1889p. 240 — Lindley, *On Company Law*, 5e éd. 1889 p. 911. — Buckley, *On Partnership* 1891 p. 218 et 431 — *Re Dendre Valley Co*, (1850) 19 L. J. Ch. 474. — *Re Comm. Bank of India*, (1868) L. R. 6 Eq. 517 — *Re Matheson Brothers Limited*, (1881) 27 Ch. D. 225 — *Re Comm Bank of South Australia*, (1886) 33 Ch. D. 174 — *The Carron Co v. Maclaren*, 5 H. L. C 416 — *Maclaren v. Stainton*, 16 Beav. 279.

(3) *Revue de Gand* 1878 p. 542.

fait des affaires sans cependant y avoir de succursale (1). Le cas où ce pouvoir discrétionnaire est le plus délicat est celui où une procédure de faillite ou de liquidation est déjà pendante à l'étranger. Le fait que le commerçant a déjà été mis en faillite à l'étranger n'est pas une raison suffisante pour empêcher qu'il ne soit de nouveau en Angleterre l'objet d'une semblable mesure (2). Les juges s'inspirent alors, dit M. Gillespie, de l'intérêt des créanciers (3) : ouvrir une seconde procédure, semblable à celle qui est déjà suivie à l'étranger, est pour eux « *a matter of convenience and discretion* (4) ».

LVII. — Mais, cette seconde faillite ou cette seconde

(1) Nelson, *Priv. Int. Law* 1889 p. 241 — *Re Union Bank of Calcutta*, 3 De G. and Sm. 253 — *Re Queensland Mercantile Agency Co* (1888) W. N. 1888 p. 62. — *Ex parte Australian Investment Co* (1888) 58 L. T. 878 — *Re Natal and Co*, 1 H. and M. 639 ayant refusé de mettre en liquidation en Angleterre des Sociétés étrangères qui y avaient des succursales. — Lindley, *On Company Law* 5e ed. 1889 p. 912 — Buckley, *Law and Practice under the Companies Act*. 6e éd. 1891 sect. 79 p. 219. — *Re Lloyd General Italiano* (1885) 29 Ch. D. 219. — *Bulkeley v. Schutz*, L. R. 3 P. C. 764. — *Bateman v. Service*, 6 App. Cas. 386 ayant décidé qu'une société étrangère qui n'avait en Angleterre ni résidence ni succursale ne pouvait y être mise en liquidation.

(2) Williams, *on Bankruptcy* 5e éd. 1891 § 14 p. 50. — Westlake, *Priv. Int. Law* 1890 p. 150 — Nelson, *Priv. Int. Law* 1889 p. 170. — *Lyall v. Jardine* (1870) L. R. 3 P. C. 318 — *Ex parte Pascal* (1876) 1 Ch. D. 509 C. A. — *Ex parte Wilson* (1872) L. R. 7 Ch. 490, 492 — *Banco de Portugal v. Wadwell* (1880). 5 App. Cas. 161. — *Ex parte Mc Culloh* (1880) 14 Ch. D. 716 C. A. — *Ex parte Robinson* (1888) 22 Ch. D. 816, 819. Haute cour div. du Banc de la Reine 14 mai 1889 *Journ. D. I. P.* 1889 p. 874.

(3) Gillespie, trad de von Bar 1892 p. 1049 — Westlake, *Priv. Int. Law*. 1890 p. 150 § 130.

(4) Piggott, *Foreign Judgments* éd. 1884 ch. X p. 338.

liquidation qui est ouverte en Angleterre a tel effet que de raison. Fréquemment, elle est suivie parallèlement à la faillite ou à la liquidation étrangère (cela arrive entre autres en matière de société) en ce cas, la liquidation de la succursale située en Angleterre se poursuit en même temps que celle de la maison principale. les *trustees* et les cours anglaises qui la dirigent ont soin de se régler sur ce qui se fait à l'étranger (1); de sorte que s'il y a bien deux procédures, l'une principale au lieu où se trouve la maison mère, l'autre accessoire en Angleterre, il n'y a en réalité qu'une faillite unique ou qu'une liquidation unique. Très souvent aussi et en particulier lorsque la faillite a été ouverte à l'étranger avant de l'être en Angleterre (2). les juridictions anglaises ne donnent à la déclaration qu'elles ont prononcée que l'effet d'une mesure conservatoire. Tout tribunal, qui en Angleterre met un débiteur ou une société en faillite ou en liquidation, a le droit, quand il le veut, d'arrêter la procédure en tout ou en partie, temporairement ou pour tou-

(1 Buckley, *Law and Practice under the Companies Act.* 6e éd. 1891 s. 199 p. 431. — *Matheson Brothers Limited* (1884) 27 Ch. D. 225 — *Commercial Bank of South Australia* (1886) 33 Ch. D. 174 — Adde Nelson, *Priv. Int. Law* 1889 p. 240.

(2) Le principe que, lorsque la faillite est ouverte dans plusieurs pays à la fois, le tribunal le premier saisi doit en général seul continuer la procédure de faillite est admis par Dicey, *la loi du domicile* trad. Stocquart tome I p. 260. — Consultation de MM. Brown et Linklater, *Journ. D. I. P.* 1881 p. 248. — Nelson, *Priv. Int. Law* 1889 p. 169 — Robson, *The law of Bankruptcy* 3e éd. p. 418 — *Bank of Scotland v. Cuthbers*, Chambre des Lords 1 Rose 462 — *Setkrig v. Davis*, 2 Rose. 291.

jours (1). C'est la théorie des *stays of proceeding*. Grâce à elle, la juridiction qui a mis en faillite ou en liquidation un individu ou une société, qui a déjà à l'étranger été l'objet d'une mesure analogue, peut, quand elle le veut, clore la procédure suivie devant elle. Si cette clôture a lieu au bout de peu de temps, la faillite anglaise aura eu pour effet de permettre au syndic étranger de faire valoir ses droits et d'éviter la dilapidation de l'actif, elle aura eu l'effet conservatoire d'une mise sous séquestre.

LVIII. — Malheureusement, il arrive aussi souvent que, la faillite étant ouverte à la fois en Angleterre et dans un autre pays, aucune des juridictions saisies ne consente à s'incliner devant l'autre. Alors, les procédures se poursuivent sans lien entre elles, avec plus ou moins d'harmonie et d'ensemble. En ce cas, l'unité de la faillite est rompue ; mais, par les moyens les plus ingénieux, les auteurs et la jurisprudence anglaise s'efforcent d'arriver à un règlement aussi équitable que s'il n'y avait qu'une faillite unique. En Angleterre, tous les créanciers, quelle que soit leur nationalité, sont traités sur le même pied (2) ; tous ont droit à un divi-

(1) Bankruptcy Act. 1883 art. 7 §§ 5 et 6 art.. 10 : et 11 et 109. — Nelson, *Priv. Int. Law.* 1889 p. 170, - Westlake, *Priv. Int. Law.* 1890 p. 150 § 130. — Williams, *on Bankruptcy* 5e éd. 1891 § 4 p. 26 et 27. — *Ex parte Paschal* (1876) 1 Ch. D. 509 C A. — *Ex parte Robinson* (1883) 22 Ch. D. 816, 819. — *Ex parte Martin* (1886) 3 Mor 78. — *Ex parte Wemyss*, 13 Q. B. D. 244. — *Ex parte Leslie*, 18 Q. B. D. 619 — *Re Norris*, 7 Mor. 8 — *Re Perkins*, 7 Mor. 78 — *Re Ortola, ex p. Châle* Q. B. D. 640.

(2) Court of Chancery *Kanreuther v. Geiselbrecht*, L. R., 28, Ch. D. 175 ou *Journ. D. I. P.*, t. XIV, p. 212.

dende proportionnel au chiffre de leurs créances, mais aucun n'a la faculté, dans la mesure du moins où les Cours anglaises peuvent l'en empêcher, de se soustraire à la loi de l'égalité. De là, la théorie des *injunctions in bankruptcy* des *restrictions against double proof*, et les diverses mesures qui permettent de contraindre un créancier à restituer ce qu'il a indûment perçu à l'étranger. En vertu de la théorie des *injunctions in bankruptcy*, la Cour anglaise devant la quelle se poursuit la faillite ou la liquidation en Angleterre peut interdire à tout étranger, qui s'est soumis à sa juridiction, ou à tout créancier anglais, sans autre condition, d'agir à l'étranger contre le débiteur commun (1). En vertu de la théorie des *restrictions against double proof*, nulle personne n'a le droit de produire à la fois à la faillite étrangère et à la faillite anglaise, sans tenir compte à celle-ci des dividendes perçus dans l'autre (2). Mais, si un créancier a obtenu

(1) Nelson, *Priv. Int. Law.*, 1889, p. 241. — Piggott, *Foreign Judgments*, 1re éd., p. 209 et suiv. — Foote, *Priv. Int. Jur.*, 1890, p. 312. — *Re Int. Pulp. Co* (1876), 3 Ch. D., 534. — *Re Lovy* (1887), 36 Ch. D., 502. — *Re N. Carolina Co* W. N., 18[illegible], p. 53. — *Maclaren v. Stainton et Maclaren v. The Carron Iron Co*, 26 L. J., Ch. 332. — *Ex parte Robertson, re Morton* L. R., 20 Eq. 733. — *Re Chapman*, L. R., 15 Eq. 75. — *Pennell v. Roy, 3 De G. M. and G.* 126.

(2) Williams, *on Bankruptcy*, 4e éd.. 1886, § 37, p. 107. — Nelson, *Priv. Int. Law.*, 1889, p. 170. — Foote, *Priv. Int. Jur.*, part. 2, ch. 7, p. 312. — *Re Oriental Commercial Bank ex p. The European Bank*, L. R., 7, Ch. 99. — *Banco de Portugal v. Wadwell* (1880), 5 App. Cas., 161. — *Ex parte Chevallier re Vanzeller*, 1 Mont. and Ayr : 345, *ex parte Goldsmith re Deane*. — De G. et J., 67, cette dernière affaire anal. par Phillimore, *Priv. Int. Law*, vol. IV, n° DCCLXXVIII. — *Ex parte Wilson* (1872), L. R., 7 Ch., 490, 492.

à l'étranger paiement de tout ou partie de ce qui lui est dû, le *trustee* anglais pourra-t-il le poursuivre en Angleterre et le contraindre à restituer ce qu'il a pu percevoir en trop? La question est délicate et les auteurs anglais ne sont pas d'accord; certains d'entre eux, Phillimore (1), Lee et Wace (2), Baldwin (3), Williams (4), disent simplement que si les tribunaux étrangers ont préféré au titre des syndics anglais celui des créanciers saisissants, les juridictions anglaises respecteront la décision étrangère, mais que le créancier, qui a été ainsi partiellement désintéressé, ne pourra produire en Angleterre sans rapporter à la faillite anglaise ce qu'il a obtenu à l'étranger (5). Jusqu'ici l'accord est complet, mais doit-on aller plus loin? doit-on dans certains cas permettre au *trustee* anglais d'agir contre le créancier qui a obtenu un paiement total ou partiel à l'étranger, alors même qu'il ne produit pas à la faillite anglaise? MM. Dicey, Piggott, Westlake et Foote sont de cet avis, mais s'ils admettent le même principe, les applications qu'ils en font sont

(1) Phillimore, *Priv. Int. Law*, 1889, t. IV, p. 618, n° DCCLXX.

(2) Lee and Wace, *on Bankruptcy*, 3e éd., 1887, p. 180.

(3) Baldwin, *on Bankruptcy*, 6e éd., 1890, p. 421.

(4) Williams, *on Bankruptcy*, 5e éd., 1891, p. 117 et 118.

(5) Naturellement, le créancier qui a obtenu à l'étranger un paiement partiel ne sera tenu de faire à la masse anglaise état de ce qu'il a touché que s'il a été payé sur des biens qui eussent dû rentrer dans la faillite anglaise. Dicey, *Loi du domicile*, trad. Stocquart, § 229, p. 253. — Phillimore, *Priv. Int. Law*, 1889, t. IV, p. 618, n° DCCLXX. — Gillespie, traduction de M. von Bar, 1892, p. 1049, signalant ce fait que la pratique écossaise est contraire à la pratique anglaise. — *Cockerel v. Dickens*, 2 Moore's P. C. Rep. 98.

bien différentes. Pour M. Dicey, le *trustee* pourra agir avec succès devant les juridictions anglaises et obtenir restitution de ce qui a pu être touché, toutes les fois que le créancier défendeur à cette action n'aura pas suivi les voies légales à l'étranger ou qu'il les aura suivies et que le tribunal n'aura pas expressément déclaré ses droits préférables à ceux du *trustee* (1). Tout autre est la théorie de MM. Piggott, Westlake et Foote. D'après eux, les seuls créanciers qui seront, alors même qu'ils ne voudraient pas produire à la faillite anglaise, tenus de rendre à la masse anglaise les diverses sommes qui ont pu leur être versées à l'étranger, sont les créanciers anglais; ils sont présumés avoir agi pour le compte et au profit de la masse anglaise et cette présomption permettra au *trustee* d'intenter avec succès contre eux une demande de restitution. Mais, qu'est-ce au juste qu'un créancier anglais? Ici, nos trois auteurs se divisent. M. Piggott s'attache à la nationalité (2), M. Foote au domicile (3) et M. Westlake entend par créancier anglais celui qui est soit de nationalité anglaise, soit domicilié en Angleterre, ou ce-

(1) Dicey, *La loi du domicile*, trad. Stocquart, § 229, p. 249 et 250, s'appuyant sur l'opinion de lord Loughborough dans *Sill v. Worswick*, 1 Hy Bl. 665. — De même, selon M. Piggott, *Foreign Judgments*, 1re éd., p. 209, si un créancier anglais obtient en justice paiement d'une personne mise en faillite à l'étranger, le syndic étranger peut l'obliger à restituer si le tribunal anglais a donné gain de cause à ce créancier anglais, sans connaître la faillite étrangère.

(2) Piggott. *Foreign Judgments*, éd. 1879, p. 204; — éd. 1884, p. 332.

(3) Foote, *Priv. Int. Jur.*, 1890, part. 2, ch. 7, p. 305.

lui qui, dans son caractère de créancier, doit être regardé comme anglais parce que la dette est due à une maison de commerce qui est établie en Angleterre et dont il est membre (1-2).

LIX. — Tel est dans ses grandes lignes le système anglais. Œuvre de la jurisprudence, il se distingue par son caractère éminemment pratique ; pas de principes absolus (3), mais des règles souples, permettant de donner satisfaction complète aux exigences du commerce. Le principe de la territorialité eût paru s'imposer en vertu de la législation interne de l'Angleterre ; grâce à une fiction, il a été écarté. Mais, si l'universalité a été admise en matière mobilière ainsi qu'en matière de décharges et si elle est en outre sur le point d'être consacrée en matière immobilière, elle n'est pas non plus adoptée sans réserves. Toutes les fois qu'il y a un intérêt réel et légitime à le faire, une nouvelle liquidation ou une nouvelle faillite est ouverte en Angleterre, alors même que des mesures analogues ou identiques ont été prises auparavant dans d'autres pays. Seulement, le juge donne à cette procédure anglaise tel effet que de raison ; il peut la subordonner à la procédure étrangère, il peut aussi la

(1) Westlake, *Priv. Int. Law*, 1890, § 142, p. 158.

(2) Les décisions judiciaires manquent de précision sur ce point. MM. Piggott, Westlake et Foote citent chacun en leur sens les mêmes décisions : *Sill. v. Worswick.* (13 juill. 1791) 1 H. Bl., 402. — *Re Robinson*, 11 Ir.: Ch. Rep., 385. — *Ex parte Scinde Railway Co* L. R. 9, Ch. 557.

(3) Cf. von Bar, *Das Intern. Privat.-und Strafrecht*, t. II, § 472.

clore quand il le veut et s'il croit indispensable de la poursuivre d'une manière principale, sans la faire dépendre de ce qui se fait à l'étranger, les mesures les plus variées sont prises pour que la pluralité des procédures aboutisse à un règlement presque aussi satisfaisant que s'il n'y avait eu qu'une faillite unique : défenses aux créanciers ; — interdiction de produire dans toutes les faillites sans faire état à chacune d'elles de ce qui a été touché dans les autres ; — présomption de perception au profit de la masse ; aucune précaution n'est oubliée, tant il est indispensable que la loi de l'égalité proportionnelle soit respectée et que ces faillites ou ces liquidations multiples se règlent finalement comme s'il n'y en avait qu'une.

IV. — ALLEMAGNE

LX. — La loi des faillites allemande, publiée en 1877 (1) contient certaines dispositions expresses sur les difficultés de droit international qui s'élèvent en notre matière. Ce sont les articles 1, 42, 49, 207 et 208 ; malheureusement, aucun d'eux ne pose de principe général, de sorte qu'une controverse s'est élevée sur le point de savoir si le législateur allemand était parti de l'idée de territorialité ou de celle d'universalité. Certains auteurs, tels que MM. Kauffman (2), Thal-

(1) Loi du 10 fév. 1877, entrée en vigueur le 1er oct. 1879.
(2) Kauffmann. *Journ. D. I. P.*, 1885, p. 34.

ler (1) et Kohler (2), ont prétendu que la loi allemande avait consacré le système de la territorialité, mais, nous croyons plus exact de dire avec Fitting (3), Wilmowski (4) et Völderndorf (5-6), qu'elle a pris pour base le principe de l'universalité de la faillite. Tout d'abord, l'exposé des motifs a pleinement rendu hommage à la thèse de l'universalité, on y lit entre autres ce passage caractéristique : « Le § 13 de la loi d'Empire du « 21 juin 1869 sur la *Rechtshülfe* a pour principe fonda- « mental que la procédure ouverte dans un Etat de la « Confédération étend son action aux biens du failli « situés dans un autre pays. Il va de soi que cette loi « ne s'applique qu'aux divers Etats de la Confédéra- « tion Germanique entre eux, c'est-à-dire seulement « aux relations extérieures des Allemands entre eux. « Mais, ce principe a une portée générale et correspond « aux données de la science moderne » (7). De plus, le commissaire du gouvernement, lors de la discussion de l'art. 207, article qui, ainsi que nous le verrons, ap-

(1) Thaller. *La faillite en droit comp.*, t. II, p. 358 et 359.

(2) Kohler. *Lehrbuch des Konkursrechts.* Stuttgard, 1891, p. 623 à 641, surtout p. 623, 626 et 636.

(3) Fitting. *Das Reichs-Concursrecht.* § 57, p. 403.

(4) Wilmowski. *Das Reichs-Koncursordnung*, 1881, p. 25 et 514.

(5) Völderndorf. *Konkursordung für das deutsche Reich.*, t. II, p. 610, § 207.

(6) Voir aussi en ce sens *Note sous Reichsgericht*, 6 juill. 1886, *Journ. D. I. P.*, 1888, p. 110 ainsi que le résumé de la doctrine allemande, par M. Thaller dans son ouvrage : *La faillite en droit comparé*, t. II, p. 358 et 359, et Dalloz, *Rép. Suppl.*, v° *Faillite*, n° 1520, p. 603, note 1.

(7) *Journ. D. I. P.*, 1885, p. 34.

porte une restriction grave à la règle de l'universalité de la faillite, s'est exprimé en ces termes : « La loi sur « les faillites admet en principe la pleine efficacité de la « faillite étrangère » (1). Cette phrase qui, du reste, forme le fond même des développements de Fitting et de Wilmowski, indique parfaitement, selon nous, l'état de la législation allemande ; en principe, effet est reconnu à la faillite étrangère, mais à ce principe sont apportées, pour des motifs divers, des restrictions assez nombreuses. D'ailleurs, il résulte de l'économie même de la loi que l'idée dominante est bien celle d'universalité ; la loi commence par consacrer formellement certaines conséquences de cette idée (§§ 43 et 49) (2), puis elle indique les dérogations qui doivent y être apportées (§§ 207 et 208) et, en les énumérant, elle a soin de déterminer les conditions auxquelles on pourra les supprimer, c'est-à-dire les conditions auxquelles on pourra consacrer pleinement, sans réserves, cette idée d'universalité à laquelle seule, selon l'expression de Fitting (3), la condition peu satisfaisante des relations internationales a obligé d'apporter certaines restrictions (4).

LXI. — Ainsi que le fait très justement remarquer

(1) *Journ. D. I. P.*, 1885, p. 38.

(2) Kauffmann. *Journ. D. I. P.*, 1885, p. 35.

(3) Fitting. *Das Reichs. Koncursrecht*, § 57, p. 403.

(4) Si l'on entend ainsi la législation allemande, elle se rapproche beaucoup de la législation danoise. Voir Cour suprême de Danemark, 14 fév. 1887. *Journ. D. I. P.*, 1889, p. 725 — Landsoverret de Copenhague *Journ. D. I. P.*, 1889, p. 726 et surtout la revue de la législation et de la jurisprudence danoise dans la *Zeitschrift für Internationales Privatrecht*, t. I, p. 106 n° 11, qui dégage bien les principes.

M. von Bar (1), le § 207 K. O. ne dit pas que la faillite étrangère n'aura aucun effet en Allemagne, (ce qu'il eût dû cependant déclarer, pour consacrer la théorie de la pluralité des faillites), il indique seulement un effet qu'elle ne produira pas, ce qui implique qu'elle produira les autres. D'ailleurs, M. Kohler, qui, dans son livre sur la faillite, a peut-être attribué à l'idée de territorialité plus d'importance encore qu'aucun de ses devanciers (2), n'a pu, par suite de la force des précédents et de l'importance réelle qu'ont certains passages soit des travaux préparatoires soit de l'exposé des motifs, donner à cette idée une portée absolue. Malgré tout, sur certains points, l'on voit réapparaître des conséquences de ce principe de l'universalité de la faillite que l'auteur a voulu rejeter. Comment, par exemple, concilier la règle de la territorialité avec la manière dont M. Kohler fait rentrer dans une faillite à peu près toutes les créances du débiteur, même celles qui ont en pays étranger plus d'attaches que dans l'Etat où est ouverte la faillite (3)? Comment s'expliquer que, la faillite ayant un caractère strictement local, une faillite étrangère puisse parfois interrompre une instance en cours en Allemagne (4)? Comment, en partant de cette notion de territorialité, justifier le

(1) Von Bar. *Das Intern. Privat.-und Strafrecht*, t. II, p. 595, note 90.

(2) Kohler. *Lehrbuch des Konkursrechts*, p. 623 à 641, surtout p. 623, 626 et 636.

(3) Id., p. 627.

(4) Id., p. 628-629.

droit que M. Kohler accorde au syndic d'une faillite étrangère d'intervenir dans les instances concernant le failli (1)? Comment surtout, en prenant pour point de départ la théorie de la territorialité, donner une base satisfaisante aux règles que M. Kohler formule lorsqu'en fait plusieurs procédures de faillite sont suivies en même temps? M. Kohler dit (2) qu'en ce cas pour le recouvrement de certaines créances, notamment de celles qui existent contre les porteurs d'actions non entièrement libérées, toutes les faillites doivent s'incliner devant celle qui est la première en date ; elle seule aura le droit d'intenter les actions en recouvrement et si des paiements sont faits à d'autres faillites, celles-ci devront lui restituer les sommes qui leur auront été versées. Ce système de priorité de la première faillite et de comptes et restitutions de faillite à faillite est, croyons-nous, la meilleure preuve que la théorie de la territorialité n'est pas pratique ; pour surmonter certaines difficultés de fait, il faut, qu'on le veuille ou non, introduire des idées qui sont peu en harmonie avec cette théorie et qui la font disparaître dans une large mesure.

LXII. — L'idée d'universalité étant la base même de la loi allemande, ses applications sont des plus nombreuses. Ainsi que le dit M. Wilmowski (3), la faillite étrangère produit en Allemagne tous ses effets, sous réserve naturellement des exceptions contenues dans

(1) Id., p. 629.
(2) Id., p. 628.
(3 Wilmowski, p. 514, § 207.

les art 207 et 208. C'est ainsi que le syndic étranger a, en Allemagne, les pouvoirs les plus étendus. A la condition de justifier de sa qualité, ce qu'il fera en se conformant aux dispositions de l'art. 403 du Code de procédure allemand relatif à la reconnaissance des actes passés en pays étranger (1), il a non pas le droit de faire déclarer exécutoire la faillite étrangère (2). mais celui de mettre la main sur les biens situés en Allemagne (3). Il est admis, dit M. von Bar (4), qu'un syndic étranger peut pratiquer des saisies sur les biens du failli situés en Allemagne, ou les faire rentrer dans l'actif de la faillite au moyen d'actions en justice, mais il doit devancer les créanciers du failli (5). Si ceux-ci ont été plus diligents que lui. il ne peut faire rentrer dans la masse que ce qui reste après qu'ils ont été satisfaits (6).

Le syndic étranger a le droit d'agir en justice, mais sur ce point, des distinctions délicates doivent être

(1) Volderndorf, t. 2, p. 610, § 207. — Cet article 403 est ainsi conçu : « Le tribunal apprécie, d'après les circonstances, si un « acte qui a l'apparence d'un acte émané d'une autorité étran- « gère ou d'une personne étrangère dont les actes sont revêtus « du caractère d'authenticité, doit être réputé authentique sans « autres justifications. La légalisation d'un tel acte par un consul « ou un agent diplomatique de l'Empire suffit pour en établir « l'authenticité. »

(2) Von Bar, t. 2, p. 565, § 479.

(3) Völderndorf, t. 2, p. 611. —Wilmowski, § 207, p. 514.—Von Bar, § 480, p. 567 et 595, note 90.

(4) Von Bar, t. 2, p. 595, note 90.

(5) En ce sens aussi : Völderndorf, 1879, t. 2, p. 611. — Trib. régional Saxe, 17 mai 1889, *Zeitschrift für Intern. Privatrecht tome I* p. 214.

(6) Völderndorf, 1879, t. 2, p. 611.

faites. Il faut d'abord déterminer l'effet que produit une faillite étrangère sur une instance suivie en Allemagne et intéressant le failli. Cette instance est-elle interrompue? En principe, non (1); mais, à ce principe est apportée une dérogation toutes les fois que l'instance concerne des biens qui, d'après la loi allemande, rentrent de plein droit dans la faillite étrangère (2). Si l'instance est interrompue, le syndic étranger doit la reprendre. Si elle ne l'est pas, un autre droit lui est unanimement reconnu ; il a la faculté d'intervenir au procès (3). Cette faculté est basée par MM. Kohler (4) et von Bar (5), ainsi que par une décision du tribunal régional de Saxe du 17 mai 1889 (6), sur un motif de fait : la faillite étrangère peut avoir le plus grand intérêt à figurer au procès suivi en Allemagne ; la décision des tribunaux allemands peut en effet reconnaître des privilèges et des droits qui diminueront d'autant l'actif de la masse, et cette décision, susceptible d'être déclarée

(1) Trib. régional supérieur de Carlsruhe, 25 av. 1889, *Ann. der bad. Gerichte*, 1889, p. 164. (*Journ. D. I. P.* 1891, p. 983.) — Voir toutefois Mohl, *Reichstaatsrecht*, p. 303. — Dans le sens du texte : von Bar, t. 2, § 479, p. 566. — Trib. rég. sup. de Colmar, 20 mai 1887, *Z. F. Els. Lothr. XIII*, p. 533. *Journ. D. I. P.* 1889, p. 868.

(2) Kohler, p. 628 et 629. — Reichsgericht, 28 sept. 1885. *Journ. D. I. P. 1888*, p. 112. — Von Bar, § 479, p. 564 à 566.

(3) Trib. rég. sup. de Carlsruhe (Oberlandesgericht Carlsruhe), 25 av. 1889, *Ann. der bad. Gericht.*, 1889, p. 164. *Journ. D. I. P* 1891, p. 983.

(4) Kohler, p. 629.

(5) Von Bar, t. 2, § 479, p. 564 et 566.

(6) Trib. régional de Saxe, 17 mai 1889, *Zeitschrift für Intern. Privatrecht* I, p. 214. *Journ. D. I. P.* 1891, p. 984.

exécutoire en pays étranger, peut former titre contre cette masse.

LXIII. — La déclaration d'une nouvelle faillite en Allemagne ne fait même pas disparaître tous les droits du syndic étranger ; elle ne fait pas méconnaître sa qualité, elle lui confère au contraire un droit nouveau qui se substitue aux autres ; ce droit est celui de produire à la faillite allemande, au nom de la masse qu'il représente (1), de sorte que, s'il nous fallait indiquer d'un mot les pouvoirs qu'ont en Allemagne les syndics étrangers, nous nous bornerions à reproduire cette phrase que l'on trouve dans la décision du tribunal régional de Saxe du 17 mai 1889 : « On doit reconnaître « au syndic étranger le droit de représenter, même en « Allemagne, la masse dont les intérêts lui sont con- « fiés » (2). Ce droit est considérable, mais c'est le seul dont il soit investi, aussi M. Kohler lui refuse-t-il la faculté de provoquer en Allemagne une seconde faillite, par ce motif qu'il ne peut avoir d'autres droits que ceux qui sont la conséquence de la faillite qu'il représente (3).

La qualité des syndics étrangers étant ainsi pleinement consacrée, la loi allemande s'est trouvée, par la force des choses, amenée à reconnaître la faillite étran-

(1) Reichsgericht, 14 oct. 1887. *Journ. D. I. P.* 1889, p. 307.

(2) Trib. régional de Saxe, 17 mai 1889, *Zeitschrift für Intern. Privatrecht* I, p. 214. *Journ. D. I. P.* 1891, p. 984, — et *Entsch. des Reichsgerichts in Civils VI*, p. 407, — XIV, p. 407, — XVI, p. 338.

(3) Kohler, p. 634.

gère elle-même et à lui attribuer certains effets. C'est ainsi, par exemple, que l'existence d'une faillite en pays étranger est réputée faire en Allemagne preuve suffisante de l'insolvabilité du débiteur; si ce débiteur est déjà failli dans un autre Etat, il sera inutile d'établir son insolvabilité devant les tribunaux allemands, soit pour le faire à nouveau déclarer en état de faillite soit pour intenter une action en rapport, une action en nullité ou une action paulienne, lorsqu'une telle action est basée sur l'insolvabilité du débiteur (1). C'est ainsi également que lorsque deux procédures de faillite sont poursuivies concurremment, l'une en Allemagne, l'autre en pays étranger, l'excédant qui existe en Allemagne doit être remis non pas au débiteur, mais à la faillite étrangère : la loi allemande des faillites, qui a cessé d'être en vigueur le 1er octobre 1879, contenait en ce sens une disposition expresse (K. O. § 294); la loi actuelle ne renferme, il est vrai, aucune prescription de cette nature, mais, de l'avis de MM. Dernburg (2) et von Bar (3), la remise de l'excédant à la masse étrangère doit avoir lieu maintenant comme elle avait lieu par le passé, et cela a un intérêt capital ; du moment

(1) Von Bar, t. 2, § 488, p. 584, et Reichsgericht, 6 juillet 1886 (*Entsch. XVI*, p. 61 et 62). — Sur l'action Paulienne en matière de faillite et les règles relatives à la période suspecte, voir von Bar, t. 2, § 487, p. 581. — Petersen, *Zeitschrift für Civil-Process.*, t. X, p. 17, — et Kohler, *Ann. Dr. Comm. 1888*-2-138 et s., et *Lehrbuch des Koncursrechts*, p. 658 et s.

(2) Dernburg, *Lehrbuch des Preussischen Privatrechts*, 1877 t. 2, § 113, 2, p. 244 et notes 14 et 15.

(3) Von Bar, t. 2. p. 595, note 90 et surtout § 483, t. 2, p. 576 e note 44.

que l'on transmet des sommes à cette faillite étrangère, c'est qu'on la reconnaît et que, par suite, on rejette l'idée de territorialité.

LXIV. — Il est seulement un effet de la faillite étrangère qui est très contesté. D'après M. Wilmowski (1), les incapacités encourues par un débiteur, comme conséquence de sa mise en faillite en pays étranger, seraient reconnues en Allemagne. Au contraire, d'après MM. Kohler (2), von Bar (3) et Sarwey (4-5), la faillite étrangère ne modifierait en aucune façon (6) la faculté que possédait le débiteur de gérer ses biens sis en Allemagne et d'en disposer. MM. Kohler (7) et von Bar (8) invoquent la nature de la faillite, qu'ils disent être un acte d'exécution. M. Sarwey (9) s'appuie sur l'art. 207; pour lui, l'art. 207, en déclarant que la faillite étrangère n'empêche pas de procéder en Allemagne à des voies d'exécution, sous-entend que le débiteur conserve la faculté d'aliéner. Quelle que soit l'autorité de

(1) Wilmowski, § 207, p. 514.

(2) Kohler *Annales dr. comm.*, 1886-1-104, note 1.

(3) Von Bar, t. 2, § 479, p. 563 et 566.

(4) Sarwey, p. 743.

(5) En ce sens également : Dernburg, *Lehrbuch des Preussischen Privatrechts*, 1877, t. 2, § 113, 2, p. 245.

(6) Toutefois, lorsqu'il s'agit de personnes morales, la doctrine de von Bar se rapproche très sensiblement de celle de M. Wilmowski : von Bar, t. 2, § 479, p. 564, et Reichsgericht, 21 janv. et 28 sept. 1885, *Entsch.* XIV, No 116, p. 417, et XVI, No 78, p. 338; l'opposition n'est caractérisée que pour les personnes physiques.

(7) Kohler, *Ann. dr. comm.* 1886-1-104, note 1.

(8) Von Bar, t. 2, § 479, p. 563.

(9) Sarwey, p. 743.

MM. Kohler, von Bar et Sarwey, nous croyons préférable d'adopter l'opinion de M. Wilmowski : elle est en effet la plus conforme à l'idée d'universalité, qui, ainsi que nous l'avons vu, est la base même de la législation allemande. En outre, est-il vrai de dire que la faillite n'est qu'un acte d'exécution? Et, ne peut-on pas faire observer à M. Sarwey que le débiteur pourrait très bien perdre le droit de disposer des biens qu'il possède en Allemagne, alors que ses créanciers conserveraient celui de les saisir et de les vendre?

II

LXV. — Mais, si le principe de l'universalité est celui qui domine la législation allemande, il s'en faut qu'il ait été consacré sans réserves; les art. 207 et 208 lui apportent deux dérogations remarquables. L'art. 208 vise le cas où le débiteur, qui a été mis en faillite à l'étranger, possède en Allemagne un centre d'actif important, et l'art. 207 prévoit celui où il n'a que quelques biens isolés.

LXVI. — S'il existe en Allemagne un centre d'actif, une nouvelle faillite peut y être déclarée : « Il peut « s'ouvrir, dit l'art. 208, une procédure de faillite sur « l'avoir situé en Allemagne d'un débiteur qui n'a au« cundomicile juridique habituel dans l'Empire Alle« mand, pourvu que ce débiteur y ait, pour l'exploita« tion d'une fabrique, d'un commerce ou d'une indus« trie quelconque, un établissement qui lui permette « de conclure des affaires sans intermédiaire. Il en est

« de même dans le cas où un débiteur, sans avoir dans « l'Empire Allemand son domicile juridique ordinaire, « exploiterait en Allemagne, en qualité de propriétaire, « de fermier ou d'usufruitier, un bien-fonds pourvu « de bâtiments d'habitation et d'exploitation. » Peu importe, pour l'application de cet article, que le débiteur exerce le commerce ou l'industrie par lui-même ou par un représentant (1), peu importe aussi qu'il soit étranger ou allemand (2).

Cependant, s'il résulte de cet article que lorsque le débiteur, qui a été mis en faillite à l'étranger, possède en Allemagne un établissement industriel, commercial ou agricole une nouvelle faillite peut être déclarée en Allemagne, il ne s'en suit pas qu'elle doive l'être. c'est aux créanciers de se prononcer. Ainsi que le dit M. von Bar (3), leur attitude décidera s'il doit être ouvert sur la même personne une ou plusieurs procédures de faillite.

LXVII. — Si, au lieu d'un établissement, il n'y a en Allemagne que quelques biens isolés, une nouvelle faillite n'est plus possible, elle entraînerait des frais trop considérables, hors de proportion avec l'actif à réaliser. Aussi l'art. 207 décide-t-il seulement que « l'exécution forcée sur ces biens peut avoir lieu ». La faillite, ouverte à l'étranger, ne suspend pas le cours des voies d'exécution (4), tout créancier sans distinc-

(1) Wilmowski, sur l'art. 208, p. 516.
(2) Wilmowski, sur l'art. 208, p. 515.
(3) Von Bar, tome 2, § 482 p. 572.
(4) Fitting, § 57, p. 406 note 13.

tion de nationalité (1) conserve le droit de saisir ces biens et de les faire vendre, et il le conserve de la manière la plus large. Les poursuites sont recevables, en vertu de l'art. 207, alors même que le titre qui leur sert de fondement ne serait devenu exécutoire qu'après l'ouverture de la faillite ou n'aurait même pris naissance que postérieurement (2).

Peu importe aussi que la loi, d'après laquelle la faillite a été déclarée à l'étranger, interdise les poursuites individuelles. Cette interdiction est une simple règle de procédure qui ne peut par suite être obligatoire pour les tribunaux allemands (3).

Cet art. 207 (K. O.) n'est qu'une application de l'art. 24 du Code de procédure civile allemand (4-5) et il a

(1) Tous les auteurs allemands reconnaissent que l'art. 207 peut être invoqué aussi bien par un étranger que par un allemand (Kauffmann, *Journ. D. I. P.* 1885, p. 39. — Völderndorf, p. 612 et 613. — Wilmowski, § 207 p. 514. — Fitting, § 57 p. 406. — Kohler, p. 630. — Dr Zimmerman, K. Prt. p. 198) et quelle que soit la nationalité du failli, Kauffmann (*Journ. D. I. P.* 1885, p. 39.)

(2) Kauffmann, *Journ. D. I. P.* 1885 p. 40. — Wilmowski, § 207, p. 514. — Kohler p. 630. — R. G. 28 mars 1882 *Z. F. Ziv. Proz* VI p. 13 — R. G. 13 janvier 1885. *Rhein Arch.* 75 III, p. 164.

(3) R. G. 28 mars 1882 précité. — R. G. 11 déc. 1884. *H. G. Z.* 1885, n° 8 *Journ. D. I. P.* 1886. p. 602.

(4) Kauffmann, *Journ. D. I. P*, 1885, p. 36. — R. G. 11 déc. 1884, cité à la note précédente.

(5) Cet art. 24 est ainsi conçu « Relativement aux demandes d'intérêt matériel dirigées contre une personne n'ayant pas de domicile dans l'Empire d'Allemagne, le tribunal compétent sera celui dans le ressort duquel se trouveraient des biens de ladite personne ou l'objet litigieux. Lorsqu'il s'agit d'obligations, le domicile du débiteur sera réputé être les lieux où se trouvent les biens et lorsqu'une chose aura été affectée à la garantie de l'obligation aussi au lieu où se trouve la chose. »

été très combattu lors de la discussion de la loi. Le docteur Zimmer (1) en avait demandé la suppression en s'appuyant sur ce qu'il permet à un créancier indigène ou étranger de léser tous les autres créanciers et sur ce que bien des fraudes deviennent possibles. Qu'y a t-il de plus facile pour un débiteur aux abois que de faire passer des marchandises en Allemagne et de les faire saisir par un tiers de complaisance ? Malgré ces observations, l'art. 207 fut voté. Il le fut d'ailleurs pour des motifs divers ; les uns crurent ne pas pouvoir se soustraire au précédent créé par l'art. 24 du Code de procédure civile allemand, d'autres se laissèrent toucher par la considération que souvent les créanciers ne font crédit au débiteur qu'en vue des biens qu'il possède en Allemagne, mais beaucoup se déterminèrent par une raison d'une autre nature. Il se produisit en Allemagne en 1877 la même crainte qu'en France, lors des débats de la loi de 1889 ; les membres du Parlement Allemand furent dominés par cette idée qu'il devait exister quelque part dans le monde, des lois de faillite n'offrant aucune garantie et ils se demandèrent ce qu'ils devaient faire. Devaient-ils décider que toute faillite étrangère suspendrait en Allemagne les voies d'exécution, sauf naturellement exception pour celles qui auraient été ouvertes en vertu de lois par trop imparfaites ? ou devaient-ils, au contraire, déclarer que nulle faillite étrangère n'arrêterait en Allemagne les poursuites individuelles, sauf exception pour celles qui

(1) *Journ. D. I. P.* 1885, p. 37.

naraient été suivies en vertu de lois, offrant des garanties suffisantes? Le Parlement allemand se prononça pour ce dernier système, le premier paraissant de nature à amener des complications diplomatiques.

III

LXVIII. — Telle étant la base de l'art. 207 et par suite aussi de l'art. 208, qui n'est que la conséquence du premier, la loi allemande contient un texte formel qui permet de rétablir l'universalité de la faillite de la manière la plus complète lorsque les circonstances le permettent. L'art. 207, après avoir dit que l'exécution forcée peut avoir lieu sur les biens du débiteur malgré la faillite étrangère, ajoute en effet que « des exceptions « à cette règle pourront être établies par ordre du « Chancelier de l'Empire avec assentiment du Conseil « Fédéral ».

Cette disposition a une importance extrême, elle confère au Chancelier de l'Empire d'Allemagne les pouvoirs les plus étendus. Elle lui permet de décider que, lorsqu'une faillite est ouverte dans un pays étranger, les biens sis en Allemagne peuvent ou doivent être frappés de saisie à son profit ou même que ces biens doivent y être compris de plein droit (1). Elle lui permet en outre de déclarer non seulement que les biens situés en Allemagne ne peuvent être l'objet d'aucune mesure d'exécution, mais encore d'établir les conditions aux

(1) Kohler. p. 624.

quelles ils seront remis à la faillite étrangère (1). Et lorsque l'art. 207 aura ainsi été écarté, l'art. 208 lui-même deviendra inapplicable (2). Si, malgré la faillite étrangère, une nouvelle faillite est possible en Allemagne lorsque le débiteur y possède un établissement commercial, industriel ou agricole, c'est parce qu'en vertu de l'art. 207 les meubles et immeubles situés en Allemagne peuvent, en dépit du jugement déclaratif étranger, être l'objet de mesures d'exécution. La possibilité de ces mesures d'exécution disparue, la possibilité d'une nouvelle faillite s'anéantit également.

LXIX. — Malheureusement, aucune application n'ayant encore été faite des pouvoirs que l'art. 207 confère au Chancelier de l'Empire d'Allemagne (3), les art. 207 et 208 dominent encore à l'heure actuelle les rapports de l'Allemagne et des autres Etats, mais, hâtons-nous de le dire, si le syndic étranger est suffisamment diligent, ce sera presque en fait, malgré cela, l'universalité de la faillite.

En effet, ainsi que le fait remarquer M. von Bar (4), « le législateur s'est bien gardé de dire que, d'une ma- « générale, l'ouverture de la faillite en pays étranger « n'aurait aucun effet en Allemagne. Il a seulement

(1) Kohler, p. 632.

(2) Kohler, p. 632 et surtout p. 635.

(3) M. von Bar (*Intern. Privatrecht* t. 2 p. 596 en note) critique, au point de vue pratique, cette disposition de l'art. 207 : le jour où le Chancelier de l'Empire d'Allemagne voudrait user des pouvoirs qui lui sont conférés, un grand nombre de difficultés qu'aucun texte ne prévoit, se produiraient certainement.

(4) Von Bar, t. 2 p. 595 note 90.

« dit qu'elle n'empêcherait pas les voies d'exécution « en Allemagne. Ainsi, il est admis que les syndics « étrangers peuvent pratiquer des saisies sur les biens « du failli situés en Allemagne ou les faire rentrer « dans la masse au moyen d'autres actions, mais, ils « doivent devancer les créanciers. Le failli étranger « ne devient pas, de plein droit, incapable de dispo- « ser (1), mais, en fait, les syndics étrangers peuvent « arriver au même résultat s'ils se hâtent de frapper « de saisie les biens sis en Allemagne, et, s'il a été pro- « cédé par une autre personne soit à une saisie soit à « une mesure d'exécution, le reliquat peut être trans- « mis à la faillite étrangère ». Tous effets qui sont conformes à l'idée d'universalité.

IV

LXX. Lorsque, par suite de l'application de l'art. 208, une nouvelle faillite est ouverte en Allemagne, alors que semblable mesure a déjà été prise à l'étranger, des difficultés d'une gravité particulière s'élèvent le plus souvent et, il faut le reconnaître, la loi allemande contient fort peu de dispositions de nature à guider l'interprète.

Le seul principe qu'elle consacre est celui de l'égalité des créanciers. L'art. 4 dit formellement que nulle

(1) Nous avons rejeté cette opinion de M. von Bar (voir p. 118) mais, il est curieux de remarquer que ceux qui sont de l'avis de M. von Bar tendent, malgré cela, à arriver au même résultat que nous.

distinction ne doit être faite entre les créanciers, à raison de leur nationalité (1). Tous, Allemands ou étrangers, ont les mêmes droits et doivent être traités de même (2). D'ailleurs, cette loi d'égalité est une règle supérieure qui domine toute la législation allemande. Les art. 42 et 49 s'appliquent contre des étrangers aussi bien que contre des Allemands (3) et les art. 207 et 208 qui, au premier abord, sembleraient établir un privilège au profit des créanciers de nationalité allemande peuvent cependant être invoqués par les étrangers et ont la même force et la même portée, quel que soit l'Etat dont est ressortissant le débiteur mis en faillite à l'étranger (4).

Malheureusement, ce principe d'égalité de traitement ne suffit pas à résoudre les conflits et il eût été désirable que la loi de 1877 eût indiqué quelques règles directrices. A l'heure actuelle, faute de texte législatif, chaque interprète a à peu près son système.

(1) Sur l'égalité de traitement des créanciers étrangers et nationaux, voir Bayer, *Theorie des Koncursprocesses nach gemeinen Recht*, § 21. — Sarwey, *Die Konkursordnung für das Deutsche Reich*, 1879, § 4, Bem. 1. — Petersen, même titre, 1878, § 4, Bem. 1. — Mandry, *Der civilrechtliche Inhalt der Reichsgesetze*, 1878, p. 49 et s. — Wilmowski, § 4, p, 72. — Fitting, § 8, p. 77.

(2) Cependant l'art. 4., après avoir posé le principe de l'égalité de traitement, ajoute qu'avec l'approbation du Conseil Fédéral des exceptions à cette règle peuvent être apportées par le Chancelier de l'Empire, qui peut décider qu'un droit de représailles sera mis en usage contre les nationaux d'un Etat étranger ou leurs ayants-droit.

(3) Wilmowski, p. 73.

(4) Voir p. 120 et note 1.

LXXI. La plupart et entre autres MM. Sarwey (1), Petersen (2), Stieglitz (3) et Fitting (4) partent de cette idée que les diverses faillites sont indépendantes l'une de l'autre, bien que l'effet de chacune d'elles ait pour limite l'effet reconnu aux autres. Mais, malgré cette indépendance, il y a des points de contact et chaque fois qu'un contact se produit, une difficulté en résulte. Si une faillite est ouverte en Allemagne en vertu de l'art. 208, quels créanciers pourront y produire et quels biens comprendra-t-elle? Wilmowski (5) et Fitting (6), sont d'avis que cette faillite devra s'étendre à tous les biens que le débiteur possède en Allemagne, qu'ils aient ou non un rapport quelconque avec l'établissement commercial, industriel, ou agricole, qui, par suite de l'art. 208, a été attributif de compétence pour les tribunaux allemands ; et ils pensent que tous les créanciers, sans aucune distinction, pourront produire à la faillite allemande. D'après MM. Fitting et Wilmowski, la meilleure manière de remédier aux inégalités que peut engendrer la pluralité de procédures de faillite serait de laisser tous les créanciers produire à toutes ces procédures.

Bien différent est le système de M. von Bar (7) ; cet

(1) Sarwey. *Die Konkursordnung für das Deutsche Reich*, 1879, § 207, Bem. 3.

(2) Petersen. Même titre, 1878, §§ 207 et 208, Bem. 3.

(3) Stieglitz. Même titre, 1879, § 207, Bem. 1.

(4) Fitting, § 57, p. 404.

(5) Wilmowski, § 208, p. 515.

(6) Fitting, § 57, p. 405 et note 8. — En ce sens auss hier, p. 633.

(7) Von Bar. § 482, p. 573.

auteur permet à tous les créanciers. sans distinction aucune, de prendre part à la faillite suivie au lieu du domicile ou de l'établissement principal; mais ceux-là seuls pourraient participer aux faillites des succursales qui pourraient être considérés comme créanciers de ces succursales. Ce système nous paraît devoir être rejeté; il peut souvent conduire à des inégalités flagrantes entre les divers créanciers et il donne naissance aux difficultés les plus sérieuses. Quel sera le critérium d'après lequel on décidera si tel créancier est créancier de la succursale ou simplement créancier de l'établissement principal ? Les faillites donnent déjà naissance à beaucoup de procès; il est inutile de les multiplier.

Ce qui rend encore plus délicate la répartition de l'actif entre les diverses faillites, c'est que le failli peut avoir des biens dans des Etats où n'est suivie contre lui aucune procédure de faillite. Il est certain que ces biens devront rentrer dans l'actif de l'une des faillites; mais dans laquelle? Faudra-t-il donner la préférence à la faillite dont les représentants ont été le plus diligents ? à celle qui a été déclarée par le tribunal du domicile? ou enfin à celle qui est la première en date? Faudra-t-il même permettre à chaque faillite de ressaisir en pays étranger les biens qui peuvent être considérés comme rentrant dans sa sphère d'action particulière? (1) Le plus logique serait d'accorder à la faillite du domicile une certaine prééminence; cependant un système différent à été soutenu par M. Kohler (2)

(1) Cf. von Bar, t. II, § 482, p. 572.
(2) Kohler, p. 628.

dans une hypothèse spéciale. Lorsqu'une société par actions est mise en faillite dans un pays et possède des succursales dans d'autres Etats, et qu'une partie de l'actif consiste dans les sommes à recouvrer sur les actions non encore libérées (1), M. Kohler décide que ces demandes de paiement ne pourront être intentées que par la faillite la première en date, et, en tous cas, ne pourront profiter qu'à elle. Cette théorie nous paraît difficilement admissible. La priorité de date ne peut avoir d'importance qu'entre tribunaux également compétents, et l'on ne saurait nier que le tribunal du domicile n'ait une compétence supérieure à celle du tribunal de la résidence ou de la succursale.

LXXII. — La loi allemande aurait dû prévoir toutes ces difficultés (2) et elle aurait dû surtout contenir un article sur les concordats et décharges. C'est en effet en matière de concordats que se présentent entre les auteurs les divergences les plus considérables et que la jurisprudence est le plus hésitante. M. Stobbe (3) pa-

(1) La difficulté qui s'élève en ce cas dans le système de M. Kohler n'existe pas pour ceux qui admettent d'autres règles que lui en ce qui concerne la répartition des créances du débiteur entre les diverses faillites.

(2) Bien d'autres ne sont pas prévues ; — Voir, sur le droit de revendication du vendeur d'effets mobiliers, von Bar, t. II, § 486, p. 579. — Trib. Leipzig, 28 juin 1887 (*Pand. fr.*, 1889-5-25) et R. O. H., 7 juin 1872 (*Entsch.*, 2, p. 299). = Sur la compensation, von Bar, t. II, § 489, p. 584. = Sur les droits des femmes, von Bar, t. II, § 486, p. 579, note 51, et Oberlandesgericht de Darmstadt, 3 nov. 1885, *S.* 86, 332. *Journ. D. I. P.*, 1888, p. 109. = Et sur les questions de privilège, von Bar, t. II, § 485, p. 578 et les autorités qu'il cite, notes 47 et 48.

(3) Stobbe, *Handbuch des Deutschen Privatrechts*, vol. I, § 33, p. 202 et note 24 — et Von Bar, 1re éd., § 278.

raît disposé à se prononcer pour l'universalité. M. von Bar (1) admet le système anglo-américain, et M. Kohler (2) s'en tient à la territorialité la plus stricte. Quant à la jurisprudence, elle ne paraît pas bien fixée. M. Stobbe pourrait invoquer en son sens une décision de la Cour supérieure de Brunswick du 31 mars 1882 (3), et une autre de la Cour supérieure de Berlin du 15 avril 1875 (4) ; M. von Bar pourrait relever à son profit une décision de la Cour supérieure de Stuttgard du 7 déc. 1882 (5) ; et M. Kohler pourrait s'appuyer sur des arrêts de la cour de Lubeck de l'année 1863, du Reichsoberhandelsgericht des 25 janvier 1873 et 7 novembre 1874 et du Reichsgericht du 20 mars 1888 (6).

LXXIII. — Toutes ces divergences si regrettables naissent des lacunes de la loi allemande des faillites. Ce n'est pas en cinq articles, sans lien entre eux, disséminés dans une ordonnance de 214 paragraphes et dont aucun ne formule de principe, qu'un législateur peut avoir la prétention de résoudre tous les conflits de lois qui peuvent s'élever en matière de faillite. Des lacunes graves, voilà donc le premier vice de la loi allemande; il semblerait que le législateur de 1877 n'ait pas osé aborder de front la difficulté et se soit

(1) Von Bar, § 492, p. 588.

(2) Kohler, § 115, p. 636 et s.

(3) O. L. G. Braunschweig, 31 mars 1882 (*Seuffert*, 38, No 336).

(4) O. T. Berlin, 15 avril 1875 (*Seuffert*, 31, No 105).

(5) O. T. Stuttgart, 7 déc. 1882 (*Seuffert*, 28, No 100).

(6) Ces décisions sont citées par von Bar, t. II, p. 589, note 75. Adde Reichsoberhandelsgericht, 13 juin 1871, *Journ. D. I. P* 1874, p. 132 et 246.

contenté, de peur d'avoir à résoudre le problème, de donner quelques solutions d'espèces plus ou moins concordantes.

Procédant d'une manière vicieuse, ne posant pas de principes, le Parlement allemand de 1877 était condamné à faire une œuvre critiquable. Sur les cinq articles qu'il a élaborés, deux, les art. 42 et 49, sont relatifs à des questions d'ordre secondaire (1); un troisième, l'art. 4, pose une règle excellente, celle de l'égalité des créanciers allemands et étrangers, mais il permet de ne pas tenir compte de cette règle dans certains cas par une faculté de représailles qu'il est déplorable de voir inscrire dans une loi. Quant aux deux derniers articles, les art. 207 et 208, leur valeur théorique et pratique est plus que douteuse (2); ils peuvent engendrer, à l'heure actuelle, nombre de conflits insolubles; et un article de loi, susceptible d'avoir de telles conséquences, ne saurait être considéré comme excellent.

V. — GRÈCE

LXXIV. -- Assez voisin de la théorie allemande est le système grec, qui est une combinaison intime des

(1) Ils prennent certaines mesures pour éviter que des créanciers ne se soustraient à la loi de l'égalité, par exemple en cédant leurs créances à des étrangers.

(2) M. von Bar, t. II, § 483, p. 576, critique vivement l'art. 24 du Code de proc. civ. allemand, et cependant (t. II, p. 595, note 90) loue sans réserves les art. 207 et 208 (K. O.) qui en sont l'application à la matière des faillites.

idées de territorialité et d'extraterritorialité. D'après un arrêt de la Cour d'Athènes rendu en 1892 (1), une maison de commerce dont le siège principal est à l'étranger et qui n'a en Grèce qu'une succursale peut être mise en faillite en Grèce, alors même que l'établissement principal a déjà été l'objet d'une semblable mesure. L'arrêt s'appuie sur l'intérêt des créanciers grecs. Mais, et c'est ici que la conception devient originale, la faillite déclarée par le jugement étranger n'en sera pas moins reconnue; les liquidateurs et syndics étrangers pourront, *de plano*, avant tout exequatur, agir en cette qualité devant les tribunaux grecs, seulement, par suite de la faillite ouverte en Grèce, ils ne pourront le faire que pour les biens sis à l'étranger et que pour les affaires concernant l'étranger (2).

(1) Cet arrêt de la Cour d'Athènes est rapporté dans le *Journal D. I. P.* 1893, p. 234, et plus complètement dans la *Zeitschrift für Internationales Privat-und Strafrecht*, tome 3, p. 187.

(2) En ce qui concerne les jurisprudences qui ne sont pas étudiées au texte, voir pour le *Danemark*, p. 110, note 4; = pour les *tribunaux mixtes d'Egypte*, jug. trib. Caire, 30 sept. 1877, *Journ. D. I. P.* 1878, p. 181; — tribunal mixte de première instance du Caire, 4 fév. 1888, *Journ. D. I. P.* 1889, p. 140; — Cour d'appel d'Alexandrie, 25 nov. 1891, *Journ. D. I. P.* 1892, p. 510; — Cour d'appel mixte d'Alexandrie, 10 déc. 1891, *Journ. D. I. P.* 1893, p. 232, — et 5 janv. 1893, *Journ. D. I. P.* 1893, p. 623; = pour l'*Espagne*, Cour suprême de Madrid, 12 mai 1885, *Pand. fr.* 1889-5-14, *Journ. D. I. P.* 1890, p. 354; = pour la *Suisse*, trib. comm. Genève, 20 janv. 1881, *Semaine judiciaire*, 1881, p. 37, *Journ. D. I. P.* 1882, p. 233; — Civilgericht des Kantons Baselstadt, 1er juin 1883, *Journ. D. I. P.* 1885, p. 340; — loi fédérale sur la faillite, 11 av. 1889, art. 197; Roguin. *Conflits des lois suisses*, p. 727 et s.; = pour les *Etats-Unis*, une nouvelle loi fédérale sur les faillites est en vigueur depuis le 1er janvier 1892 (Alexander, *Konkursgesetze aller Länder der Erde*, Berlin, 1892, p. 442 et s.). Avant la promulgation de cette loi, le système qui était appliqué aux

SECTION II

Jurisprudence française

LXXV. — Après avoir rapidement parcouru les principaux systèmes en vigueur à l'étranger, une question se présente naturellement à l'esprit. Quelle est celle de ces jurisprudences étrangères qui se rapproche le plus de la jurisprudence française? Il semblerait, au premier abord, que ce dût être la jurisprudence belge. La Belgique a été longtemps régie par notre Code de commerce, et les modifications qui ont été votées par le lé-

Etats-Unis était à peu près celui qui avait prévalu en Angleterre jusqu'au milieu du XVIIIe siècle. L'esprit de ce système a été admirablement mis en relief dans un article de M. Charles R Darling (*American Law Review* 1881, p. 251, cf. Field *Outlines of an International Code*, art. 685); on peut le résumer en disant que la faillite étrangère était, en principe, reconnue aux Etats-Unis, sauf dans la mesure où cette reconnaissance aurait pu porter préjudice aux créanciers nationaux en dehors de toute faute de ceux-ci. Pour les détails, voir Story, *Conflict of laws*, 1883, p 482 et 565 et s. — Blumensteil, *Law and Practice on Bankruptcy*, New-York, 1878, p. 86; — Bump. *Practice of Bankruptcy*, 1878, p. 1, 484 et 740; — von Bar, *das Intern. Privatrecht*, 1889, t. 2, § 476, note 9, — Carle, *La faillite en droit intern.*, p. 134; — Francis Hilliard, *On Bankruptcy*, New-York, 1867, §§ 69, 76 et 77; — Field, *Outlines of an International Code*, art. 684 et 685; — Kent, *Commentaries on American Law*, 12e éd., 1873, t. 2, §§ 406 et 407 ; — Phillimore, *Priv. Int. Law*, éd. 1889, t. IV, DCCLXXV et DCCLXIV; — Timothy Walker, *American Law*, 7e éd., 1878, p. 767; — Francis Wharton, *Digest of. Intern. Law*, 1886. vol. I, § 9, p. 34; *Commentaries on Law*, 1884. §§ 311, 334 et 439, et *Conflict of Laws*, 1872 §§ 391, 392, 520 à 529, et 842 à 847; — Wheaton, *Intern. Law*, 3e éd 1889, §§ 88 139.

gislateur belge sont peu différentes de celles qui ont été adoptées en France; la Belgique et la France ont en outre sensiblement les mêmes mœurs, les mêmes usages commerciaux et les mêmes besoins économiques. Malgré cela, si l'on s'en rapporte à M. Thaller. ce serait la jurisprudence hollandaise qui offrirait le plus d'analogies avec la jurisprudence française. Dans les deux, on remarquerait en effet les mêmes incertitudes et les mêmes hésitations : « Nos tribunaux, dit « M. Thaller (1), tendent plutôt à rejeter la théorie de « l'unité de la faillite, bien qu'il soit à peu près impos- « sible de préciser les règles dont ils s'inspirent en la « matière. En réalité, la jurisprudence française al- « terne, selon les circonstances, entre deux pratiques « impossibles à concilier. Un grand progrès sera réa- « lisé le jour où l'une d'elles prévaudra définitivement « sur l'autre; on saura du moins sur quel sol l'on « marche; pour le moment, on erre à l'aventure. » Cette appréciation est-elle bien exacte? Est-il vrai que les décisions de nos cours et tribunaux forment un amas confus d'arrêts et de jugements contradictoires, et qu'il ne s'en dégage aucune théorie d'ensemble?

Nous ne le croyons pas; pour nous, la jurisprudence, loin de flotter entre des idées inconciliables, applique, à l'heure actuelle, un système original qu'elle a formulé et qui, voisin sur quelques points de la théorie belge et sur d'autres de la théorie anglaise, peut se ramener aux cinq principes suivants :

(1) Thaller, *La faillite en droit comparé*, t. 2, p. 341, 342 : — cf t. 2, p. 358.

1° Bien que le jugement déclaratif étranger n'ait pas, en France, autorité de chose jugée, les syndics ou curateurs qu'il a nommés peuvent agir en France en cette qualité sans avoir besoin d'obtenir un exequatur préalable ;

2° Toutes les fois que cela peut être nécessaire pour la satisfaction d'un intérêt réel et légitime, l'étranger qui n'a en France ni domicile ni résidence peut y être mis en faillite ;

3° Cette nouvelle faillite déclarée en France a tel effet que de raison. Si plusieurs procédures principales et indépendantes se poursuivent concurremment en France et à l'etranger, le règlement final doit être fait comme s'il n'y avait qu'une faillite unique, produisant des effets universels : au besoin, des redressements de comptes peuvent avoir lieu en France ;

4° Les diverses solutions que peut recevoir une procédure de faillite ont un effet universel comme la faillite elle-même ;

5° Jamais l'application de la loi étrangère ne doit porter atteinte à l'ordre public français (1).

(1) Sur la jurisprudence tunisienne, voir entre autres : Trib. français de Tunis, 19 fév. 1885, *Journ. D. I. P.* 1886, p. 83, — et Trib. Sousse, 1er mars 1889, *Revue algérienne de législation*, 1889, p. 274.

§ 1

L'idée d'universalité est à la base de la jurisprudence française.

LXXVI. — Tout n'est plus aujourd'hui controversé dans la jurisprudence française. Il y a maintenant des règles qui peuvent être considérées comme établies d'une manière définitive, tant les décisions qui les formulent sont nombreuses et concordantes. La plus importante de ces règles est celle qui permet aux syndics ou curateurs, nommés par des jugements de faillite rendus à l'étranger, d'agir en France en cette qualité sans avoir au préalable fait déclarer exécutoire la décision qui a ouvert la faillite (1). Et dans ce mot

(1) Aix 8 juill. 1840, S. 1841-2-263.

Bordeaux 22 déc. 1847, S. 1848-2-228.

Colmar 10 fév. 1864, S. 1864-2-122.

Paris 23 mars 1868, S. 1869-2-172.

Paris 22 fév. 1872, S. 1872-2-90.

Paris 14 déc. 1875, S. 1876-2-70.

Trib. Seine 19 janv. 1876, *Journ. D. I. P.* 1877. p. 144.

Trib. comm. Seine 13 oct. 1876 sous Paris 7 mars 1878, S. 1879-2-164.

Paris 20 janv. 1877, D. 1877-2-67.

Paris 7 mars 1878, S. 1879-2-164.

Cass. 6 déc. 1880, *Journ. des Faill.* 1888 p. 5.

Paris 28 fév. 1881, *Le Droit*, 13 mars 1881. *Journ. D. I. P.* 1881, p. 263.

Coutras 21 mars 1882, *Journ. des Faill.* 1882 p. 592. — Trib. comm. Castres 21 mars 1882, *Journ. des Faill.* 1882, p. 562. — Toulouse 17 av. 1883, *Journ. D. I. P.* 1883, p. 161. — Trib. Seine 17 juill. 1886, *Journ. des Trib. de comm.* 1888, p. 33. — Paris 16 juin 1887, *Journ. Faill.* 1887, p. 400. — Nancy 12 juill. 1887, S.

« agir » est comprise non seulement la faculté d'intenter une action, (1) mais encore celle d'intervenir dans une instance concernant le failli, (2) ou celle de faire opposition à un jugement par défaut (3).

En reconnaissant de tels pouvoirs au syndic étranger, notre jurisprudence admet la théorie de l'universalité de la faillite et elle l'admet de la manière la plus large. Elle ne reproduit en effet aucune des distinctions proposées par les auteurs. Elle ne distingue pas selon que le jugement a été prononcé à la demande ou malgré l'opposition du failli et elle ne distingue pas non plus selon la nationalité de celui-ci ; peu importe qu'il soit Français ou étranger, la règle est la même (4). En vain a-t-on voulu tirer argument d'un édit de juin 1778, qui défendait à tout Français de traduire un de ses compatriotes devant un tribunal étranger. Cet édit ne peut aujourd'hui être considéré comme enlevant aux Français le droit de faire mettre en faillite à l'étranger

1890-2-187. — Paris 18 fév. 1888. *Journ. des Trib. de comm.* 1888, p. 504 : ce dernier arrêt décide que le syndic étranger peut avant tout exequatur poursuivre les actionnaires français tenus d'un appel de fonds devant le tribunal de leur domicile.

(1) Lorsque le syndic étranger agira en France, les règles de compétence ordinaire seront applicables : il pourra notamment se prévaloir de la disposition de l'art. 59 § 2, si on ne peut lui reprocher aucun artifice de procédure. Paris 28 mars 1873. *Journ. D. I. P.* 1875 p. 18. Mais l'art. 635. C. Co sera inapplicable Cf Gand 6 mars 1883. *Journ. Faill.* 1884, p. 633. D. P. 1884-2-161 et Lyon 24 av. 1850, D. P. 1854-2-119.

(2) Trib. comm. Seine, *Journ. Trib. comm.* t. 9. 1860, p. 73.

(3) Colmar 10 fév. 1864, S. 1864-2-122.

(4) Voir entre autres : Paris, 2 août 1883, *Journ. Faill.* 1884. p. 264. — Trib. comm. Seine, 5 mars 1886. *Journ. Faill.* 1887. p. 237.

des commerçants français (1), il n'est plus en effet en vigueur, et le fût-il encore, il ne serait applicable que dans le ressort des consulats des Echelles du Levant, car il n'avait été enregistré que par un seul Parlement, celui d'Aix (2).

LXXVII. — Des difficultés réelles ne s'élèvent qu'en matière de sociétés. Que décider en effet si la société. mise en faillite à l'étranger, était nulle ou ne pouvait ester en justice en France faute d'avoir obéi aux prescriptions de la loi du 30 mai 1857? Les syndics chargés de la liquider auront-ils le droit d'agir en France, sans même être tenus d'obtenir une sentence d'exequatur?

Quelque délicate que soit la question, ce droit leur a été reconnu par la Cour de Besançon et par la Cour de Paris; la Cour de Besançon (3) a statué dans une espèce où il s'agissait d'une société belge, nulle aux termes de la loi belge, et elle a décidé que l'association ayant eu une existence de fait pouvait, quoique frappée de nullité, être valablement mise en faillite en Belgique et « qu'en fût-il autrement, le jugement du tri-« bunal de Bruxelles ayant constamment été reconnu « en Belgique, il n'appartenait pas aux tribunaux fran-« çais de le réformer ». La Cour de Paris (4) a résolu

(1) En ce sens, Surville et Arthuys *précis* p. 557 et Dubois sur Carle p. 45 note.

(2) Sur l'édit du juin 1778 voir D. 1865-1-423 et S. 1865-1-217 note de M. Labbé, ainsi que Bertauld. *Quest. prat.* n° 176.

(3) Besançon, 2 av. 1881, *Journ. Trib. comm.*, t. XXXI, 1882, p. 285.

(4) Cour Paris, 28 fév. 1881, *Le Droit*, 16 mars 1881, affaire du Crédit Foncier International.

l'autre difficulté ; elle a déclaré, infirmant sur ce point un jugement du tribunal de la Seine du 11 fév. 1880, que les liquidateurs ou syndics d'une société étrangère. bui n'eût pu ester en justice en France par application de la loi du 30 mai 1857, pouvaient agir en France en leur qualité de syndics. L'arrêt est basé sur cette considération que les syndics ne représentent pas seulement le failli, qu'ils sont en outre les représentants légaux des créanciers, et que, « sous ce rapport, ils « échappent aux exceptions qui auraient pu être oppo « sées en raison de son incapacité à l'être légal, en qui « se personnifiait la société faillie jusqu'au jour où, « par suite de la faillite, il a cessé d'exister ». D'ailleurs, dans l'affaire soumise à la Cour de Paris, il s'agissait d'une demande intentée par les liquidateurs contre des associés et l'on pouvait soutenir que ceux-ci n'étaient pas en droit de se prévaloir de l'inobservation de la loi de 1857, puisque cette inobservation n'était que le résultat de leur faute ou de leur négligence.

LXXVIII. — Il n'y a guère qu'un cas où le syndic étranger n'ait pas le droit d'agir en France en cette qualité, c'est celui où l'ordre public français serait violé. Le principe est certain ; il est évident que le syndic étranger ne peut prétendre exercer en France les droits que lui a conférés la loi étrangère au mépris de l'ordre public français. Mais, quand cet ordre public sera-t-il compromis ?

Le sera-t-il, par exemple, si le syndic étranger préposé à la faillite d'un non-commerçant, vient à agir en France? MM. Roy (1) et Pic (2-3), l'ont pensé. La loi française des faillites repose, dit M. Roy, sur la distinction des commerçants et des non-commerçants, et cette distinction est d'ordre public. elle doit donc empêcher que l'on reconnaisse en France quelque effet à la faillite qui aurait été ouverte à l'étranger contre un non-commerçant. M Pic a aussi adopté cette opinion. Mais, que l'on nous permette de la combattre; en France, au cas d'insolvabilité, il y a deux procédures spéciales, l'une, réservée aux commerçants, la faillite; l'autre, à peine organisée, réservée aux non-commerçants, la déconfiture. Tout le monde prétend que les jugements français, rendus en matière de déconfiture, doivent avoir effet à l'étranger. Pourquoi dès lors refuser de reconnaître les jugements étrangers qui concerneront la liquidation de l'actif de non-commerçants insolvables? Et ce refus sera-t-il justifié par cette raison qu'à l'étranger la même institution est applicable aux commerçants et aux non-commerçants? Qu'importe au fond ce détail, si l'institution est bien organisée et sauvegarde les droits des créanciers? D'ailleurs, en pratique, si l'on consent à reconnaître en

(1) Roy. *De l'effet en France des jugements de faillite étrangers*, p. 129.

(2). Pic. *Journ. D. I. P.*, 1892, p. 605 et 606. M. Pic déclare ne même pas admettre d'exception en faveur des sociétés suisses inscrites sur le registre du commerce.

(3) M. Roguin, *Conflits des lois suisses*, n° 611, p. 734 pense au contraire que le jugement ordonnant la liquidation d'un débiteur non commerçant est une décision judiciaire ordinaire de nature civile et doit recevoir l'exequatur aux conditions ordinaires.

France la sentence étrangère qui aura mis en faillite un non-commerçant, cela ne pourra avoir qu'une conséquence : l'on aura peut-être une liquidation bien conduite et peu coûteuse au lieu du gaspillage et du chaos de la déconfiture et ce résultat n'est assurément pas contraire à l'ordre public. L'ordre public n'exige pas qu'il n'y ait, au cas d'insolvabilité de non-commerçants, ni procédure d'ensemble ni liquidation bien organisée. Certainement la loi qui, conformément aux vœux de nombreux auteurs, étendrait en France la législation de la faillite aux non-commerçants, ne serait pas contraire à l'ordre public. Cette absence complète de réglementation de l'insolvabilité des non-commerçants (car l'on ne peut pas dire que la déconfiture contienne une réglementation même imparfaite) est une des lacunes les plus regrettables de notre loi ; une loi spéciale a même dû la combler pour la liquidation de la Société de Panama ; dès lors, nous ne voyons pas pourquoi, lorsqu'il s'agit d'étrangers, cette lacune et ce vice de législation devraient subsister, en dépit de la loi étrangère.

Mais si nous pensons que le syndic étranger, fût-il préposé à la faillite d'un non commerçant, peut agir en France en cette qualité sans que l'ordre public soit violé, nous croyons qu'il n'en serait plus de même dans le cas où le jugement étranger serait en contradiction avec une décision française. Dans ce cas, que le failli soit ou non commerçant, le syndic étranger ne peut agir en France dans la mesure où son action serait en opposition avec le jugement français. Quant à savoir s'il y a contradiction entre la décision française et la décision étrangère, c'est là une question de fait à résoudre, dans chaque cas, d'après les circonstances de la cause. Notons seulement que la jurisprudence ne considère pas comme de tous points inconciliables deux déclarations de faillite, l'une en France, l'autre à l'étranger; la mise en faillite prononcée en France n'enlève pas en effet tous ses droits au syndic étranger, elle les modifie seulement, les droits d'un co-syndic ne pouvant être les mêmes que ceux d'un liquidateur unique.

LXXIX. — Sur ce premier point, la jurisprudence est fixée. Il est certain que, lorsque l'ordre public ne s'y oppose pas, le syndic étranger peut agir en France en cette qualité. Mais, sur quels motifs théoriques, sur quelles raisons juridiques s'appuie la jurisprudence?

L'on pourrait faire découler la solution qu'elle donne de l'idée que les jugements étrangers ont en France autorité de chose jugée. MM. Dubois (1) et Labbé (2) le font, et M. Phillimore semble bien croire que telle est la base de la théorie française (3). Cependant, l'on ne peut citer en ce sens que de rares décisions judiciaires (4). Il y aurait, en effet, une véritable contradiction dans l'ensemble de la jurisprudence, si elle reconnaissait autorité de chose jugée au jugement étranger déclaratif de faillite alors qu'elle refuse en principe

(1) Dubois, S. 1879-2-164.
(2) Labbé. S. 1865-2-60.
(3) Phillimore. *Priv. Int. Law.*, t. IV, DCCLXXIII.
(4) Trib. com. Lyon, 25 juin 1886. *Mon. Lyon*, 1886, 10 août

cette autorité à tous les jugements étrangers et déclare au contraire qu'ils sont soumis à la révision des juridictions françaises; le droit de révision est très critiquable, (il ne découle ni du texte ni de l'esprit de l'art. 549 Code Proc. Civ., et il est dangereux par suite des représailles qu'il amène) mais, pratiquement parlant, la jurisprudence en a fait une partie intégrante du droit positif français.

LXXX. — L'un des moyens qu'aurait eus la jurisprudence de soustraire le jugement de faillite au droit de révision et de lui reconnaître ainsi autorité de chose jugée eût été de le faire rentrer dans la catégorie des jugements constitutifs d'état. Un jugement du tribunal de Charleville du 29 mai 1890 (1) l'a fait de la manière la plus nette, mais, ainsi, il s'est mis en contradiction avec une autre doctrine consacrée par une jurisprudence constante. Il ne serait logique de considérer le jugement de faillite comme rendu en matière d'état que si le failli était un incapable au sens juridique du mot, et il est à peu près reconnu en France que la faillite n'altère en rien la capacité du failli, que ses biens sont seulement frappés d'indisponibilité (2).

(1) Trib. Charleville 29 mai 1890, *Journ. Faill.* 1890, p. 509. *Journ. D. I. P.* 1891, p. 525, cf. Cass. Turin 19 juin 1882, *Journ. D. I. P.* 1883, p. 426. — Un arrêt de la Cour de Paris du 31 janv. 1873 S. 1874-2-33 a soutenu que c'est précisément dans le cas où l'on admettrait que la faillite affecte l'état et la capacité que le jugement de faillite étranger ne pourrait avoir effet en France avant l'exequatur contre le débiteur failli, s'il était de nationalité française.

(2) Cass. 8 mars 1854, S. 1854-1-238. — Cass. 21 fév. 1859, S. 1859-1-555 — Cass. 25 juin 1860, S. 1860-1-858 — Cass. 12 janv. 1864, S. 1864-1-17 — Lyon-Caen, *Manuel de dr. comm.* n° 997, p. 726.

LXXXI. — Les deux seules théories que la jurisprudence pouvait admettre sans contradiction et entre lesquelles se partagent, d'une manière très inégale d'ailleurs, les décisions judiciaires, sont celle qui s'appuie sur la nature même de la faillite et celle qui prétend que le jugement déclaratif est un acte de juridiction gracieuse.

Tout d'abord, de nombreuses décisions judiciaires, ont déclaré, soit que « la règle de l'indivisibilité « et de l'universalité de la faillite [est la] conséquence « nécessaire de l'unité du patrimoine et du principe « que les biens du débiteur sont le gage commun de « ses créanciers (1), soit que la faillite crée une situa- « tion indivisible qui ne permet pas d'en régler les « effets d'après des législations différentes (2). » Mais, quelles que soient nos sympathies pour ce système qui fait découler l'universalité de la faillite de sa nature même, nous ne pouvons pas dire que ce soit celui de la jurisprudence. Les quelques décisions (3) qui l'ad-

(1) Rouen, 14 juin 1883, *Journ. Faill.* 1884, p. 11. Cet arrêt a été rendu dans une espèce où la faillite avait été prononcée en Suisse, mais il n'en a pas moins une portée générale. Tout ce que l'arrêt tire du traité franco-suisse du 15 juin 1869, c'est la compétence des tribunaux suisses pour ouvrir la faillite en Suisse.

(2) Bordeaux, 8 juill. 1891, *Journ. Faill.* 1892, p. 118.

(3) Outre les arrêts de Rouen et de Bordeaux, dont il est parlé dans les notes précédentes, on peut citer Cass. 30 nov. 1868, S. 1869-1-267. D. 1869-1-194 « Att. que la faillite crée une situa- « tion indivisible qui ne permet à aucun tribunal autre que « celui devant lequel existe la faillite d'intervenir pour régler « les droits des divers intéressés. »—Trib. civ. Seine 21 av. 1875, *Journ. D. I. P.* 1876, p. 181 — Trib. comm. Cette, 3 juill. 1890,

mettent constituent, tout au plus, une protestation contre la théorie dominante.

LXXXII. — La très grande majorité des jugements et des arrêts, reproduisant la théorie de MM. Bonfils (1), Massé (2), Fœlix et Demangeat (3) s'appuie principalement sur l'idée que le jugement de faillite est un acte de juridiction gracieuse, une simple procuration qui, en vertu de la règle « *locus regit actum* », doit avoir effet à l'étranger, et subsidiairement, sur cette autre idée, que le jugement de faillite se borne à constater deux faits : le fait de la cessation des paiements et naturellement aussi le fait qu'un mandat a été donné à des syndics ou à des curateurs afin de liquider l'actif (4).

Journ. Faill. 1892, p. 118 — La décision qui fait le plus nettement résulter l'universalité de la faillite de sa nature même est peut-être un jugement du tribunal de Marseille du 18 août 1868, *Journ.* Marseille, 1868-1-299 — « Attendu, dit ce jugement, qu'il est nécessaire et indispensable que la liquidation se fasse sous une seule et même direction ; qu'il importe, en effet, pour éviter une confusion inévitable, que le même débiteur ne soit pas déclaré en même temps en état de faillite en différents lieux. »

(1) Bonfils, *Compét. des trib. français à l'égard des étr.* nos 245-246.

(2) Massé, *Dr. comm.* 3e éd. t. 2, n° 809.

(3) Fœlix et Demangeat, *Droit int.* n° 468.

(4) Bordeaux, 10 fév. 1824, S. 1824-2-119 — Aix, 8 juill. 1840, S. 1841-2-263 — Bordeaux, 22 déc. 1847, S. 1848-2-228 — Paris, 23 mars 1869, S. 1869-2-172, — Cass. 21 juin 1870, S. 1871-1-49 — Paris, 22 fév. 1872, S. 1872-2-90 — Paris, 14 déc. 1875, S. 1876-2-70 - Trib. Seine, 19 janv. 1876, *Journ. D. I. P.* 1877, p. 144 — Paris, 28 fév. 1881. *Le Droit*, 13 mars 1881 — Trib. comm. Seine 13 oct. 1876 sous Paris 7 mars 1878, S. 1879-2-164 — Trib. comm. Castres, 21 mai 1882, *Journ. Faill.* 1882, p. 562 — Toulouse, 17 av. 1883, *Journ. D. I P.* 1883, p. 161 — Trib. comm. Seine 11 mai 1887, *Journ. D. I. P.* 1889, p. 670 — Nancy, 12 juill. 1887, S. 1890-2-187, *Journ. Faill.* 1888, p. 174 — Même système, Gênes 23 fév. 1863, et Macerata 31 oct. 1866 ap. Carle note 66 et Brescia, 1er août 1871, *Annali* 1871, 2e part. p. 575.

« Le mandat qui a été judiciairement conféré (au syn-
« dic), bien qu'il émane d'une juridiction étrangère.
« suffit par lui-même. dit un arrêt de la Cour de Paris
« du 14 déc. 1875 (1), pour le constituer en France lé-
« gitime représentant de la masse des créanciers », et un autre arrêt. rendu par la Cour de Nancy, le 12 juillet 1887 (2), reconnaît au syndic étranger le droit d'agir en France avant tout exequatur, car « il ne s'agit pas
« de faire produire au jugement étranger des effets
« pour lesquels l'art. 546, Proc. civ. exige l'exequatur
« préalable, mais seulement d'après la règle « *locus*
« *regit actum* » d'établir l'existence d'un fait : la no-
« mination de (telle personne) comme syndic d'une
« faillite et le mandat légal qui lui a été confié d'en
« recouvrer l'actif. » D'autres décisions, plus brièvement motivées, disent simplement que le syndic étranger peut agir en France sans exequatur préalable, car
« les jugements de faillite se bornent à constater des
« faits dont ils font foi par eux-mêmes (3) ».

LXXXIII. — En un mot, d'après la jurisprudence, le jugement de faillite étranger a effet en France parce que la déclaration de faillite et la nomination du syndic qui en est la conséquence sont des actes de juridiction gracieuse et parce que, les jugements faisant foi par eux-mêmes des faits qu'ils constatent, la production de l'expédition du jugement de faillite établit à la fois le fait de la cessation des paiements, celui de

(1) Paris, 14 déc. 1875, S. 1876-2-70.
(2) Nancy, 12 juill. 1887, S. 1890-2-187. *Journ. Faill.* 1888, p. 174
(3) Aix, 8 juillet 1840, S. 1841-2-263.

la nomination des syndics et celui du mandat qui leur est conféré.

La première conséquence de cette idée est que les jugements de faillite auront effet en France sans y avoir autorité de chose jugée ; les actes de juridiction gracieuse n'ont pas en effet cette autorité.

Mais, il se pourra qu'en vertu de la maxime de d'Argentré : « *Voluntaria jurisdictio transit in contentio-* « *sam interventu justi adversarii* » la faillite passe de la juridiction gracieuse dans la juridiction contentieuse (1).

Cela arrivera notamment lorsque le fait de la faillite, celui de la nomination des syndics, ou la date du report d'ouverture se trouveront contestés. Quelle sera alors la situation des syndics étrangers ? Pourront-ils encore agir en France avant que l'exequatur leur ait été accordé? Assurément non : ils n'ont plus en effet de titre dont ils puissent se prévaloir, ils ne peuvent plus invoquer le jugement de faillite comme acte de juridiction gracieuse, puisque la contestation a fait passer l'affaire dans le domaine de la juridiction contentieuse et ils ne pourront invoquer la déclaration de faillite comme jugement contentieux que du jour où elle aura acquis en France l'autorité de la chose jugée,

(1) Toute cette théorie est déjà assez nettement formulée dans un arrêt de la Cour de Bordeaux du 10 fév. 1824, S. (*coll. nouv*), t. VII (1822-1824), part. 2, p. 318. Cet arrêt déclare que le jugement de faillite étranger n'a pas autorité de chose jugée mais que ce qu'il constate doit être tenu pour constant par les tribunaux français jusqu'à ce que l'on ait fourni des preuves certaines et contraires.

c'est-à-dire du jour où elle y aura été déclarée exécutoire. La jurisprudence est constante en ce sens. Le tribunal civil de la Seine (1), le 21 décembre 1877. a formellement déclaré que, jusqu'à « l'exequatur, le dé- « faut de qualité des syndics étrangers est certain, lors- « qu'il y a contestation sur le fait de la déclaration de « faillite ou sur les conditions du report de la faillite ». Et l'arrêt de la Cour de cassation du 21 juin 1870, (2) ainsi que l'arrêt de la cour de Paris du 20 janvier 1877, (3) après avoir affirmé que les syndics étrangers peuvent, avant l'octroi de l'exequatur, agir en France en cette qualité ont pris soin d'ajouter cette restriction : alors du moins qu'il n'y a contestation ni sur le fait de l'ouverture de la faillite ni sur celui de la nomination des syndics (4).

LXXXIV. — Mais, nous arrivons à la partie la plus contestée de la théorie de la jurisprudence. Etant donné comme point de départ le droit qu'ont les syndics étrangers d'agir en France sans même faire déclarer exécutoire le jugement de faillite, il semblerait logique de décider également que tout exequatur est inutile pour que le failli étranger se trouve dessaisi en France de ses droits et actions; la nomination du

(1) Trib. Civ. Seine, 21 déc. 1877. *Journ. des trib. de comm.*, t. XXVII, 1878, p. 332.

(2) Cass., 21 juin 1870. D., 1871-1-294.

(3) Paris, 20 janv. 1877. D., 1877-2-67.

(4) Dans le même sens : Bordeaux, 10 fév. 1824, S. (*coll. nouv.*), t. VII (1822-1824), part. 2, p. 318. — Paris, 28 mars 1873, *Journ. D. I. P.*, 1875, p. 18. — Chambéry, 6 juin 1890, *Journ. des Cours de Grenoble et Chambéry*, 1890, 2e part., p. 209 (résumé *Journ. D. I. P.*, 1891, p. 567).

syndic, les pouvoirs qui leur sont donnés ne sont que des conséquences du dessaisissement, dès lors, du moment que l'on admet les conséquences, n'est-on pas forcé d'admettre également le fait qui leur sert de cause? Certaines décisions judiciaires sont en ce sens: un jugement du tribunal de commerce de Lyon du 25 juin 1886 (1) a entre autres décidé que le jugement de faillite étranger créait « au failli agissant seul une « incapacité qui peut lui être opposée devant un tri- « bunal Français. » Mais, la jurisprudence est en sens contraire : d'après elle, le failli étranger n'est dessaisi en France que si l'exequatur a été accordé par nos tribunaux (2). Est-ce là réellement une contradiction? Peut-être pas. Il n'y a peut-être là qu'une conséquence logique de l'idée qui sert de base au système de la jurisprudence. Le jugement de faillite ne vaut, avant l'exequatur, que comme acte de juridiction gracieuse, et l'affaire devient incontestablement contentieuse lorsque, malgré la résistance du failli, on lui oppose le jugement étranger qui l'a mis en faillite pour se prévaloir contre lui des conséquences de son dessaisissement. La jurisprudence ne serait réellement contradictoire que si elle refusait de reconnaître le dessaisissement après avoir attribué autorité de chose jugée au jugement déclaratif. Et, encore, dans ce cas pourrait-on

(1) Trib. comm. Lyon 25 juin 1886, *Mon. Lyon*, 10 août 1886.

(2) Trib. comm. Seine 22 av. 1861 *Journal Trib. comm.* 1861. p. 367. — Paris, 13 déc. 1864, *Journ. Trib. comm.* t. 14, 1865 p. 170 — Trib. comm. Seine 12 janv. 1875 et Paris 2 juin 1875. *Journ. Trib. comm.* t. 25, 1876, p. 150.

soutenir avec un arrêt du Tribunal Supérieur de l'Empire Allemand du 11 décembre 1884 que refuser effet au jugement étranger déclaratif de faillite en ce qui concerne le dessaisissement, ce n'est pas faire échec au principe de l'universalité de la faillite, puisque cette mesure « n'est qu'une règle de procédure destinée à « concentrer l'administration et la réalisation dans les « mêmes mains » et que toute règle de procédure a un effet strictement territorial (1).

LXXXV. — La solution admise au sujet du dessaisissement préjuge celle qui doit être donnée relativement à la suspension des poursuites individuelles et à la concentration de compétence qui s'opère au profit du tribunal du domicile du failli. Ne reconnaissant pas au jugement de faillite étranger le pouvoir de dessaisir de plein droit le failli en France, la jurisprudence ne pouvait logiquement lui accorder ni celui de suspendre, avant tout exequatur, les poursuites individuelles, ni celui d'anéantir, avant tout exequatur, les compétences multiples qui découlent de la nature des choses, au profit d'une compétence unique, et parfois exorbitante en apparence (2).

(1) Reichsgericht 11 déc. 1884 *Journ. D. I. P.* 1886 p. 602.

(2) Colmar, 11 mars 1820, S. (*coll. nouv.*), vol. 6 (1819-1821), part. 2, p. 224. — Trib. comm. Seine, 28 mars 1854, *Journ. Trib Comm.*, t. III, 1854, p. 158. — Trib. civ. Hâvre, 13 avril 1859, *Journ. Hâvre*, 1859-2-112. — Trib. comm. Seine, 25 juin 1863 et Paris, 13 déc. 1864, *Journ. Trib. comm.*, t. 14, 1865, p. 171. — Bordeaux, 2 juin 1874 S. 1875-2-37. D. 1875-2-209. — Trib. civ. Marseille, 27 fév. 1872 (motifs), *Journ. Marseille*, 1872-2-33. — Trib. comm. Seine, 29 juin 1881, *Journ. Trib. comm.*, t. 30, 1881, p 448. — Trib. civ. Seine, 16 déc. 1882, *Journ. Faill.*, 1882, p. 11.

Mais ici, des difficultés spéciales se sont élevées. Il ne suffisait pas en effet de montrer que ce sont là des conséquences de l'autorité de chose jugée et qui ne peuvent dès lors résulter du jugement étranger, tant que celui-ci ne vaut que comme acte de juridiction gracieuse et n'a pas encore acquis en France autorité de chose jugée. Il fallait de plus répondre à un argument de texte tiré de l'art. 59 § 7 du code de proc. civ. « En « matière de faillite, dit cet article, la demande devra « être portée devant le tribunal du domicile du failli. » Cet article ne fait aucune distinction; en le prenant à la lettre, il paraît applicable aussi bien aux faillites, ouvertes à l'étranger, qu'à celles qui sont déclarées en France.

Mais, tel n'est pas le point de vue de la jurisprudence (1); d'après la très grande majorité des décisions judiciaires, l'art. 59 § 7, du code de Procédure civile n'est, comme ce code lui-même, écrit que pour les procédures suivies en France; il ne peut à aucun titre prétendre régir les rapports internationaux. Pour ces rapports, un seul texte de notre législation détermine la compétence; ce texte est l'art. 14 du code civil. Il

(1) Bien que la jurisprudence paraisse aujourd'hui définitivement fixée sur ce point, nous croyons qu'elle est très critiquable. L'art. 59, § 7, Proc. civ. ne faisant aucune distinction, l'interprète ne doit pas en faire non plus, alors surtout que la règle de compétence formulée par l'art. 59, § 7, Proc. civ. n'est que l'application d'un principe de raison et donne seule satisfaction entière aux besoins du commerce. De plus, l'art. 14 *Civ.*, qui est une disposition exorbitante et dangereuse par les représailles qu'elle amène, doit être interprété très restrictivement.

permet à tout Français et à tout étranger admis au domicile de poursuivre en France l'exécution des obligations contractées par un étranger. Voilà la seule règle de compétence applicable aux relations internationales et elle déroge à toutes les autres règles de compétence, qu'elles soient générales, comme la règle « *Actor sequitur forum rei* », ou spéciales comme celles qui concentrent devant un tribunal unique toutes les actions relatives à une succession ou à une faillite. Jusqu'au jugement d'exequatur, le commerçant dont la faillite aura été prononcée à l'étranger pourra être en France l'objet de poursuites individuelles, alors même qu'il n'y aurait ni domicile ni résidence et qu'ainsi les tribunaux français ne puissent être saisis du différend qu'en vertu de l'art. 14 (1) ou de l'art. 15 C. C.

LXXXVI. — Mais, si tel est l'état actuel de la jurisprudence, l'on peut signaler parmi les décisions récentes une tendance très nette à aller plus loin et à admettre qu'avant tout exequatur le jugement de faillite étranger dessaisit le failli, suspend le cours des poursuites individuelles et rend l'art. 14 C. C. inapplicable.

(1) Trib. Marseille, 8 août 1845, *Journ. Mars.*, t. 25-1-65. — — Lyon, 24 av. 1850, S. 1851-2-381. — Paris, 30 juill. 1869. *Journ. Trib. comm.*, t. 19, 1870, p. 363. — Aix, 15 mars 1870, S. 1870-2-297. — Trib. Marseille, 16 août 1871. *Journ. Marseille*, 1872-1-229. — Cass., 12 nov. 1872, S. 1873-1-17. Cet arrêt ne peut être invoqué qu'avec réserve, car la déclaration de faillite à l'étranger n'avait pas été tenue pour constante par la Cour d'appel. — Aix, 30 nov. 1880, D., 1882-2-64. — Trib. comm. Seine, 5 mars 1891, *Journ. D. I. P.*, 1892, p. 455.

Citons entre autres le jugement du tribunal de commerce de Lyon rendu le 25 juin 1886 en matière de dessaisissement (1), et un jugement du tribunal de commerce de Marseille qui, le 7 décembre 1876 (2), a déclaré que la « faillite prononcée par un tribunal « étranger suspendait de plein droit les poursuites des « créanciers Français en France ».

D'autres décisions ont affirmé que la mise en faillite à l'étranger empêchait de traduire en France le failli devant un tribunal compétent en vertu de l'art. 14, C. C. (3) et, tout récemment encore, le 22 mars

(1) Trib. comm. Lyon, 25 juin 1886, *Mon., Lyon.*, 10 août 1886. — cf. Paris, 22 février 1872 (motifs). S. 1872-2-90 et Paris, 18 février 1888 (motifs). *Journ. Trib. comm.* 1888, p. 504.

(2) Trib. comm. Marseille, 7 déc. 1876. *Journ. D. I. P.* 1877, p. 423. — Le 20 déc. 1876, le trib. comm. Marseille (*Journ. D. I. P.* 1877, p. 424) a décidé également que du jour où la faillite avait été prononcée à l'étranger, le créancier Français devait agir en France contre le syndic étranger et non contre le failli personnellement. Mais, tout en déboutant de sa demande le créancier qui avait agi contre le failli personnellement, le tribunal ne l'a pas condamné aux frais par ce motif que, jusqu'aux indications fournies à l'audience, il avait ignoré la prononciation de la faillite à l'étranger.

(3) Cass. 19 déc. 1864 (motifs). S. 1865-1-217 — arg. Cass. 30 nov. 1868 (motifs). S. 1869-1-268. — Trib. Comm. Seine 30 janv. 1869, infirmé par Paris 30 juill. 1869. *Journ. Trib. comm.* t. 19 1870, p. 363. — Ce dernier arrêt consacre une théorie originale, il admet que l'étranger, mis en faillite à l'étranger, peut être assigné en France devant un tribunal compétent en vertu de l'art. 14, C. C., mais il fait toutes réserves sur l'influence que pourra exercer la faillite étrangère sur le fond même du procès. « Att., dit-il, qu'il ne s'agit pas d'apprécier l'influence que l'état « de faillite du défendeur pourrait exercer sur le jugement de la « demande mais seulement de décider si les tribunaux français « sont compétents pour statuer sur cette demande. »

1889 (1) un jugement du tribunal civil de la Seine a déclaré que « s'agissant de la liquidation d'une société « anglaise, ouverte en Angleterre, c'était aux tribu- « naux anglais seuls à connaître des difficultés relati- « ves à la liquidation. »

Ces décisions, qui appliquent d'une manière aussi complète la théorie de l'universalité de la faillite, sont encore trop peu nombreuses pour que l'on puisse dire qu'elles indiquent l'état actuel de la jurisprudence. Elles nous révèlent seulement le sens de l'évolution qui se produit en ce moment et nous permettent de croire que, si les besoins économiques ne se modifient pas, la théorie de l'universalité de la faillite sera de plus en plus largement appliquée par nos tribunaux. Mais en même temps que cette évolution s'en produira une autre qui, elle aussi, commence à se dessiner ; la jurisprudence abandonnera la base juridique qu'elle a jusqu'ici consacrée, elle cessera de rattacher ses décisions à cette idée si critiquable que le jugement de faillite rentre dans la juridiction gracieuse et elle s'appuiera soit sur la nature même de la faillite (2), soit, ce qui est moins probable, sur l'idée d'autorité de chose jugée. Déjà, un jugement rendu par le tribunal de la Seine le 15 mars 1880 (3) et confirmé par la Cour de Paris le 28 février 1881 (4), a décidé que les tribunaux français ne pou-

(1) Trib. Civ. Seine, 22 mars 1889, *Rev. des soc.* (Vavasseur), 1889, p. 464, cf. Limoges, 29 juin 1885. *Journ. Faill.* 1886 p. 406.

(2) V. p. 143, note 3.

(3) Trib. civ. Seine, 11 mars 1880. *Gaz. Trib.* 13 mars 1880.

(4) Paris, 28 fév. 1881. *Le Droit*, 16 mars 1881.

vaient sans excès de pouvoir réviser le jugement déclaratif de faillite émané des juges naturels du lieu où la faillite avait été déclarée et où ses opérations avaient eu leur cours régulier

§ II

De l'Exequatur

LXXXVII. — Quelque libérale que voulût être la jurisprudence française, il était impossible qu'elle assimilât complètement le syndic étranger au syndic français et reconnût au premier le droit de procéder, en vertu du titre que lui a conféré la juridiction étrangère à tous les actes qu'il pourrait juger utiles à la masse qu'il représente. Certains de ces actes peuvent lui être permis; d'autres, au contraire, doivent nécessairement lui être interdits. Un syndic étranger et un syndic français ne peuvent en effet être de tous points assimilés, il y a entre eux une différence fondamentale. Si tous deux tiennent leurs pouvoirs d'un jugement, l'un a été nommé par un jugement français et l'autre l'a été par un jugement étranger. Voilà ce qui les sépare, voilà ce qui empêche de les mettre complètement sur la même ligne; il est des effets qu'un jugement français produit naturellement et qui ne sauraient être ou qui ne sont pas actuellement attachés à une décision étrangère.

Seul d'abord, d'après la jurisprudence, le jugement

français a en France autorité de chose jugée : seul aussi, et de l'aveu de tous cette fois, il est revêtu d'une formule exécutoire à laquelle on doive obéissance en France. Par suite, seul le syndic français pourra invoquer les effets du jugement déclaratif qui se rattachent à l'autorité de la chose jugée et seul il pourra procéder à des actes d'exécution proprement dits. Tous ces droits seront rigoureusement refusés au syndic étranger, par suite de l'infériorité même de son titre. Mais cette infériorité n'est que temporaire, elle est de nature à disparaître. Que le syndic étranger fasse acquérir au jugement de faillite autorité de chose jugée et force exécutoire, et il aura les mêmes droits qu'un syndic français. La différence qui sépare le syndic français et le syndic étranger se ramène en un mot à ceci : jamais, le syndic français n'a besoin d'intenter en France une instance à fin d'exequatur, tandis que le syndic étranger y est parfois obligé (1).

LXXXVIII. Selon la jurisprudence, il y a deux cas dans lesquels le syndic étranger est tenu de faire revêtir de l'exequatur le jugement qui l'a nommé (2). Le premier est, il est vrai, très contestée ; c'est celui où le syndic étranger veut se prévaloir en France

(1) Un jugement rendu par le tribunal de Marseille, le 8 août 1845, est peut-être la seule décision judiciaire qui ait déclaré que la faillite ouverte à l'étranger ne pouvait devenir exécutoire en France, il est rapporté dans le *Journal de Marseille*, t. 25-1-65. Cf. Marseille, 1 av. 1844, *Journ. Marseille*, t. 23-1-275.

(2) Peu importe la nationalité des personnes auxquelles est opposée la faillite étrangère. Il n'y a pas à parler ainsi que l'a fait un jugement du tribunal de Marseille du 8 août 1845,

des conséquences de l'autorité de la chose jugée, par exemple opposer soit le dessaisissement du failli soit les règles relatives à la suspension des poursuites individuelles ou à la concentration de compétence. Qu'il nous soit permis de ne pas nous appesantir sur cette controverse; la solution qui lui est donnée dépend de la théorie que l'on adopte d'une manière générale relativement à l'effet en France des jugements étrangers et la discussion des différents systèmes qui ont été proposés, système de la révision. — système de l'ordonnance de 1629, — système de M. Demangeat, — et système de l'autorité de la chose jugée ne rentre pas dans notre plan. Nous nous bornerons à faire remarquer que le droit de révision, qui est consacré par la jurisprudence, est rejeté par les auteurs modernes les plus considérables et est en réalité des plus contestables.

Mais, même étant admis sur ce point le système de la jurisprudence, l'exequatur sera inutile (1) lorsque celui contre lequel on invoquera en France un des effets de la chose jugée aura reconnu la faillite étrangère, par exemple, en y produisant ou en actionnant en France les syndics étrangers (2). Dans ce cas, il s'est en effet formé

Marseille. t. 25-1-65 de *privilège de nationalité* au profit des créanciers français.

(1) Un traité diplomatique qui dispense les jugements étrangers de la révision laisse subsister la nécessité de l'exequatur. Sur le principe, Nancy, 7 déc. 1872, S. 1873-2-33 — spécialement en matière de faillite. Paris, 31 janv. 1873, S. 1874-2-33.

(2) Trib. Bordeaux, 22 fév. 1869, sous Bordeaux, 2 juin, 1874, S. 1875-2-37. — Cass., 30 nov. 1868. S. 1869-1-267. P. 1866, 265. —

entre le failli et le créancier qui a adhéré à la faillite une sorte de contrat judiciaire qui rend ce dernier non recevable à se prévaloir du défaut d'exequatur et l'oblige à se soumettre aux décisions étrangères. La Cour de Paris a même décidé, le 2 janvier 1875 (1), que le Français qui se rend acquéreur d'obligations, même émises en France par une société de commerce étrangère, se soumet à son égard à toutes les règles pouvant régir l'état de cessation de paiements ou de faillite d'après la loi étrangère. En général, la jurisprudence va beaucoup moins loin que cet arrêt de la Cour de Paris ; elle exige, pour que le créancier Français ne soit plus en droit de se prévaloir du défaut d'exequatur, que son adhésion à la faillite étrangère soit volontaire et n'ait pas un caractère équivoque ; à lui seul, le fait matériel de la production à la faillite étrangère ne suffit pas ; il faut de plus que cette production ne puisse être interprétée comme un simple acte conservatoire, il faut que le créancier ne l'ait pas faite comme contraint et forcé, c'est-à-dire par suite de la nécessité où il se trouvait de sauvegarder ses intérêts, ce qui arrivera par exemple si le débiteur ne possédait aucun bien en France (2).

Trib. civ. Seine, 21 av. 1875, *Journ. D. I P.* 1876, p. 181. Trib. civ. Seine, 27 juill. 1881, *Journ. Trib. comm.* t. XXX, 1881 p. 716.

(1) Paris, 2 janv. 1875. D 75-2-196.

(2) Trib. civ. Marseille, 27 fév. 1872, *Journ. Marseille*, 1872-2-33. — Bordeaux, 2 juin 1874, S. 1875-2-37. — Trib. civ. Charleville, 29 mai 1890, *Journ. Faill.*, 1890, p. 509. *Journ. D. I. P.*, 1891, p. 525. — Et arg. des décisions relatives à la renonciation à l'art. 14 *Civ.*, Cass., 23 mars 1859, S. 1859-1-289. — Cass., 11 déc. 1860, S. 1861-1-331.

En un mot, comme il s'agit ici de renonciation à la faculté de se prévaloir du défaut d'exequatur) la jurisprudence applique le principe, si conforme à la nature humaine, que nul n'est présumé renoncer facilement à ses droits.

LXXXIX. — Le second cas dans lequel la jurisprudence impose au syndic étranger l'obligation d'obtenir préalablement une sentence d'exequatur est celui où ce syndic veut procéder en France à des actes d'exécution proprement dits. Aucune difficulté ne s'élève sur le principe, mais il n'en est malheureusement pas de même lorsqu'il s'agit de l'appliquer. Le point délicat est en effet de savoir si tel acte donné est un acte d'exécution ; des questions très difficiles à résoudre se sont élevées et leur solution est à peu près aussi incertaine en France qu'elle l'est en Italie ou en Belgique.

Tout d'abord, que l'on nous permette d'écarter un sens du mot exécution qui a été proposé par M. Thomas (1) et qui avait déjà été indiqué dans un jugement du tribunal de la Seine du 30 juillet 1872 (2). Il y aurait

(1) Thomas. *La faill. en droit intern.*, p. 64-95.

(2). Trib. civ. Seine, 30 juill. 1872, S. 1874-2-33. — Dans le même sens, Trib. comm. Seine, 13 oct. 1876, sous l'arrêt de Paris du 7 mars 1878, qui l'a infirmé S. 1879-2-164. Cf. les décisions suivantes qui semblent avoir singulièrement exagéré la portée du mot exécution : Cass., 29 août 1826, S. (*coll. nouv.*), t. 6 (1825-1827), part. I, p. 423. — Trib. comm. Seine, 23 av. 1855. *Journ. Trib. comm.*, t. 4, 1855, p. 249. — Hâvre, 31 déc. 1860. *Journ. Hâvre*, 1861-1-8. — Trib. comm. Seine, 22 av. 1861, *Journ. des trib. de comm.*, t. 10, p. 367. — Trib. Seine, 11 juin 1863 et Paris, 13 déc. 1864, *Journ. Trib. comm.*, t. 14, p. 170. — Paris, 31 janv. 1873, S. 1874-2-33. — Hâvre, 3 fév. 1874, *Journ. Hâvre*, 1874-

exécution toutes les fois que le syndic étranger voudrait en cette qualité procéder à un acte quelconque, par exemple intenter une action ou se faire attribuer, sans égard aux oppositions des créanciers du failli, les valeurs ou sommes qui lui appartiennent et qui se trouvent en France (1). Peu importerait même que ces actes fussent des actes conservatoires. « Attendu, « dit le jugement du tribunal de la Seine, que, vu leur « généralité, ces expressions de l'art. 546. Proc. Civ., « *ne sont susceptibles d'exécution* n'admettent pas d'ex-« ception ; quelles s'appliquent aux actes conservatoires « comme aux autres. » Cette interprétation est évidemment erronée ; le mot exécution a un sens vulgaire et un sens juridique. et c'est dans ce dernier sens que nous devons naturellement le prendre ici. En droit, il y a exécution toutes les fois qu'un ordre est donné à un agent de la force publique et il n'y a exécution que

1-41. — Seine, 26 juill. 1877, *Gaz. Trib.*, 29 juill. — Trib. Seine, 16 déc. 1882, *Journ. Faill.*, 1883, p. 11.

(1) Trib. Hàvre, 16 juin 1868, *Journ. Hâvre*. 1869-1-96 : « Attendu que pour représenter la masse, Avila (le syndic) est forcé d'exciper de sa qualité de curateur fiscal. — Attendu que la reconnaissance de cette qualité impliquerait exécution du jugement qui l'a conférée. » — Le jugement du Trib. de la Seine du 2 août 1887, *Journ. Faill.*, 1887, p. 489, qui a aussi refusé au syndic étranger le rétablissement de sommes appartenant au failli est basé sur de tout autres motifs : une contribution était ouverte sur ces sommes et le tribunal, s'appuyant sur la règle que le rétablissement ne peut avoir lieu que si la déclaration de faillite est antérieure au procès-verbal d'ouverture de la contribution, a rejeté la demande du syndic parce que. en fait, le jugement qui avait accordé l'exequatur, était postérieur à l'ouverture de la contribution.

lorsque l'on constate l'existence d'un ordre de cette nature (1).

Malheureusement, quelque précis que paraisse ce critérium, bien des doutes subsistent, et à l'heure actuelle, toutes les difficultés ne se sont pas encore présentées devant les tribunaux ; ils ne se sont guère prononcés jusqu'ici que sur le droit des syndics d'apposer les scellés, ou de pratiquer une saisie-arrêt.

XC. — Il est incontestable que l'apposition des scellés sur les papiers et titres du failli est, si elle est requise en vertu du jugement de faillite, un acte d'exécution au sens juridique du mot. Mais ce n'est pas à dire que le syndic étranger ne pourra jamais, avant d'avoir obtenu l'exequatur, faire apposer les scellés en France ; lui imposer un délai aussi long que la durée d'une procédure d'exequatur en 1re instance et en appel, ce serait anéantir toute l'utilité des scellés. Il suffira au syndic étranger d'obtenir l'autorisation du président du tribunal de commerce ou celle du juge de paix que l'art. 909 Proc. civ. assimile à la production d'un titre exécutoire ; avec cette autorisation, il pourra à juste titre requérir l'apposition des scellés, car, dans ces conditions, la mise sous scellés est non pas un acte d'exécution mais une simple mesure conservatoire (2).

XCI. — Plus contesté est le droit que prétendent avoir les syndics étrangers de pratiquer en France une

(1) Dubois, S. 1879-2-161. — Surville et Arthuys, *Précis*, p. 544-545.

(2) Weiss, *Précis*. 2e éd., p 875. — Cour Paris. 20 janv. 1877. D. P. 1877-2-67.

saisie-arrêt. Si la saisie-arrêt est un acte d'exécution, ce droit doit certainement leur être refusé ; si elle est au contraire une simple mesure conservatoire, ce droit doit évidemment leur être accordé (1). Toute la question est de savoir quel est au juste le caractère de la saisie-arrêt. Nous n'entrerons pas dans le détail de cette controverse qui est une controverse de pure procédure. Pour nous, la saisie-arrêt n'est pas un acte d'exécution ; elle peut être faite en vertu d'un titre sous-seing privé et jamais un simple sous-seing privé n'a pu servir de base à un acte d'exécution ; le syndic étranger pourra donc, avant tout exequatur, pratiquer en France une saisie-arrêt. Plusieurs décisions judiciaires sont en sens contraire, (2), mais la jurisprudence paraît aujourd'hui incliner vers la solution que nous défendons. Le 4 juin 1885, le tribunal civil de Lille (3) a décidé que la saisie-arrêt pratiquée en France

(1) Selon M. Bazot, *Des ord. sur requête*, p. 123, et Boitard, Colmet-Daage et Glasson, t. II, n° 824, la saisie-arrêt est en elle-même un acte conservatoire, mais, par le fait et au moment de l'assignation en validité, elle devient un acte d'exécution. Le délai pour lancer l'assignation en validité étant de huitaine, cette opinion enlève, en fait, au syndic étranger le droit de pratiquer utilement une saisie-arrêt avant d'avoir fait déclarer exécutoire le jugement de faillite.

(2) Paris, 31 janv. 1873, S. 1874-2-33. — Paris, 14 déc. 1875, *Journ. D. I. P.*, 1877, p. 144. — Toulouse, 17 av. 1882, *Journ. D. I. P.*, 1883 p. 161. — *Contra* Dubois, S. 1874-2-33. — Weiss, *Précis*, 2e éd., p. 876.

(3) Trib. civ. Lille, 4 juin 1885, *Journ. D. I. P.*, 1885, p. 160. — L'esprit de la jurisprudence ressort bien également d'un arrêt de la Cour de Paris qui, le 19 janv. 1850 (D. 1851-2-125) a décidé que « l'opposition est une mesure conservatoire qui peut être *maintenue provisoirement* comme telle pour la sûreté des droits de-

par un étranger sur un étranger en vertu de jugements étrangers non exécutoires en France est valable par ce motif que le tribunal peut prononcer l'exequatur de ces jugements en même temps que la validité de la saisie-arrêt.

XCII. — Mais, si ce sont là les deux seules difficultés sur lesquelles les tribunaux aient eu jusqu'ici à se prononcer, beaucoup d'autres ont été soulevées par la doctrine. Quel est par exemple le caractère de l'inscription hypothécaire que peut prendre le syndic de faillite sur les biens du failli ? Constitue-t-elle une mesure conservatoire? ou bien est-ce un acte d'exécution ? En dehors de tout texte de droit positif. il nous semblerait juridique de décider que ce n'est pas un acte d'exécution ; le syndic étranger qui prendrait en France inscription hypothécaire sur les immeubles du failli ferait un acte conservatoire de l'hypothèque que lui a conférée le jugement étranger et il ne ferait rien d'autre (1). D'après les principes du droit, nous reconnaîtrions au syndic étranger la faculté de prendre en France inscription hypothécaire, sans avoir à obtenir aucun exequatur préalable, mais nous sommes obligé de reconnaître que le texte des art. 2123 et 2128 C. C. s'oppose à l'application de ces principes : en vertu de

tous par les juges du lieu de l'exécution auxquels il appartient d'en connaître. sauf *à surseoir* à prononcer sur sa validité et ses conséquences jusqu'à ce que les droits du créancier étranger aient été reconnus définitivement par les tribunaux du pays auquel appartiennent le créancier et le débiteur ».

(1) Dubois s/ Carle, note 93. — *Contra* Carle, *La faillite en droit int.*, p. 97-98

ces deux articles, l'inscription de l'hypothèque de la masse, bien qu'elle ne soit pas elle-même un acte d'exécution, sera traitée comme si elle en était un. Elle ne sera possible que du jour où l'exequatur aura été accordé (1).

XLIII. — La controverse la plus délicate qui se soit élevée dans la doctrine est celle qui est relative au caractère de la vente des immeubles du failli ? Cette vente est-elle un acte d'exécution ? Beaucoup d'auteurs, et parmi eux MM. Weiss (2), Fiore (3), et Carle (4), l'ont pensé, mais M. Humblet est d'un avis contraire, et, selon nous, il a raison. « Lorsque, dit-il, le liquidateur « poursuit en justice le recouvrement d'une créance, « il ne fait qu'agir en vertu de son mandat, qu'accom- « plir la mission que lui a confiée le juge compétent, « mission dont l'existence est suffisamment établie « par la sentence de faillite. Cela est vrai, mais fait-il « autre chose lorsqu'il procède à la vente des immeu- « bles ? Nous ne le pensons pas. En quoi consiste cette « mission dont on parle ? A réaliser, à distribuer aux « créanciers suivant les règles tracées par la loi tout « l'actif du failli, l'actif mobilier et l'actif immobilier, « les meubles corporels et les meubles incorporels. « Mais, insiste-t-on, faire vendre les immeubles du dé- « biteur, c'est l'exproprier, c'est venir à l'exécution

(1) Weiss. *Précis*, 2e éd., p. 877. Cf. Bertauld. *Quest. pratiques*, n° 159.

(2) Weiss, *Précis*, 2e éd., p. 877.

(3) Fiore. *Droit int. privé*, p. 563, n° 568.

(4) Carle. *Droit int. privé*, n° 371 inf.

« forcée du jugement emportant dessaisissement. Non
« point, pas plus que de recouvrer une créance. Ne
« nous méprenons pas et ne nous payons pas de mots ;
« le syndic qui assigne un débiteur et reçoit son paie-
« ment ne fait pas un simple acte conservatoire pas plus
« qu'il n'agit au nom et pour le compte du failli : il rem-
« plit son office de liquidateur dans l'intérêt de la
« masse absolument comme lorsqu'il expose les im-
« meubles en vente. »

En fait, il est vrai, quel que soit le caractère que l'on donne à la vente des immeubles du failli, l'exequatur sera souvent nécessaire ; il le sera d'abord lorsque le failli refusera de quitter l'immeuble, car une expulsion ne peut avoir lieu que *manu militari* et il le sera également si l'aliénation des immeubles de la faillite doit être faite dans les formes d'une vente forcée, de telles ventes n'étant en général possibles qu'en vertu de titres exécutoires (1-2).

XCIV. — Quel que soit le motif pour lequel l'exequatur est nécessaire, le syndic étranger a qualité pour introduire lui-même la demande, mais devant quel tribunal devra-t-il la porter? devra-t-il saisir le tribunal civil ou le tribunal de commerce? (3) La question a été

(1) Humblet. *Journ. D. I. P.*, 1883, p 472.

(2) Naturellement, la vente des immeubles dépendant d'une faillite doit avoir lieu à l'endroit où se trouvent ces immeubles et non dans le pays où la faillite a été déclarée, cf. Humblet, *Journ. D. I. P.*, 1883, p. 475.

(3 Cette question n'est qu'une partie d'une autre question plus générale qui peut se formuler ainsi : quel est le tribunal compétent pour accorder l'exequatur aux jugements étrangers.

très discutée. Pour donner compétence au tribunal de commerce, on a fait valoir que, d'après la jurisprudence, le tribunal chargé de prononcer sur la demande d'exequatur a le droit de réviser le fond du procès et qu'ainsi le tribunal auquel on demandera de déclarer exécutoire le jugement de faillite étranger devra examiner si c'est à bon droit que la faillite a été prononcée, or, en matière de faillite, les tribunaux de commerce ont une compétence exclusive. Mais cette argumentation n'a rien de décisif ; ce que le demandeur à l'instance d'exequatur veut obtenir du tribunal, ce n'est pas que son débiteur soit mis en faillite, il demande tout autre chose, il demande que le jugement étranger soit reconnu en France, il sollicite une mesure d'exécution et le tribunal de commerce, qui ne peut connaître de l'exécution de ses propres décisions, ne peut, à

tendus en matière commerciale? Sur cette question générale, voir, en faveur de la compétence des tribunaux de commerce, Chauveau sur Carré, *Quest.*, 1900 *bis*. — Nouguier, *Des trib. de comm.*, t. 2, p. 452. — Demangeat sur Fœlix, p. 99. — Pic, *Journ. D. I. P.*, 1892, p. 603, note 1. — En faveur de la compétence des trib. civils : Aubry et Rau, t. 8, p. 419 et les renvois. — Dalloz, *Rép. Suppl.*, v° Faillite, n° 1529, et les renvois. — Spécialement en matière de faillite, en faveur de la compétence des trib. de comm. : Colmar, 13 janv. 1815, S. (*coll. nouv.*), 5-2-6. — Montpellier, 8 mars 1822, S. (*coll. nouv.*), 7-2-39. — Colmar, 17 juin 1847, S. 1848-2-270. — Nouguier et Chauveau, *loc. cit.* — En faveur de la compétence des trib. civils : Douai, 9 déc. 1843, S. 1844-2-568. — Bordeaux, 6 août 1847, S. 1848-2-153. — Paris, 16 av. 1855, S. 1855-2-336. — Metz, 11 nov. 1856, S. 1857-2-7. — Colmar, 10 fév. 1864, S. 1864-2-122. — Bordeaux, 16 déc. 1867, S. 1868-2-147. — Chambéry, 12 fév. 1869, S. 1870-2-9. — Trib. comm. Seine, 25 av. 1890, *Journ. Trib. comm.*, 1891, p. 178. — Valette, *Rev. de dr. fr.*, t. 6, p. 612. — Demolombe, t. I, n° 263, p. 365. — Fœlix, § 324. — Massé, *Dr. comm.*, t. 2, n° 313.

plus forte raison, statuer sur celle des jugements étrangers. D'ailleurs, les questions, qui ont le plus d'importance dans la procédure d'exequatur, ne font, en aucune façon, partie de celles dont la loi a déféré limitativement la connaissance aux tribunaux de commerce ; dans une instance d'exequatur, il s'agit avant tout de questions d'ordre public et de souveraineté, c'est-à-dire de questions pour lesquelles les tribunaux civils ont seuls compétence.

XCV. — Mais, le tribunal compétent une fois déterminé, s'élève une autre difficulté ? Devra-t-il être saisi par voie d'assignation ou par voie de requête? Des arrêts de la Cour de Douai (1), de la Cour de Colmar (2) et de la Cour de Paris (3) ont décidé que la demande tendant à faire déclarer exécutoire le jugement de faillite étranger devait être intentée par simple requête, non signifiée, et devait être soumise aux juges en la Chambre du Conseil, sans débats publics. Ces arrêts se sont appuyés sur ce que « c'est à la nature même des « affaires qu'il faut avoir égard pour décider si elles « doivent ou non être introduites par requête et qu'une « demande qui, par sa nature, doit être portée en jus- « tice par voie de requête ne peut être assujettie aux « formes d'une instance contradictoire par cela seul « que le poursuivant est porteur d'un jugement émané

(1) Douai, 14 août 1845, S. 1846-2-203.

(2) Colmar, 10 fév. 1864, S. 1864-2-122.

(3) Paris, 30 nov. 1886, *Journ. Faill.*, 1887, p. 60. — En ce sens, Aubry et Rau, t. 8, p. 419, § 769 *ter*. — Alauzet, *Dr. comm.*, t. 6, p. 1, n° 2426. Cf. Bertin, *Chambre du Conseil*, t. 2, n° 1381. — Debelleyme, *sur requête et référés*, t. I, p. 514.

« d'un tribunal étranger (1). » Il est vrai que c'est la nature de l'affaire qui détermine la procédure à suivre, l'arrêt a raison de le dire, mais la nature de l'affaire est tout-à-fait différente suivant que le demandeur conclut à une mise en faillite ou s'efforce d'obtenir l'exequatur du jugement de faillite étranger. Nous n'en voulons qu'une preuve : dans le premier cas, c'est le tribunal de commerce qui est compétent et, dans le second, c'est le tribunal civil qui doit être saisi. Dans ce second cas, faute de texte dérogeant au droit commun, c'est la voie de l'assignation qui doit être employée ; c'est, d'ailleurs, la solution qui a été consacrée par le tribunal civil du Havre le 8 janvier 1875, (2), et celle qui est imposée par les motifs d'un arrêt de la Cour de Cassation du 30 janvier 1867 (3).

XCVI. — L'affaire une fois introduite se poursuit d'après les règles de la procédure ordinaire et le tribu-

(1) Douai, 14 août 1845, S. 1846-2-203.

(2) Trib. civ. Havre, 8 janv. 1875, *Journ. D. I. P.*, 1876, p. 103 — On peut citer en ce sens trois arrêts qui n'ont pas, il est vrai, statué sur un cas d'exequatur de jugement de faillite, mais qui, par la généralité de leurs motifs, commandent cette solution : Douai, 17 juin 1863, S. 1863, S. 1863-2-255. — Cass., 30 janv 1867, S. 1867-1-117. — Nancy, 7 déc. 1872. S. 1873-2-33. En ce sens aussi, Fœlix et Demangeat, t. II, n° 351. Cf. Bertin. *Chambre du Conseil*, t. 2, n° 1381. — La procédure contradictoire est exigée par la loi italienne, de Rossi, *La Esecuzione delle sentenze et degli atti della autorita staniere*, p 174.

(3) Cass., 30 janv. 1867, S. 1867-1-117, voir la note précédente. — Naturellement, la demande à fin d'exécution d'un jugement étranger est valablement formée en cause d'appel et par de simples conclusions incidentes, lorsque cette demande n'est pour la partie qui la forme qu'un moyen de défendre à une action dirigée contre elle. Paris, 11 mai 1869, S. 1870-2-10.

nal a, selon la jurisprudence, le droit de réviser l'affaire au fond (1). La seule particularité à signaler serait relative aux frais : d'après un jugement du tribunal civil du Havre (2), ce serait le demandeur à l'exequatur qui devrait toujours supporter les frais de l'instance, quel que fût le résultat de l'affaire. Mais cette décision du tribunal du Havre qui d'ailleurs, croyons-nous, est absolument isolée, est des plus critiquables : le motif sur lequel elle s'appuie est que « la « nécessité de recourir à la justice française provient « du fait du créancier et d'une situation légale qui lui « est personnelle. » On pourrait tout d'abord se demander si cette nécessité de s'adresser aux tribunaux français n'a pas plutôt pour cause le fait du débiteur qui, faute d'avoir des biens suffisants dans l'Etat où le jugement a été rendu, oblige le créancier à aller plaider au loin, mais il y a une réfutation plus décisive encore, l'art. 130 du Code de procédure civile est ainsi conçu : *toute partie qui succombera sera condamnée aux dépens.*

Faute d'exception écrite dans la loi, l'instance d'exequatur est soumise à la règle formulée par cet article 130. *Proc. Civ.*

XIVII. — L'exequatur une fois accordé, le jugement doit être publié de la manière prescrite par l'art.

(1) Paris, 24 juill. 1863, *Journ. Trib. comm.*, t. 13, 1864, p. 126.— Colmar, 10 fév. 1864. S. 1864-2-122. — Nancy, 3 août 1877 et juillet 1877, S. 1878-2-17 et 129. — Contra, Weiss. *Précis*. 2e éd., p. 877.

(2) Trib. civ. Havre, 8 janv. 1875, *Journ. D. I. P.* 1876 p. 103.

142 du Code de Commerce (1); il n'est pas, en effet, susceptible d'être signifié individuellement à toutes les personnes intéressées à le contredire et la publicité légale doit tenir lieu de ces significations individuelles que la nature des choses rend impossibles. Aucun délai n'est fixé pour cette publicité, (2) et, si elle n'a pas lieu, le jugement n'est pas frappé de nullité, il produit ses effets de plein droit.

La seule sanction sera que la voie de l'opposion restera ouverte aux termes de l'article 580 du Code de Commerce et que les personnes qui auraient dû veiller à ce que l'art, 442, *C. Co.* fût observé pourront être condamnées à payer des dommages-intérêts à quiconque aura par leur faute subi un préjudice (3).

XCVIII. — Si la sentence d'exequatur avait été rendue par défaut faute de comparaître, elle serait non avenue, si elle n'était exécutée dans les six mois ; la question de savoir s'il y a eu une exécution suffisante est une question de fait ; en 1887, la Cour de cassation a décidé que si, dans les six mois, le jugement recevait la publicité prévue par l'art. 442, *C. Co.*, et que si, de plus dans ce délai, le syndic produisait à un ordre ouvert sur le prix d'un immeuble du failli, ces diligences

(1) Voir un rapport de M. Cotelle à la Cour de Cassation (*Journ. Faill.*, 1887, p. 449) et Cass., 26 oct. 1887. *Journ. Faill.*, 1887, p. 449.

(2) Id.

(3) Voir le rapport de M. Cotelle à la Cour de Cass., *Journ. Faill.*, 1887, p. 449. Cf. sur toutes ces questions relatives à la publicité, Lyon-Caen, t. 2, n° 2611.

constituaient une exécution du jugement le mettant à l'abri de la péremption de l'art. 156. *Proc. Civ.*. (1).

XCIX. — Naturellement, le jugement qui accorde l'exequatur est susceptible de voies de recours (2); il peut être attaqué par la voie de l'opposition, par la voie de l'appel et par tierce opposition. En matière d'appel, le délai est de deux mois et non de quinze jours, comme pour un jugement français déclaratif de faillite; il est en effet difficile de faire rentrer la décision qui accorde l'exequatur au jugement de faillite étranger dans l'expression, *jugement rendu en matière de faillite*, de l'art. 582, *C. Co.*, alors surtout que cet article, dérogeant au droit commun, doit, par cela même, être interprété restrictivement. En outre, les dispositions rigoureuses de cet art. 582, *C. Co.*, ne sont réellement utiles que si la faillite est ouverte et suivie en France; s'il s'agit seulement du jugement qui déclare exécutoire la faillite étrangère, il est moins nécessaire de déroger au droit commun. Même y déroger pourrait parfois engendrer de véritables iniquités; si la faillite a déjà été ouverte à l'étranger, c'est que de nombreux intéressés

(1) Cass. 26 oct. 1887, *Pand. fr.* 1887-1-340; *Journ. Faill.* 1887. p. 449. M. Cotelle, dans son rapport à la Cour de Cassation, a, au contraire, soutenu que le jugement qui déclare exécutoire le jugement de faillite étranger n'est pas soumis à la péremption de l'art. 156, Proc. civ. Voir la discussion *Journ. Faill.* 1887, p. 453.

(2) Il va de soi que le créancier qui a déjà reconnu la faillite étrangère ne peut attaquer la sentence d'exequatur. Rennes, 19 fév. 1879, *Journ. D. I. P.* 1880, p. 476 — cf. sur le caractère que doit avoir cette reconnaissance, p. 157 et note 2.

ne sont pas en France, et précisément pour cette raison, il serait mauvais d'abréger le délai d'appel (1).

Quant à la tierce opposition, la principale difficulté qui se présente est celle de savoir si, lorsque l'exequatur est accordé sur la demande du syndic étranger, les créanciers ont le droit de former tierce opposition. La Cour de Rennes le leur a refusé par la raison que, le syndic représentant tous les créanciers, tous ont par suite été parties à la procédure d'exequatur (2). Mais il peut arriver exceptionnellement qu'un créancier puisse être considéré comme n'ayant pas été représenté par le syndic; tel sera, par exemple, le cas des créanciers qui n'ont pas été admis à produire à la faillite étrangère (3) ou qui ont pratiqué en France des saisies-arrêts antérieurement à l'instance à fin d'exequatur (4-5).

C. — L'exequatur accordé, la faillite étrangère n'en reste pas moins faillite étrangère: elle n'est pas naturalisée par la sentence d'exequatur. L'exequatur n'a qu'un effet, c'est de donner force exécutoire et autorité de chose jugée (6) au jugement déclaratif étranger. La dé-

(1) En ce sens, Chambéry, 26 mai 1890, *Journ. Faill.* 1891, p. 82. — Cet arrêt a statué sur une espèce dans laquelle la faillite avait été ouverte en Suisse, mais ses derniers motifs sont généraux.

(2) Rennes, 19 fév. 1879, *Journ. D. I. P.* 1880, p. 476.

(3) Paris, 5 fév. 1883, *Journ. D. I. P.* 1883, p. 299.

(4) Cass. 27 juill. 1874, *Journ. D. I. P.* 1875, p. 354.

(5) Le défaut d'exequatur ne peut être invoqué pour la première fois devant la Cour de cassation. Cass. 6 déc. 1887, *Journ. Faill.* 1888, p. 5 — *Journ. Trib. Comm.* 1888, p. 649.

(6) Un arrêt de la Cour de Bordeaux du 5 fév. 1877, *Journ. de Bordeaux*, 1877, p. 49, a énuméré les principales conséquences qui se produisent lorsque le jugement de faillite étranger acquiert en France autorité de chose jugée: l'art. 14 C. C. devient inapplicable

claration de faillite étrangère produira en France tous les effets que lui attribuait la loi étrangère, sauf naturellement ceux qui seraient contraires à l'ordre public français, et elle ne produira aucun de ceux que la loi française fait découler de l'état de faillite et que la loi étrangère n'y attache pas.

La loi unique qui régira la faillite sera la loi étrangère. Le dessaisissement, la suspension des poursuites individuelles et l'arrêt du cours des intérêts, qui sont des conséquences de l'autorité de chose jugée, se produiront en France, mais seulement de la manière et dans la mesure où cela sera conforme à la loi étrangère ; le dessaisissement sera compris non pas d'après le Code de commerce français, mais d'après la loi du pays où la faillite aura été prononcée ; si elle l'a été en Angleterre, le failli sera dessaisi non pas en ce sens

les poursuites individuelles sont suspendues, toutes les actions sont concentrées entre les mains des syndics, les sommes appartenant au failli ne peuvent plus être frappées de saisie-arrêt, et si la saisie-arrêt a été pratiquée avant la sentence d'exequatur, il ne peut plus y être donné suite. De ces principes on peut conclure, en matière de société, que du jour où l'exequatur est accordé : 1° le syndic étranger a l'exercice exclusif des actions sociales (ce qui est une conséquence de la suspension des poursuites individuelles) ; — 2° les actionnaires ne peuvent plus se syndiquer pour exercer une action contre les gérants ou administrateurs ; — 3° les versements dûs sur les titres deviennent exigibles. Si on admet, en effet, que la déclaration de faillite les rende exigibles (ce qui est controversé), il est certain qu'un tel effet ne peut être attribué à un jugement de faillite étranger que s'il a été rendu exécutoire en France. Cf. en ce sens sur les trois derniers points M. Pic, *Journ. D. I. P.* 1892, p. 610 et 611. — Enfin, ainsi que nous le verrons plus loin, lorsque le jugement déclaratif étranger est devenu exécutoire, une nouvelle faillite ne peut plus être ouverte en France, p. 187 et note 1.

qu'il perdra le droit d'administrer, mais en ce sens qu'il perdra le droit de propriété lui-même.

61. — Et il en sera de même, selon nous, de la réglementation de la période suspecte. Pour savoir si un acte peut être annulé comme fait en fraude des droits des créanciers, il faudra se référer à la loi étrangère, quel qu'ait été le lieu du contrat (1). L'acte sera annulé si la loi étrangère le veut, même dans le cas où le contrat aurait été passé en France et où la loi française des faillites l'eût regardé comme inattaquable. Il n'y a pas à tenir compte de la loi du contrat. Si la nullité dépendait des conditions intrinsèques exigées pour la validité de l'acte, la *lex loci actus* devrait être consultée; mais, dans notre cas, la nullité provient d'un fait absolument étranger à ces conditions de validité intrinsèque; elle résulte de la déclaration de faillite, et, par suite, ne peut être régie que par la loi de cette faillite. C'est la

(1) En ce sens : Weiss, *Précis*, 2e éd., p. 881 — Carle et Dubois, no 44, p. 93 et 94 — Despagnet, *Précis*, 2e éd., no 665 — Asser et Rivier, no 127 — Nachbaur, *La faillite en droit international*, p. 164 — Lyon-Caen et Renault, *Précis*, no 3142, p. 932 — Caen, 13 fév. 1890, *Journ. Faill.* 1890, p. 416 — Bordeaux, 8 juill. 1891, *Journ. Faill.* 1892, p. 118. — Voir toutefois les critiques formulées par M. von Bar, *Das Intern. Privat.-und Strafrecht*, 2e éd., § 488, tome 2, p. 583 — La pratique italienne semble être hésitante : dans le sens de MM. Weiss et Carle, voir Milan, 14 août 1868, *Annali di giur*, 1868-2-371 — et *contra* Brescia, 20 nov. 1873, *Monitore dei Tribunali* de Milan, 1874, p. 63, et Cass. Turin, 6 oct. 1876, ap. *Journ. Faill.* 1892, p. 122, *Monit. dei Trib.* 1876, p. 1253, appliquant la loi qui régit le contrat. — Pour la Belgique, voir trib. Bruxelles, 12 déc. 1865, ap *Journ. Faill.* 1892, p. 118, et trib. Neufchâteau, 9 fév. 1871 *Pas.* 1873-3-245. — Pour la Norwège, Hoiesteret, 29 janv. 1887, *Journ. D. I. P.* 1889, p. 920 — cf. pour l'Angleterre, Dicey, *loi du domicile*, trad. Stocquart, § 227.

loi de la faillite qui détermine et réglemente la nullité des actes faits après la déclaration de faillite : c'est elle aussi qui doit régir la nullité des actes qui ont été passés antérieurement et qui tombent sous le coup de la rétroactivité du jugement de faillite.

CII — Sans doute, par suite de ces principes, on arrivera souvent à appliquer en France une loi étrangère, mais ce n'est pas là une raison suffisante pour les rejeter. Nier qu'une loi étrangère puisse être reconnue en France, c'est nier la possibilité même du droit international. Tant que des relations commerciales existeront entre la France et les autres nations, (et il en existera toujours) il y aura nécessairement des cas nombreux dans lesquels nos tribunaux devront reconnaître que le rapport de droit qui fait l'objet du procès doit, même à l'égard des Français intéressés, être régi par la loi étrangère.

Ce que doit faire le législateur, ce n'est pas s'opposer à ce que, lorsque l'équité l'exige, les effets de la loi étrangère soient reconnus en France ; cette opposition aurait souvent des conséquences injustes et amènerait inévitablement des représailles, préjudiciables aux intérêts français. La tâche du législateur est autre : son devoir est de prendre les mesures nécessaires pour facilite l'application de la loi étrangère.

La jurisprudence ne peut, en effet, suffire à tout ; il faudrait que la loi lui vînt en aide. Il eût été désirable que le Code de Commerce eût fixé lui-même la compétence du tribunal chargé d'accorder l'exequatur, qu'il eût prescrit des mesures de publicité et surtout qu'il eût dit si le jugement d'exequatur devait avoir effet au jour où il est prononcé en France ou si, au contraire, la faillite devait être rétroactivement considérée comme ayant existé en France dès le jour de la prononciation du jugement déclaratif étranger. Cette question de rétroactivité est des plus délicates ; la rétroactivité a été admise par la jurisprudence belge (1) et a été rejetée par la jurisprudence italienne (2).

En France, les tribunaux ne l'ont pas encore résolue, grâce à une pratique caractéristique de la jurisprudence Lorsque des créanciers veulent, au mépris de la faillite étrangère, obtenir en France un jugement qui serait impossible si le jugement déclaratif étranger avait été déclaré exécutoire et dont les effets seraient paralysés si la sentence d'exequatur, rendue postérieurement, avait un effet rétroactif, les tribunaux surseoient, si le syndic étranger le demande, à statuer sur la prétention des créanciers, afin de permettre à ce syndic d'obtenir l'exequatur (3). Cette pratique tend à donner en fait au jugement déclaratif étranger la même efficacité que s'il avait de plein droit en France autorité de chose jugée. Mais, mieux vaudrait un texte de loi que cette pratique ingénieuse.

(1) Trib. Bruxelles, 3 mars 1888, *Pas.* 1888-3-155.

(2) Cour Florence, 11 sept. 1889, *La Legge*, 1890, p. 198 *Journ. D. I. P.*, 1892, p. 292. — Cour Florence, 31 déc. 1889 *Monit. dei Trib.*, 1890, p. 120. ; *Journ. D. I. P.*, 1892, p. 293, note 3

(3) Un jugement du trib. du Havre du 16 juin 1868, *Journ Havre*, 1869-1-96 a fait application de ce système. Un syndic étranger voulait se faire attribuer, sans avoir égard aux oppositions des créanciers du failli, des sommes appartenant à celui-

CIII. — En réalité malheureusement, aucune loi n'a songé à ces difficultés : le décret du 2 février 1852, art. 15, 17°, et la loi du 8 décembre 1883, art. 2, 8°, disent seulement que le jugement de faillite étranger pourra être déclaré exécutoire, mais ils ne disent ni à quelles conditions ni dans quelle mesure les effets que la loi étrangère attribue à la déclaration de faillite se produiront en France. Ils statuent sur une question de droit public interne et font produire à la déclaration d'exequatur un effet que la loi étrangère n'attribuait certainement pas à la mise en faillite. Aucune loi étrangère n'a le droit de décider et ne décide que, dans tel ou tel cas, les citoyens Français ne pourront ni prendre part aux élections politiques ni être juges dans les tribunaux de commerce. Or, tel est précisément le but du décret-loi de 1852 et de la loi du 8 décembre 1883. Ils déclarent que le Français, dont la faillite ouverte à l'étranger est devenue exécutoire en France, cesse d'être électeur politique et de pouvoir être juge dans les tribunaux de commerce. Double incapacité qui est une pure création de la loi française et qui est si peu une conséquence de l'universalité de la faillite dans les rapports internationaux qu'elle sera encourue alors même

ci. Le tribunal décida que, faute d'avoir fait déclarer exécutoire le jugement qui l'avait nommé, ce syndic ne pouvait triompher dans sa demande, mais il lui accorda un délai de cinq mois pour lui permettre d'obtenir l'exequatur, « parce qu'il eût été sou- « verainement injuste de disposer d'une portion de l'actif du « failli déposée en mains tierces en faveur de tel ou tel créan- » cier. »

que la faillite aurait été prononcée aux Etats-Unis ou en Allemagne (1).

§ III.

De la possibilité de plusieurs faillites

CIV. — Il est certain que les tribunaux Français sont compétents pour déclarer la faillite de sociétés étrangères (2) ou de commerçants étrangers qui sont domiciliés en France (3) ; peu importe que le commerçant étranger n'ait qu'un domicile de fait et non un domicile autorisé au sens de l'art. 13 du Code civil; peu importe aussi que la société étrangère n'eût pu ester en justice en France, faute d'avoir satisfait aux conditions requises par la loi du 30 mai 1857 (4), il

(1) Aux Etats-Unis, la faillite n'entraîne aucune déchéance politique ; en Allemagne, elle n'entraîne qu'une déchéance temporaire (Thaller, *La faillite en droit comparé*, t. 2, p. 364.)

(2) Selon M. Pic. *Journ.* D. I. P., 1892, p. 582, toute société étrangère domiciliée en France serait par cela même française.

(3) En matière de sociétés : Cass., 4 fév. 1885, *Journ. Trib. comm.*, 1885, p. 589 et 29 av. 1885; *Journ. Faill.*, 1885, p. 261. — Pour les commerçants étrangers non domiciliés : *Trib. comm. Seine.* 13 nov. 1872. *Journ. Trib. comm.*. 1875, p. 169. — Paris, 10 nov. 1886, D. P., 1888-2-90. — Trib. comm. Angers, 30 oct. 1893, *Gaz. Palais.* 19 nov. 1893. Ces trois décisions judiciaires ont statué dans des cas où l'étranger était domicilié en France et n'ont pas d'autre portée.

(4) Cf. Pic. *Journ.* D. *I. P.*, 1892, p. 596 et 597. — Thaller, *Journ. des Sociétés*, 1886. p. 56 et s. — Buchère, *Journ. D. I. P.* 1882, p. 37 et s.

est en effet inadmissible que la société étrangère puisse tirer une sorte de droit d'immunité d'une irrégularité qui lui est imputable. Que les tiers puissent se prévaloir de cette inobservation de la loi française et l'opposer à la société lorsqu'elle voudra ester en justice comme demanderesse, cela est naturel, mais qu'elle, elle puisse en profiter pour se soustraire aux lois de la faillite, c'est ce que nous ne saurions croire. Une société française, qui est nulle, peut cependant être mise en faillite ; à plus forte raison. une société étrangère, valablement et régulièrement constituée d'après la loi qui la régit, et à laquelle on peut reprocher seulement de ne pas avoir satisfait à la loi du 30 mai 1857, peut être l'objet d'une semblable mesure.

CV. — Le principe est certain ; le domicile est. en matière de faillite, attributif de juridiction, mais par domicile, il faut entendre le domicile réel et effectif (1). Il faut s'attacher à la réalité des faits et déjouer les fraudes que les intéressés peuvent s'efforcer de commettre. En matière de sociétés surtout, elles sont particulièrement fréquentes; très souvent, afin d'éviter l'application de la loi du véritable domicile, l'acte de société indique un domicile fictif ; par exemple, la société française qui veut se soustraire aux règles de la loi de 1867, déclare avoir son siège social et son principal établissement en Belgique. Peu importeront ces apparences : lorsque la vérité pourra être rétablie, la com-

(1) Le domicile élu ne peut être pris en considération, Weiss, *Précis*, p. 868 et 869. — Dubois sur Carle, note 50, VII. — Nachbaur, *La Faillite*, p. 82.

pétence pour déclarer la faillite devra être reconnue au tribunal du véritable domicile, et s'il est en France, ce sera un tribunal français qui aura qualité pour liquider la société étrangère (1).

CVII. — Mais, doit-on aller plus loin? et doit on reconnaître aux tribunaux français le droit d'ouvrir la faillite de sociétés étrangères et de commerçants étrangers, qui n'ont en France ni domicile ni résidence?

Des auteurs, qui sont partisans de la théorie de l'universalité de la faillite tels que MM. Demangeat (2), Weiss (3), Boistel (4). Glasson (5) et Carle (6). l'ont pensé. Une faillite ouverte en France contre un commerçant qui n'y est ni domicilié, ni résidant n'est pas en effet par elle-même une violation du principe de l'universalité ; tout dépend de la manière dont l'on conduira la procédure et de la solution qu'on lui donnera. Ouvrez

(1) Trib. comm. Seine, 10 août 1872, *Journ. D. I. P*, 1874, p. 124. — Trib. comm. Seine, 18 av. 1883, *Journ. Trib. comm.*, 1883, p. 489. Ce jugement constate que si en apparence la Société n'avait que des bureaux en France, ces bureaux étaient en réalité son établissement principal. — Trib. comm. Marseille, 10 oct. 1883, *Journ. Faill.*, 1884, p. 625. — Aix, 3 av. 1884, *Journ. Faill.*, 1884, p. 625.

(2) Demangeat, en note, sous Fœlix, t. 2, 4e éd., 1866, p. 209.

(3) Weiss, *Précis*, 2e éd., p 863, 867 et 868.

(4) Boistel, *Précis de droit comm.*, p. 631.

(5) Glasson, *Journ. D. I. P*, 1881. p. 128.

(6) Carle. *La Faillite en droit int.*, p. 38 et 39. « On pourra, pour « quelque temps et pour faciliter les opérations, tenir deux « masses distinctes, nommer des syndics différents pour « chaque maison, mais lorsqu'il s'agira du concordat ou de la « répartition de l'actif, les deux masses devront être réunies « et tous les créanciers du failli devront avoir une condition « égale. »

en France une faillite, alors que le commerçant étranger n'y a ni domicile, ni résidence : donnez-lui un effet purement provisoire, purement conservatoire : arrêtez-la lorsque, la procédure étrangère sera commencée ou liez-la à cette procédure étrangère, et vous ne ferez aucunement échec au principe de l'universalité. Au contraire, ouvrez en France une faillite dans les mêmes conditions, suivez-la d'une manière principale, indépendante, sans vous inquiéter de ce qui se fait à l'étranger et vous violerez de la manière la plus nette la règle de l'universalité.

La Jurisprudence française qui, en reconnaissant au syndic étranger le droit d'agir en France en cette qualité, rejette si nettement la thèse de la pluralité des faillites ne pourra donc pas être considérée comme contradictoire par cela seul qu'elle se reconnaîtra la faculté de mettre en faillite des étrangers non domiciliés ; la contradiction ne pourra se trouver que dans la manière dont elle résoudra les difficultés nombreuses qui s'élèvent lorsqu'il y a eu à la fois faillite en France et faillite à l'étranger.

CVIII. — D'après la jurisprudence, l'étranger non domicilié peut être mis en faillite en France toutes les fois que cela peut paraître juste et équitable, ou toutes les fois que le demandeur à la déclaration de faillite pourra se prévaloir des art. 14 et 15 du code civil.

En général, on dit que c'est seulement dans les cas où les art. 14 et 15 C. C sont applicables que la jurisprudence déroge au principe que la faillite ne peut être déclarée qu'au domicile du débiteur, mais, en réalité, la jurisprudence est plus hardie et lorsqu'elle ne peut se retrancher derrière les art. 14 et 15 C. C., elle fait appel aux motifs les plus divers. Tantôt, elle déclare que l'étranger non domicilié peut être mis en faillite en France parce que la résidence a en cette matière une importance toute spéciale (1) : tantôt, elle s'appuie sur ce que la loi des faillites est une loi de police et de sûreté (2) : tantôt, elle invoque des raisons d'équité : elle fait valoir que, si l'étranger peut venir en France y faire le commerce sous la protection de nos lois commerciales, celles-ci doivent, par un juste retour, pouvoir être également invoquées contre lui (3). Tantôt enfin, la jurisprudence s'appuie sur la généralité des termes de

(1) Il a été décidé que l'étranger qui avait une résidence en France pouvait y être mis en faillite. Voir, Cour de cassation, 24 nov. 1857 (S. 1858-1-65, D. 1858-1-85) et 12 nov. 1873, S. 1873-1-17, ainsi que Cour de Paris, 23 nov. 1874, *Journ. D. I. P.*, 1874, p 435 M. Dubois prétend que dans l'espèce sur laquelle a statué la Cour de cass., le 24 nov. 1857, l'étranger avait en France un véritable domicile et non une simple résidence, mais cette considération n'a pas été relevée par la Cour. — La société étrangère qui a, en France, une succursale se trouve dans la même situation que l'étranger qui y a une simple résidence, aussi peut-elle y être mise en faillite. Paris, 23 déc. 1847, S. 1848-2-355 D. 1848-2-33. — Paris, 17 juill. 1877, S. 1880-2-195. — Trib. comm. Seine, 18 août 1875, *Journ. Trib. comm.*, 1876, p. 16 (le *Journ. D. I. P.*, 1876, p. 455, ne donne pas le texte).

(2) Cass., 24 nov. 1857, S. 1858-1-65. — Paris, 23 nov. 1874, *Journ. D. I. P.*, 1875 p. 435. — Trib. Seine, 26 juill. 1877, confirmé Paris, 7 mars 1878, S. 1879-2-164. — Paris, 20 mai 1878, S. 1880-2-193. — Trib comm. Amiens, 8 mai 1888, *Journ. Faill.*, 1890, p. 74.

(3) Trib. comm. Amiens, 8 mai 1888, *loc. cit.*

l'art. 437, C. Co. (1) et sur la nature même de la faillite; la faillite est une institution qui a été créée au moins autant dans l'intérêt des créanciers (2) que dans celui du débiteur et il serait bizarre d'accorder cette protection aux créanciers lorsque le débiteur est Français et de la leur refuser lorsqu'il est étranger. Même, en étudiant de près un certain nombre de décisions judiciaires, il serait facile d'en faire découler une règle de compétence particulièrement hardie et qui résumerait à merveille la pratique actuelle (3). Cette règle pourrait se formuler ainsi : l'étranger, qui exerce en France un commerce quelconque, peut y être mis en faillite soit sur sa demande, soit sur celle d'un Français, ou d'un étranger (4), soit même d'office. En matière

(1) Trib. comm. Seine, 22 nov. 1855, confirmé Paris, 23 mai 1856, *Journ. Trib. comm.*, t. 5, 1856, p. 437. — Trib. comm. Seine, 22 av. 1856, *Journ. Trib. comm.*, t. 5, 1856, p. 321. — Cass., 24 nov. 1857, S. 1858-1-65. — Paris, 23 nov. 1874, *Journ. D. I. P.*, 1875, p. 435. — Paris, 20 mai 1878, S. 1880-2-193. — Trib. comm. Amiens, 8 mai 1888, *Journ. Faill.*, 1890, p. 74.

(2) Trib. comm. Seine, 7 oct. 1846, *Gaz. Trib.*, 8 oct. 1846. — Ce jugement s'appuie sur un autre argument intéressant : l'étranger peut, dit-il, être mis en faillite, car, s'il est de bonne foi, il a droit à la protection de la loi française des faillites et s'il est de mauvaise foi, on ne saurait lui permettre de se soustraire aux pénalités de la banqueroute.

(3) voir supra note 1. — Aux décisions citées adde, Trib. comm. Seine, 28 août 1856, *Journ. Trib. comm.*, t. 5, 1856, p. 321. « Attendu que la qualité d'étranger ne fait pas obs- « tacle à ce qu'on exerce le commerce en France. — Qu'en « conséquence, la faillite est applicable à l'étranger tout aussi « bien qu'au régnicole. » — Trib. comm. Seine, 4 août 1856, *Journ. Trib. comm.*, 1857, p. 84.

(4) Peu importe la nationalité du demandeur. S. 1879-1-305, et S. 1880-2-193.

de faillite, l'exercice d'un commerce en France serait attributif de juridiction, comme le domicile en matière ordinaire. Mais si cette base fait défaut, nos tribunaux se déclarent incompétents : ainsi, ils ont refusé de prononcer la faillite de négociants étrangers qui ne possédaient en France aucun établissement et ne s'y étaient pas livrés à des opérations de commerce autres que des achats par l'intermédiaire d'un commissionnaire (1), et ils ont décidé que le Français, naturalisé à l'étranger, ne peut être admis, à raison de sa seule qualité d'ex-français, à déposer son bilan en France (2).

CVIII. — Quelqu'exorbitant que puisse paraître ce droit des tribunaux français de mettre en faillite quiconque a fait le commerce en France, il a été pour ainsi dire consacré législativement, lors des débats de la loi du 4 mai 1889. La proposition de loi de M. de Saint Martin art. 4 § 3 (3) le reconnaissait d'une manière expresse, dans un texte qui n'a été supprimé que comme inutile, et M. Laroze, dans son rapport, s'est exprimé en ces termes : « l'étranger se soumet à la faillite dans « les formes légales, s'il vient dans notre pays exercer « le commerce. Rien de plus équitable, puisqu'il profite « de la protection de la loi sur le sol français. La

(1) Paris, 16 déc. 1868, *Journ. Trib. Comm.*, t. 18, 1869. p. 472.

(2) Trib. comm. Seine, 22 juin 1859, *Journ. Trib. comm.*, t. 8, 1859, p. 415. — Naturellement, l'étranger peut obtenir sa mise en faillite, sur dépôt de bilan, dans tous les cas où la faillite pourrait être prononcée contre lui. l'équité exige qu'il en soit ainsi. Voir toutefois, *Journ. D. I. P.*, 1892, p. 598 et 599, art. de M. Pic.

(3) Ap. Weiss, *Précis*, 2e éd. p. 866.

« règle est générale et il n'est pas à notre connaissance « qu'elle ait été sérieusement contestée, il est donc « inutile de la faire figurer dans la loi (1). »

Ces passages des travaux préparatoires de la loi de 1889 sont venus donner un nouvel appui au système de la jurisprudence. Mais, avant 1889, il apparaissait dans toute sa hardiesse, et parfois, les tribunaux eux-mêmes, effrayés de faire ainsi la loi, essayaient de se retrancher derrière des textes de droit positif; mais, lesquels invoquer?

CIX. — Les deux seuls sur lesquels ils se soient appuyés sont les art. 14 et 15 C. C. Ils ne pouvaient choisir une base plus contestable : rien ne prouve en effet que ces articles soient applicables à notre matière, ils ne la visent pas d'une manière expresse et il est absolument certain que jamais les rédacteurs du Code n'ont entrevu la possibilité de leur application à la faillite des étrangers et des Français non domiciliés: sans doute, leur texte est général, mais quelque général qu'il puisse être, il est difficile de soutenir que la règle qu'ils formulent concerne la matière des faillites. Ils attribuent compétence aux tribunaux français pour statuer sur l'exécution des obligations contractées, en quelque lieu que ce soit, par un étranger (art. 14, C. C.) ou par un Français (art. 15, C. C.), mais de cette attribution de compétence pour l'exécution des obligations, il ne résulte nullement une attribution de compétence pour la mise en faillite : ce n'est pas la même chose

(1) Sirey, *Lois annotées*, 1889, p. 450, note 2.

de condamner une personne à payer une certaine somme d'argent ou de la mettre en faillite. La déclaration de faillite est un acte d'une gravité toute particulière qui, à raison de sa gravité même, ne peut être de tous points assimilé à un simple jugement de condamnation.

Appliquer l'art. 14 et l'art. 15 à la faillite, c'est étendre ces articles bien au-delà des prévisions du législateur. Et cette extension est d'autant plus regrettable que l'art. 14 est une disposition exorbitante, contraire au droit commun et de nature à amener des représailles. L'art. 14, C. C. est un dernier vestige de ce droit haineux qui, pendant des siècles, a entravé le développement des relations internationales ; c'est une survivance d'idées aujourd'hui disparues. Il a été écrit en haine des juridictions étrangères et doit, à ce titre de disposition exorbitante, dangereuse, contraire aux idées actuelles, être interprété de la manière la plus restrictive. Lorsqu'un article de loi est mauvais, il faut limiter le champ de son application (1).

Malgré cela, la jurisprudence décide encore aujourd'hui que les art. 14 et 15 du Code civil peuvent être invoqués en matière de faillite. Tout Français peut être mis en faillite en France en vertu de l'art. 15 (2), et tout étranger peut y être l'objet d'une semblable me-

(1) Cf. Lyon-Caen, *Rev. Crit.*, 1886, p. 344.

(2) Paris, 2 août 1883, *Journ. Faill.*, 1884, p. 264. — Bordeaux, 25 mars 1885, D. P., 1888-2-290. — *Contra* Weiss, *Précis*, 2e éd., p. 868. — Dubois sur Carle, note 50. — Thaller, *La faillite en droit comparé*, t. 2, p. 360, note 1.

sure en vertu de l'art. 14, pourvu toutefois que le créancier qui la sollicite soit de nationalité Française (1), ou ait été admis à établir en France son domicile. La jurisprudence s'appuie sur la généralité du texte des art. 14 et 15 et sur cette idée contestable que la mise en faillite n'est qu'un mode d'exécution des obligations.

Les art. 14 et 15 sont une base mauvaise et, qui plus est, inutile donnée au droit qu'ont les tribunaux français d'ouvrir en France la faillite de Français et d'étrangers, qui n'y sont pas domiciliés ; on peut donner pour fondement à ce droit l'idée que nos tribunaux sont compétents pour ordonner toutes mesures provisoires ou conservatoires, mais il faut se garder de l'appuyer sur le texte des art. 14 et 15 ; ces deux articles sont étrangers à la matière et risquent de faire dévier la théorie. Si on les prend pour point de départ, l'on peut être amené à donner à la faillite ouverte en France un caractère définitif, l'on peut être conduit à refuser

(1) Paris, 23 déc. 1847, S. 1848-2-355. — Paris, 23 nov. 1874, *Journ. D. I. P.*, 1875 p. 435. — Paris, 17 juill. 1877, S. 1880-2-195. — Paris, 7 mars 1878, S. 1879-2-164. — Rouen, 1er av. 1881, D. 1882-2-92. — Cass., 4 fév. 1885, *Journ. Faill*, 1886. p. 101. — Trib. comm. Amiens, 8 mai 1888, *Journ. Faill.*, 1890, p. 74. — Paris, 19 juin 1891, *Journ. Trib. Comm.*, 1892, p. 406 (ce dernier arrêt rendu en matière de société). — Lyon-Caen et Renault, *Précis*, t. II, n° 3136 *bis*. — Despagnet, *Précis*, n° 627, p. 604. — *Contra*. Carle et Dubois. p. 44, note. — Bertauld, *Quest. prat.*, p. 160. — Glasson, *Journ. D. I. P.*, 1881, p. 126, note 3. — Renault, *Rev. crit.*, 1884, p. 715. — Weiss, *Annales de droit comm.*, 1888-2-120. — Surville et Arthuys, *Précis*, p. 542. Cf. Dalloz, *Suppl.*, v° Faillite, n° 1572. — Naturellement, les créanciers français peuvent renoncer au droit que leur donne, selon la jurisprudence, l'art. 14, C. C. Cf. Lyon-Caen et Renault, *Précis*, t. 2, n° 3136, et p. 927, note 1. — Calvo, *Droit Int.*, éd. 1888, t. 2, p. 415 § 911. — Weiss, *Précis*, 2e éd., p. 867.

d'arrêter la procédure, lorsqu'une mesure analogue aura été prise dans le pays où se trouve le domicile ou à s'opposer à la jonction de la procédure française à la procédure étrangère.

CX. — Même l'existence d'une faillite déclarée à l'étranger, dans le pays où le failli a son domicile, ne fera pas obstacle à une nouvelle déclaration en France, tout au moins jusqu'au jour où le jugement de faillite étranger sera devenu exécutoire (1). La raison en est

(1) Paris, 23 déc. 1847, S. 1848-2-88. — Lyon, 24 av. 1850, S. 1851-2-354. — Aix. 15 mars 1870, S. 1870-2-297. — Paris, 17 juill. 1877, S. 1880-2-195. — Paris, 7 mars 1878, S. 1879-2-164, D. 1879-5-224. — Paris, 20 mai 1878, S. 1880-2-193. — Bordeaux, 25 mars 1885, D. P. 1888-2-290. — Paris. 10 nov. 1886, S. 1890-2-187. — Nancy, 12 juill. 1887, S. 1890-2-187. — Lyon-Caen et Renault. *Précis*, t. 2, n° 3138. — Thaller, *La faillite en droit comparé*, t. 2. n. 231. — *Contra*. Trib. Marseille, 18 août 1868, *Journ. Marseille*. 1868-1-299. Ce jugement, consacrant purement et simplement la théorie de l'universalité, a décidé que la faillite de la maison étrangère entraînait celle de la succursale située en France et qu'une nouvelle faillite ne pouvait être ouverte en France. — Notre question n'a pas été résolue par le jugement, Trib. comm. Seine, 10 mai 1881, *Journ. Trib. Comm.*, t. 30, 1881, p. 421 : ce jugement a ouvert une faillite en France malgré la faillite antérieurement déclarée en Angleterre, mais, dans l'espèce, le failli était domicilié en France. — Si on admettait le principe que la déclaration de faillite étrangère empêche une nouvelle déclaration de faillite en France, devrait-on considérer la mise en liquidation des sociétés enregistrées anglaises comme équivalant à une mise en faillite? — Pour l'assimilation : Paris, 13 août 1875, *Journ. D. I. P.*, 1877, p. 40. — Trib. civ. Bruxelles, 27 nov. 1871, *Jur. du port d'Anvers*, 1872, p. 73. — Cour Gand, 6 mars 1883, *Journ. Faill*, 1884, p. 633. — Calvo, *Droit. Int.*, 4e éd., 1888, t. 2, p. 423 § 923. — Pic, *Journ. D. I. P.*, 1892, p. 607. — Contre l'assimilation. Aix. 15 mars 1870, S. 1870-2-297. — Aix, 3 av. 1884, *Journ Faill.*. 1884, p. 625. — Cass. 29 av. 1885, *Journ. Faill.*, 1885, p. 261. — Orléans, 27 mars 1885, *Journ. Faill.*, 1885, p. 534. Adde, Conseil d'Etat, 14 mars 1884. *Journ. Faill.*, 1886, p. 107. Avec

double ; en droit, d'abord, la décision étrangère n'acquiert en France autorité de chose jugée que par la sentence d'exequatur, et, en fait, jusqu'au moment où l'exequatur aura été accordé au syndic étranger, des mesures conservatoires pourront être nécessaires en France; du jour où le syndic aura obtenu cet exequatur, les intérêts de tous seront sauvegardés, les dilapidations, les détournements et les fraudes deviendront à peu près impossibles, mais jusque-là, si les tribunaux français n'intervenaient pas pour ainsi dire d'office et ne venaient pas d'office au secours du syndic étranger, qui est au loin et ne peut agir avec promptitude, ce serait peut-être en droit l'universalité de la faillite, mais en fait ce serait tout autre chose. A moins que le syndic étranger n'ait été nommé dans l'un des pays limitrophes de la France, tous les biens auraient pu disparaître avant qu'il ait eu le temps de prendre les mesures nécessaires, et cette faillite étrangère, dont l'universalité serait pleinement reconnue, ne trouverait plus de biens à faire rentrer dans son actif. La seconde déclaration de faillite prononcée en France n'est, si la procédure est conduite comme elle doit l'être, que l'organisation pratique du système de l'universalité.

CXI. — La base même du droit qu'ont les tribunaux français de mettre en faillite des étrangers non domi-

système de la jurisprudence, cette question d'assimilation a de l'intérêt si une faillite a déjà été ouverte en France (le jugement de liquidation pourra-t-il être déclaré exécutoire?) ou si l'exequatur a déjà été accordé (une nouvelle faillite pourra-t-elle être ouverte?). Pour nous, l'assimilation s'impose.

ciliés, alors même qu'ils seraient déjà faillis dans leur propre pays, montre bien que ce droit n'a pas été introduit en haine des étrangers, mais uniquement afin de donner satisfaction aux nécessités pratiques.

S'il y avait là une mesure de rigueur et de défaveur contre les étrangers, seuls les étrangers non domiciliés pourraient être mis en faillite en France, et seuls les créanciers français pourraient provoquer de telles faillites et s'en prévaloir. Or, il n'en est rien (1) : lorsqu'une faillite est ouverte en France, les étrangers y ont toujours les mêmes droits que les Français (2), et les Français qui n'ont en France ni domicile ni résidence peuvent, comme les étrangers non domiciliés, y être mis en faillite; la seule différence est que s'il s'agit d'un étranger, l'art. 14 est applicable, et que s'il s'agit d'un Français, c'est l'art. 15 qui doit être invoqué. Mais, hâtons-nous de le dire, cette différence n'est pas à l'avantage des Français, puisque seuls les Français ou les étrangers admis au domicile peuvent se prévaloir de l'art. 14, C. C., tandis que tout le monde, sans distinction de nationalité, peut profiter de la disposition de l'art. 15, C. C.

Enfin, s'il était besoin d'une autre preuve, nous pourrions faire remarquer que l'étranger mis en faillite en France a droit aux avantages de la qualité de failli (3) ;

(1) Sur le droit des étrangers de faire mettre en faillite des commerçants non domiciliés en France, voir p. 182 et note 3.

(2) Voir Pic, *Journ. D. I. P.*, 1892, p. 594.

(3) Bravard-Veyrières, t. V, p. 10. — Dubois sur Carle, p. 44.

la loi des faillites peut être opposée à tout étranger, mais tout étranger a aussi le droit de l'invoquer à son profit. L'étranger mis en faillite en France peut y obtenir un concordat (1); seulement les tribunaux se montrent souvent rigoureux lorsqu'ils statuent sur l'homologation ; ils tiennent en général compte de ce que le failli étranger offre moins de garanties pour l'exécution qu'un failli français (2), sa nationalité étrangère elle-même lui rend incontestablement plus facile une fuite à l'étranger destinée à lui permettre de se soustraire à l'exécution de ses engagements.

CXII. Même, l'étranger peut obtenir en France le bénéfice de la liquidation judiciaire ; les travaux préparatoires de la loi du 4 mai 1889 sont nettement en ce sens (3). Cependant, tout dernièrement, M. Pic (4) a nié qu'une société étrangère pût obtenir la liquidation judiciaire : son argumentation est des plus simples : une société étrangère ne peut, dit-il, être domiciliée en France, puisque, si elle y était domiciliée, elle serait française par cela même (5), dès lors, elle ne peut, ajoute-t-il, satisfaire aux conditions exigées par l'art. 3

(1) Demangeat sur Fœlix, t. 2, n° 501, note 3, citant en ce sens Paris, 16 mars 1844.

(2) Paris, 15 fév. 1879. *Journ. Trib. Comm.*, t. 29, 1880, p. 212, refusant d'homologuer le concordat d'un failli étranger qui a pour tout actif des droits dans une succession ouverte à l'étranger et non liquidée, alors surtout qu'aucune garantie n'est offerte pour l'exécution du concordat.

(3) Sirey, *Lois annotées*, 1889, p. 450, note 2, et Weiss. *Précis*, 2e éd., p. 861, note 1.

(4) *Journ. D. I. P.*, 1892, p. 599.

(5) Cette opinion est très controversée. Voir M. Pic, *Journ. D. I. P.*, 1892, p. 582, et les auteurs qu'il cite.

§ 3 de la loi ; cet article veut, en effet, que la requête à fin de liquidation judiciaire soit présentée au tribunal du domicile. Que l'on nous permette de reprendre cet art. 3 § 3, il est ainsi conçu : « Dans tous les cas, elle (la re- « quête) est déposée au greffe du tribunal dans le res- « sort duquel se trouve le siège social ». Mais, ce n'est pas tout, l'article ajoute : « A défaut de siège social en « France, la requête est déposée au greffe du tribunal « dans le ressort duquel se trouve le principal établis- « sement. » Le sens de cette phrase est des plus clairs : lorsque la société n'a pas de siège social en France, ce qui est le cas des sociétés étrangères, la requête est déposée au greffe du tribunal dans le ressort duquel se trouve le principal établissement de la société en France. Tel est le sens naturel de l'article 3, § 3, et nous croyons que M. Pic s'est écarté de la vérité en soutenant que, bien que son texte ne fournît aucun indice en ce sens, l'article 3 in fine avait été écrit en vue des sociétés qui n'auraient à l'étranger qu'un siège social fictif ; la loi déjouerait cette fraude et permettrait à ces sociétés de demander le bénéfice de la liquidation judiciaire au tribunal de leur siège social réel, qui est en France. Mais, si l'article 3 § 3 avait voulu dire cela, il eût été rédigé d'une toute autre manière ; les mots « *fictif* » et « *fraude* » y auraient certainement figuré, et ne serait-il pas extraordinaire que l'on eût fait un article de loi spécial afin de permettre aux sociétés, qui auraient tenté de se soustraire par une fraude aux dispositions de la loi française, d'invoquer le bénéfice de la liquidation judiciaire ? Enfin, il serait bizarre qu'une société étrangère ne pût être mise en liquidation judiciaire, alors qu'un commerçant étranger pourrait obtenir cette faveur, et nous ne croyons pas qu'un commerçant étranger puisse se voir refuser, à raison de sa qualité d'étranger, le bénéfice de la liquidation judiciaire.

Il résulte, en effet, des travaux préparatoires de la loi de 1889, que cette loi a été considérée par ceux qui l'ont votée comme une réforme de même nature que celle de 1838, réforme qui avait profité aux étrangers aussi bien qu'aux Français. Si, en 1889, on avait voulu faire une législation spéciale aux Français, on l'aurait certainement déclaré ; les tendances libérales de la jurisprudence venaient, en effet, de s'affirmer de la manière la plus éclatante. Le 22 avril 1871, une loi avait été votée afin d'adoucir les rigueurs de la faillite pour les commerçants ruinés par la guerre de 1870-1871 : « La qualification de faillite et les incapacités « attachées à la qualité de failli ne devaient être encou- « rues que dans le cas où les tribunaux de commerce « refuseraient d'homologuer le concordat, ou, en l'ho- « mologuant, ne déclareraient pas le débiteur affran- « chi de cette qualification. » De suite, s'éleva la question de savoir si cette loi du 22 avril 1871 pouvait profiter aux étrangers. Les doutes étaient graves ; due aux malheurs de la guerre de 1870-71, la loi n'avait été faite qu'en faveur des Français malheureux. Malgré cela, la jurisprudence décida que les étrangers pouvaient en revendiquer le bénéfice (1), elle affirma,

(1) Trib. comm. Seine, 23 fév. 1872, et Paris, 15 juin 1872

comme elle l'avait d'ailleurs déjà fait en 1848 (1), que tous les adoucissements, apportés aux rigueurs de la loi des faillites, devaient profiter aux étrangers comme aux Français. Ces décisions firent grand bruit, et, si le législateur de 1889 avait voulu condamner le principe de la jurisprudence et soustraire à son application la liquidation judiciaire, il l'eût certainement fait dans un texte formel. La jurisprudence de 1872 relative à la loi du 22 avril 1871 engageait, en effet, la jurisprudence qui aurait à appliquer la loi du 4 mai 1889.

CXIII. — Mais, quelque libérale que soit la jurisprudence, il n'y aura jamais identité absolue entre la faillite d'un étranger et celle d'un Français ; la différence de nationalité entraîne forcément certaines conséquences. Si le failli est Français et la faillite déclarée en France, il est évident que le syndic pourra se prévaloir de l'art. 14 du Code Civil : le failli eût eu le droit d'invoquer le bénéfice de ce texte, le syndic qui le représente devra évidemment avoir la même faculté (2). Mais, en sera-t-il de même si, la faillite étant toujours ouverte en France, le failli est de nationalité étran-

Journ. Trib. Comm., 1872, p. 387, D P, 72-2-191. S. 72-2-126. — *Contra*. Trib. comm. Seine, 4 oct. 1871, *Journ. Trib. Comm.*, 1871, p. 362, s'appuyant sur ce que la loi du 22 av. 1871 paraissait avoir eu surtout pour but de ne pas priver les débiteurs de leurs droits civils et politiques.

(1) En 1848, on avait pris des mesures analogues à la loi du 22 avril 1871 ; décret de l'Assemblée nationale des 22-26 août 1848.

(2) Sur l'effet des renonciations à l'art. 14, C. C., émanées du failli. V. Cour Limoges, 29 juin 1885, *Journ. Faill.*, 1886, p. 406 et suiv.

gère ? Le syndic pourra-t-il encore saisir les tribunaux français par application de l'art. 14, C. C?

Il est certain qu'il ne le peut pas, s'il agit au nom du failli (1), mais la solution sera-t-elle la même, s'il se présente au nom de la masse et exerce des droits propres à cette masse (2)? Tout dépend de la nationalité de celle-ci; a-t-elle, ainsi que le pense M. Roguin, la nationalité du pays où elle est formée (3) ? A-t-elle au contraire celle de la majorité des créanciers qui la composent? ou a-t-elle, enfin, comme le soutient M. Brocher (4), la nationalité du failli ?

La question est délicate et sa solution différera selon que la masse sera considérée comme représentant le failli ou ses créanciers. Pour nous, la masse n'est autre chose que le syndicat des créanciers : la preuve en est qu'elle peut prendre hypothèque sur les biens du failli, dès lors, elle peut avoir une nationalité différente de celle du débiteur commun.

On pourrait lui donner celle de la majorité des créanciers, mais trop d'incertitudes seraient possibles, faudrait-il s'attacher à la majorité en nombre ou à la majorité en somme ? En outre, pendant longtemps, cette nationalité de la masse pourrait être douteuse.

Le plus simple serait de donner à la masse la nationalité du pays où elle est formée, nous permettrions

(1) Cass., 12 janv. 1875, S. 1875-1-124. — D. P. 1876-1-317.

(2) La question a été posée, non résolue, par l'arrêt de la Cour de Paris du 6 déc. 1889, *Journ. Faill.*, 1890, p. 31.

(3) Roguin, *Journ. D. I. P.*, 1887, p. 114, note. Cf. Roguin, *Conflit des lois suisses*, n° 583, p. 713-714.

(4) Brocher, *Cours Dr. int. privé*, 1883-1885, t. 3, ch. 5, p. 206.

donc au syndic de la faillite d'un étranger ouverte en France, d'invoquer le bénéfice de l'article 14, C. C., lorsqu'il exercerait un droit propre à cette masse (1)

§ IV.

Du règlement des droits des créanciers qu'il y ait eu une ou plusieurs déclarations de faillite

CXIV. — Nous arrivons au moment où nous pouvons embrasser d'un coup d'œil le système de la jurisprudence et où nous pouvons aussi l'apprécier dans son ensemble. Ce qui le caractérise, c'est une merveilleuse souplesse, une admirable plasticité qui lui permet de se modeler sur les besoins de la pratique et de leur donner satisfaction, quelque variés qu'ils soient. Lorsqu'une faillite est ouverte à l'étranger, il est impossible de dire a priori quels effets elle aura exactement en France : cela dépendra de la volonté des intéressés ; à eux de voir les conséquences qu'ils désirent lui faire attribuer. La théorie de la jurisprudence est assez large pour qu'elle puisse, dans chaque cas, tenir compte des circonstances de fait, et, s'il fallait la résumer en quel-

(1) Il en serait naturellement autrement si le syndic exerçait au nom de la masse, un droit du débiteur commun. En France, la jurisprudence tend à considérer la masse comme un successeur, comme un ayant-droit du débiteur commun plutôt que comme un tiers, mais elle fait des distinctions. Cass., 26 janv. 1859, D. P., 1859-1-97. — Cass., 26 janv. 1863, D. P., 1863-1-47. — Lyon, 16 juin 1874, D. P. 1876-2-171.

ques mots, nous l'exprimerions de la manière suivante : la faillite étrangère a, en France, l'effet qui est jugé le plus conforme à l'intérêt des créanciers.

CXV. — Veulent-ils qu'elle soit reconnue purement et simplement? Les tribunaux accorderont, soit à la demande des intéressés, soit sur commission rogatoire des juridictions étrangères (1), l'exequatur au jugement déclaratif étranger, et, cet exequatur accordé, la faillite étrangère produira en France les mêmes effets que dans le pays où elle a été prononcée. Les règles formulées par la loi étrangère en ce qui concerne le dessaisissement, la suspension des poursuites individuelles, la concentration de compétence et même la période suspecte recevront en France pleine et entière exécution. La liquidation sera une et universelle ; tout se passera comme s'il n'y avait de biens et de créanciers que dans l'Etat où la faillite a été déclarée. Ce sera en un mot l'universalité de la faillite consacrée sans réserve, dans les rapports internationaux.

CXVI. — Jugent-ils, au contraire, qu'il est conforme à leur intérêt qu'il n'y ait qu'une seule déclaration de faillite, mais que la présence en France d'un agent chargé de surveiller la liquidation est nécessaire, soit à raison de l'éloignement du syndic étranger, soit à raison des difficultés même de la réalisation de l'actif?

(1) Voir dans le *Journ. D. I. P.*, 1889, p. 610, une espèce où le tribunal d'Alger accorda l'exequatur sur la demande qui lui en était faite par commission rogatoire. Dans cette affaire, la faillite avait été déclarée en Suisse, mais cette question n'est pas résolue dans la convention franco-suisse du 15 juin 1869.

les tribunaux français nomment un co-liquidateur ou un co-syndic adjoint au liquidateur étranger. Ce co-liquidateur français. chargé d'agir conjointement avec le liquidateur étranger, n'a aucune indépendance : il doit se conformer aux instructions qui lui viennent de l'étranger et n'a pas d'autres pouvoirs que ceux qui sont attribués par la loi étrangère à un syndic ou à un liquidateur. Ainsi, il a été décidé par la Cour de Paris, le 23 janvier 1889, dans une espèce où il s'agissait d'une société anglaise à responsabilité limitée, déclarée en faillite en Angleterre, que le co-liquidateur français ne pouvait adresser de sa propre autorité un appel de fonds aux actionnaires (1), un tel appel ne pouvant, d'après la loi anglaise, être autorisé qu'en vertu d'une ordonnance contradictoirement rendue et notifiée à chacun des actionnaires interpellés. Dans ces conditions, la nomination d'un co-liquidateur français ne porte en rien atteinte au principe de l'universalité ; en désignant ce co-liquidateur qui n'a pas plus de pouvoirs que s'il les eût tenus du tribunal de la faillite lui-même, nos tribunaux ne font en réalité que rendre plus facile la réalisation pratique de la règle de l'universalité. En l'absence de ce co-liquidateur, le syndic étranger eût peut-être rencontré des obstacles de fait insurmontables qui l'eussent empêché de comprendre dans une seule liquidation les biens français et les biens

(1) Paris, 23 janv. 1889, *Journ. Faill.*, 1889, p. 62. — Il en es tout autrement si, au lieu de nommer un co-liquidateur, le tribunal de commerce a ouvert une seconde faillite. Paris, 14 nov. 1889, *Journ. Trib. Comm.*, 1890, p. 452.

étrangers, il lui eût peut-être été matériellement impossible de mener à bonne fin la procédure qui doit se poursuivre en France ; la présence du co-liquidateur français agissant sous sa direction n'a d'autre but et d'autre effet que d'aplanir ces difficultés (1).

CXVII. — Mais il se peut aussi qu'à raison des circonstances de fait les créanciers jugent qu'ils ont besoin d'obtenir des tribunaux français une mesure plus énergique que la simple nomination d'un co-liquidateur ; il se peut, en un mot, qu'ils sollicitent, malgré la faillite ouverte à l'étranger, la prononciation d'une seconde faillite en France. Comme ils sont les meilleurs juges de leur intérêt et que, mieux que personne, ils sont à même de se rendre compte des mesures qui sont utiles ou nécessaires, nos tribunaux ne refuseront pas, si toutefois le débiteur a exercé le commerce en France (2) et si le jugement étranger n'est pas encore exécutoire (3), d'ouvrir une nouvelle faillite, malgré l'existence de la décision étrangère.

Seulement, une difficulté se présente de suite ; d'a-

(1) Un système assez voisin et original a été exposé en Angleterre dans l'affaire Commercial Bank of South Australia, par Higgins, Q. C. et T. B. Palmer, avocats des parties gagnantes. L. T. *Rep.*, vol. LV, p. 609. *Journ. D. I. P.*, 1887.

(2) Voir p. 182 et notes 3 et 4.

(3) Voir p. 187. — Jusqu'à ce que l'exequatur soit accordé, les créanciers ont le choix, la sentence d'exequatur arrête ce choix. Aussi serait-il désirable que ce fût le même tribunal qui fût compétent pour accorder l'exequatur et pour ouvrir une seconde faillite. Au contraire, d'après la jurisprudence, seul, le tribunal civil peut déclarer exécutoire le jugement étranger (v. p. 164 et 165) et, seul, le tribunal de commerce peut prononcer une mise en faillite. Art. 635, C. com.

près quelle loi devra être ouverte et, plus tard, s'il y a lieu, conduite cette seconde faillite prononcée en France? Pour les questions d'ordre public ainsi que pour celles qui touchent à la forme et à la procédure, il est certain que l'on doit appliquer purement et simplement la loi française. Les doutes ne s'élèvent que lorsqu'il s'agit de déterminer la loi qui régit les questions de fond; quelle loi, par exemple, décidera si l'étranger dont on veut provoquer la faillite en France peut-être l'objet d'une semblable mesure? Faudra-t-il s'en référer à la loi de son domicile? Faudra-t-il, au contraire, s'en rapporter à sa loi nationale, ainsi que le veut M. Weiss? Ou faudra-t-il enfin ne tenir compte que de la loi française? La jurisprudence paraît être en ce dernier sens; ce sera la loi française et elle seule qui décidera si le débiteur peut être mis en faillite (1), mais il ne faudrait pas conclure de là que la loi étrangère doive être toujours écartée. A tort ou à raison, nos tribunaux considèrent que la mise en faillite intéresse l'ordre public, et voilà pourquoi ils ne tiennent pas sur ce point uniquement compte de la loi étrangère. Mais, toutes les fois qu'aucune considération de cette nature ne viendra influer sur leur décision, ils détermineront la loi qui doit être appliquée en s'inspirant à la fois de l'équité et des principes du droit international. Par exemple, il est probable qu'ils admettraient que, lorsqu'une société étrangère est mise

(1) Aix, 3 av. 1884, *Rev. des Sociétés*, 1885, p. 92. — *Journ. D. I P.*, 1886, p. 81.

en faillite à la fois en France et à l'étranger, c'est la loi étrangère qui doit indiquer les droits des obligataires dans la faillite française ; la loi étrangère est en effet la loi du contrat. C'est elle qui doit rationnellement dire si les obligataires ont le droit de produire à la faillite pour le taux d'émission, pour le taux de remboursement ou pour une somme intermédiaire, à déterminer dans chaque cas en tenant compte du temps restant à courir jusqu'à l'époque où se serait effectué le remboursement normal (1).

CXVIII. — Lorsqu'une seconde faillite est ainsi ouverte en France, la jurisprudence aurait pu rejeter purement et simplement le principe de l'universalité ; elle aurait pu décider que du jour où, malgré la faillite étrangère, une mesure semblable est prise en France, la procédure française doit se poursuivre d'une manière principale et indépendante sans avoir égard à ce qui se fait à l'étranger et que, de ce jour également, les syndics étrangers cessent d'avoir en France le droit d'agir en cette qualité.

Mais il n'en est rien. Tout d'abord, la faillite ouverte en France peut n'avoir que l'effet d'une mesure provisoire et conservatoire, elle peut être arrêtée afin de laisser la faillite étrangère produire son plein et entier effet. Un jugement du tribunal de commerce de Cette du 3 juillet 1890 (2) a admis ce système de la manière

(1) Cf. Pic, *Journ. D. I. P.*, 1892, p. 600.

(2) Trib. Comm. Cette, 3 juill. 1890, *Journ. Faill.*, 1892, p. 184. Cf. *Zeitschrift fur Int. Privat.-und Strafrecht*, tome 2, 1892, p. 61.

la plus complète, il a ordonné la fusion de deux faillites qui se poursuivaient concurremment, l'une en France, l'autre en Espagne. Sans doute, dans l'espèce soumise au tribunal de Cette, la fusion s'opérait au profit de la faillite française, puisque c'était la juridiction étrangère qui se dessaisissait, mais il n'y a dans cette circonstance rien qui puisse diminuer la portée de ce jugement. Le principe qui domine les rapports internationaux est celui de la réciprocité, les droits que nos tribunaux se reconnaissent à l'égard des étrangers doivent aussi être reconnus aux tribunaux étrangers à l'égard des Français. En outre, les motifs du jugement du tribunal de Cette sont absolument généraux : « Attendu, lit-on dans cette décision, que la fusion des « deux faillites en une seule est avantageuse à tous les « créanciers..... Qu'en outre des avantages de célérité « et d'économie qu'elle représente, une faillite unique, « embrassant la liquidation dans son ensemble, permet « seule de tenir un compte égal des droits de chaque « créancier, d'apprécier complètement les agissements « des faillis, les conditions et les circonstances de la « faillite et de conserver au concordat la sincérité et « la valeur que la loi y attache. *Que l'unité de la fail-* « *lite tend de plus en plus à devenir un principe de* « *droit international et qu'aux yeux du juge français,* « *elle n'est qu'une juste application de l'universalité de* « *la faillite et de la règle écrite dans l'art. 2093, C. C.* » Changez l'hypothèse, supposez que ce soit la juridiction française qui se dessaisisse au profit des tribunaux étrangers, les motifs énoncés dans ce jugement n'en resteront pas moins pleinement applicables ; par suite, on ne saurait lui refuser une portée générale.

CXIX. — Le plus souvent, au lieu de clore la procédure française, et de la fondre dans celle qui est suivie à l'étranger, on préfère la poursuivre jusqu'au bout, mais est-ce à dire que la thèse de la pluralité des faillites soit appliquée pour cela?

Nullement. Il y a entre la théorie de la pluralité des faillites et celle de la jurisprudence des différences fondamentales qui en font pour ainsi dire deux systèmes opposés.

D'après les auteurs qui ont adopté la thèse de la pluralité des faillites, le syndic étranger n'a en France aucun droit ; sa qualité n'y est pas reconnue.

D'après la jurisprudence au contraire, le syndic étranger ne cesse pas, par cela seul qu'une nouvelle faillite est ouverte en France, d'y être reconnu en cette qualité. Ses pouvoirs changent, voilà tout. Il perd le droit d'intenter en France des actions (1) (2), afin de parvenir au recouvrement de l'actif ; si cette faculté lui avait été conservée, des conflits auraient pu se produire avec le syndic français et celui-ci, habitant la France, connaissant nos usages et notre droit, est plus

(1) Trib. Hâvre, 17 juill. 1889, *Journ. Faill.*, 1890, p. 172. — Orléans, 27 mars 1885, *Journ. Faill.*, 1885, p. 534. — *Journ. D. I. P.*, 1885, p. 178.

(2) Il perd également le droit de demander l'exequatur du jugement déclaratif étranger : Trib. Seine, 26 juill. 1877, *Gaz. Trib.*, 29 juill. — Trib. comm. Seine, 13 oct. 1876, Ripert *Rev. crit.*, 1877, p. 704 et s. — Paris, 7 mars 1878, S. 1879-2-164. — Naturellement, personne d'autre ne peut non plus le demander.

à même qu'un étranger de réaliser l'actif à bref délai et à peu de frais. Il fallait, pour des motifs d'ordre et d'économie, refuser ce droit au syndic étranger, mais, faute de l'avoir, il n'a pas pour cela un titre nul. Tout d'abord, il peut être adjoint au syndic français. Les art. 462 et 464 C. Co. autorisent l'adjonction d'un ou de plusieurs syndics, et l'étranger, même s'il n'est pas admis à jouir en France des droits civils, peut être syndic de faillite. La jurisprudence entend ce droit d'adjonction de la manière la plus libérale; il suffit pour s'en convaincre de lire un arrêt de la Cour de Nancy du 8 mai 1875 (1) qui a été rendu dans les circonstances suivantes : une société qui était, d'après ses statuts, domiciliée en Belgique, y avait été déclarée en faillite. Les tribunaux français la mirent de nouveau en faillite en s'appuyant sur ce qu'elle n'avait en Belgique qu'un domicile fictif et sur ce que son principal établissement était en France. L'hypothèse était donc peu favorable pour l'adjonction du curateur belge au syndic français, puisque ce curateur n'avait pas été nommé par le tribunal du domicile. Malgré cela, le tribunal adjoignit le curateur belge au syndic français et la Cour approuva l'adjonction. « L'idée d'un co-syndic belge, est, dit-elle, une idée « heureuse, pratique, utile, et conforme aux relations « de bon voisinage entre deux peuples depuis long- « temps amis. »

CXX. — Si le syndic ou liquidateur étranger n'est pas adjoint au syndic français, les droits qu'il peut

(1) Nancy, 8 mai 1875, *Journ. D, I. P.*, 1877, p. 144.

exercer en France sont cependant encore assez étendus. Il a d'abord la faculté de signaler au juge-commissaire l'inaction du syndic français, dans le cas où celui-ci négligerait de recouvrer l'actif, et celle de provoquer son remplacement. Il pourrait même, peut-être, pour éviter les suites néfastes de cette inaction, faire des actes conservatoires dans l'intérêt commun. Ce n'est pas tout ; le syndic étranger a le droit de produire à la masse française, en cette qualité, au nom des créanciers qu'il représente (1). Toutes facultés qui lui seraient rigoureusement refusées si la jurisprudence s'était inspirée de la théorie de la pluralité des faillites pour réglementer les droits des syndics étrangers.

CXXI. — Si maintenant de la détermination des droits des syndics étrangers nous passons à l'étude de la manière dont se répartit l'actif lorsqu'il y a plusieurs déclarations de faillite, nous verrons que, sur ce point encore, la jurisprudence ne s'est nullement conformée aux règles formulées par les partisans de la théorie de la pluralité des faillites.

D'après eux, la répartition peut se faire de deux manières. Selon les uns, les créanciers se divisent en masses distinctes, ceux qui ont traité avec l'établissement principal ne peuvent produire qu'à la faillite de cet établissement et ceux qui ont traité avec une

(1) Trib. comm. Seine, 28 mai 1881, *Journ. Trib. Comm.*, t. 30, 1881, p. 429. — *Journ. D. I. P.*, 1881, p. 362. Nous verrons plus loin que le syndic étranger ne peut produire à la faillite française qu'en se soumettant aux règles qui assurent à tous les créanciers aient un dividende égal.

succursale, n'ont de droits que sur les biens de cette succursale ; tout est localisé, territorialisé, l'actif comme le passif. et tel est le système adopté par un arrêt de la Cour de Nancy du 12 juillet 1887 (1). D'après les autres, au cas de double déclaration de faillite, les créanciers peuvent produire aux deux faillites ; tel est le système de M Thaller (2). Ce qui réunit la théorie de M. Thaller et celle de l'arrêt de Nancy c'est que ni l'une ni l'autre n'admettent que des redressements de comptes puissent avoir lieu en France.

CXXII. — Bien différente est l'idée qui domine la jurisprudence ; elle fait antithèse absolue avec celles que nous venons d'exposer. De l'ensemble des décisions judiciaires se dégage en effet le principe suivant : quel que soit le nombre des faillites déclarées, qu'il y en ait une, qu'il y en ait deux, qu'il y en ait trois, peu importe, le règlement final devra toujours se faire comme s'il n'y avait eu qu'une faillite unique produisant des effets universels. Lorsqu'il n'y a qu'une seule faillite, la loi qui régit tous les créanciers est celle de l'égalité proportionnelle ; lorsqu'il y en a plusieurs, la même loi doit encore être observée et tous les moyens dont disposent les tribunaux doivent être employés pour empêcher que des créanciers malhonnêtes ne réussissent à se soustraire à son application. Les règles les plus

(1) Nancy, 12 juill. 1887, S. 1890-2-187. — On ne peut citer à bon droit en ce sens un arrêt rendu par la Cour d'Orléans le 27 mars 1885, *Journ. Faill.*, 1885, p. 534, car cet arrêt relève qu'il existait deux établissements *différents*, l'un à Londres, l'autre à Paris.

(2) Thaller, *La faillite en droit comparé*, t. 2, p. 372 et s.

variées ont été formulées dans ce but; tout d'abord, le syndic étranger n'est inscrit au procès-verbal d'admission de la faillite française au nom des créanciers qui ont produit et affirmé à la faillite étrangère que s'il offre de faire inscrire au même titre au procès-verbal de la faillite qu'il représente tous les créanciers vérifiés et affirmés à la faillite française (1). Grâce à cette mesure, malgré la double déclaration de faillite, tous les biens du failli, en quelque lieu qu'il se trouvent, ne forment en réalité qu'une seule masse, qu'un seul gage sur lequel les créanciers sont colloqués au prorata de leurs créances respectives, sans autres distinctions que celles qui seraient admises s'il n'y avait eu qu'une seule faillite universellement reconnue.

CXXIII. — Si ce n'est pas le syndic étranger qui produit en France au nom de tous les créanciers vérifiés et affirmés à la faillite étrangère, si au contraire chacun de ceux-ci fait valoir ses droits individuellement, la jurisprudence s'efforce encore d'atteindre le même résultat, mais les difficultés sont plus grandes. Elle part du principe que tous les créanciers, quelle que soit leur nationalité, ont le droit de produire à la faillite française et celui d'y être admis; elle pense même que le fait que ces créanciers appartiennent à un pays où l'exequatur a été refusé au jugement déclaratif français n'est pas un motif suffisant pour faire écarter leur production (2). Une hésitation ne s'est

(1) Trib. Comm. Seine, 28 mai 1881, *Journ. Trib. Comm.*, t. 30, 1881, p. 429.

(2) Trib. Comm. Seine, 24 déc. 1883, *Journ. Faill.*, 1884, p. 209.

manifestée dans la jurisprudence que lorsqu'elle a eu à déterminer les droits de créanciers étrangers, appartenant à un pays où l'on avait empêché le syndic français de réaliser l'actif et même de produire à la faillite. Ce fait que, dans leur pays, l'actif du failli a été soustrait aux droits légitimes que les créanciers français avaient sur lui suffit-il à les rendre non recevables à produire à la faillite française? La première fois que cette question a été soumise à nos tribunaux, ils l'ont résolue affirmativement; le tribunal de commerce de la Seine, les 29 novembre 1882 et 6 janvier 1883, (1) et le tribunal de commerce de Perpignan, le 29 juin 1884 (2), ont décidé que le syndic français était en droit de refuser d'admettre au passif tous les créanciers espagnols, puisqu'il était établi que les biens du failli situés en Espagne avaient été répartis entre des créanciers espagnols. Mais presque de suite un revirement se produisit dans la jurisprudence et elle consacra une doctrine plus libérale. Pour écarter de la faillite française un créancier étranger, Espagnol par exemple, il ne suffira pas de prouver qu'il y a eu en Espagne des répartitions, il faudra de plus démontrer que le créancier dont s'agit a profité de ces répar-

— Montpellier, 12 juin 1884, *Journ. Faill.*, 1884, p. 410. — Paris, 23 juin 1885, *Journ. Faill.*, 1885, p, 323. — Trib. Comm. Seine, 28 mai 1884, *Journ. Trib. Comm.*, 1885, p. 33. *Le Droit*, 15 uin 1884.

(1) Trib. Comm. Seine, 29 nov. 1882, et 6 janv. 1883, *Journ. Faill.*, 1883, p. 61.

(2) Trib. Comm. Perpignan, 29 juin 1883, *Journ. Faill.*, 1884, 209.

titions. et, notons le, la charge de la preuve incombe au syndic français; à lui d'établir que le créancier étranger a été déjà partiellement désintéressé (1). S'il n'y parvient pas, le doute s'interprétera en faveur du créancier étranger qui sera admis pour la totalité de sa créance; s'il y parvient, le créancier étranger ne sera pas écarté pour cela; le but de la jurisprudence n'est pas de faire des représailles; le syndic français sera seulement en droit de faire rapporter à la faillite française ce qui a été touché à l'étranger et de veiller, au nom de la règle de l'égalité proportionnelle, à ce que, finalement, ce créancier étranger n'ait pas un dividende plus élevé que ceux qui se sont contentés de faire valoir leurs droits dans la procédure française (2).

CXXIV. — Ce premier mode de redressement de comptes ne donne malheureusement de résultats satisfaisants que lorsque le dividende de la faillite française est plus élevé que celui de la faillite étrangère; il est en effet évident que le créancier qui a touché à l'étranger 40 0/0 ne viendra pas produire en France si le dividende distribué est, par exemple, de 20 0/0, ce

(1) Montpellier, 12 juin et 8 août 1884, *Journ. Faill.*, 1884, p. 410 et 526. — Cass., 30 juin 1887, *Journ. Faill.*, 1887, p. 346. *Journ Trib. Comm.*, 1888, p. 598. — Adde. Paris, 23 juin 1885, *Journ. Faill.*, 1885, p. 323.

(2) Montpellier, 12 juin et 8 août 1884, *Journ. Faill.*, 1894, p. 410 et 526. — Même principe, *Civilgericht des Kantons Baselstadt*, 1er juin 1883. *Journ. D. I. P.*, 1885, p. 340. La Cour de Montpellier a même décidé que si l'actif appréhendé à l'étranger par les créanciers étrangers avait été gaspillé par les liquidateurs qui tenaient d'eux leur mandat, ces créanciers étaient solidairement tenus de réparer le dommage causé.

qui lui ferait perdre 80 0/0 au lieu de 60 0/0 de sa créance. Aussi, est-on amené à se demander si la jurisprudence n'irait pas plus loin et si elle n'autoriserait pas le syndic français à agir directement en restitution contre le créancier qui aurait obtenu à l'étranger un paiement total ou partiel et qui se garderait de produire à la faillite française, afin de conserver sa situation privilégiée. La question s'est posée devant la Cour de Nancy (1), mais elle n'a pas été résolue. La Cour a seulement décidé que l'action en remboursement intentée par le syndic devait être portée devant le tribunal de commerce qui avait ouvert la faillite française. Toutefois, en examinant de près cet arrêt, on acquiert la conviction qu'il préjuge le fond et reconnaît implicitement le bien fondé de l'action du syndic. D'ailleurs, l'exercice d'actions en remboursement destinées à assurer le respect de la loi d'égalité a été admis par la jurisprudence dans des hypothèses où il eût été plus contestable ; c'est ainsi que le tribunal de la Seine, le 17 novembre 1886, (2) a déclaré que si, au mépris du concordat homologué en France, un créancier obtenait, par une procédure suivie à l'étranger, paiement total ou partiel, le failli concordataire aurait le droit de poursuivre ce créancier devant les tribunaux Français et de le contraindre à restituer tout ce qu'il avait touché au-delà du dividende indiqué dans le concordat, alors

(1) Nancy, 13 mai 1884, *Journ. D. I. P.*, 1885, p. 44.

(2) Trib. Seine, 17 nov. 1886, *Journ. Marseille*, 1887, 148 *Journ. D. I. P.*, 1887, p. 181.

même que ce créancier n'aurait, en aucune manière, reconnu la faillite française.

CXXV. — Tel est, dans ses grandes lignes, le système de redressement de comptes et de restitution de dividendes appliqué ou peut-être, pour parler plus exactement, créé par la jurisprudence. Pour en faire ressortir l'esprit, il suffit de le rapprocher de la loi du 14 juillet 1819. Certains auteurs ont prétendu que cette loi, qui ne vise expressément que la matière des successions, était applicable également aux faillites ouvertes à l'étranger et ils en ont conclu que nos tribunaux avaient le droit de procéder à des redressements de comptes mais uniquement en faveur des créanciers français ; ils ont fait revivre, à propos de la faillite, ce que l'on a appelé quelquefois le privilège de la nationalité. Presque opposée est la théorie de la jurisprudence: elle admet les redressements de comptes aussi bien contre les créanciers français que contre les créanciers étrangers et elle les admet au profit des uns comme au profit des autres. Elle est avant tout une jurisprudence d'équité ; c'est au nom de l'équité qu'elle impose à tous, sans distinction de nationalité, le respect de la loi de l'égalité proportionnelle. Tout ce qui pourrait faire obstacle à l'application de cette loi est ou détruit ou tourné.

CXXVI. — La faculté que l'art. 14, C. C. confère aux créanciers français de pratiquer en France des saisies-arrêts, sans tenir compte de la faillite étrangère, aurait pu mettre en échec ce principe d'égalité. Mais la jurisprudence n'a pas voulu qu'il en fût ainsi. Si la Cour de Paris, par arrêt en date du 13 août 1875 (1), a décidé que les créanciers français pouvaient, jusqu'au jour où le jugement déclaratif étranger deviendrait exécutoire, pratiquer en France des saisies-arrêts, elle a ajouté que les sommes saisies-arrêtées ne leur seraient remises que jusqu'à concurrence de ce qu'ils auraient reçu s'ils avaient simplement produit à la faillite étrangère, et que le surplus serait versé à cette faillite étrangère, de manière à ce que le règlement final fût le même que si aucun conflit de lois ne s'était produit.

CXXVII. — De même, le fait que le jugement déclaratif étranger n'a pas de plein droit autorité de chose jugée aurait pu être la source de graves inégalités. Des créanciers, profitant de ce que la faillite étrangère ne leur était pas opposable, auraient pu s'approprier aux dépens de la masse une partie de l'actif du failli. En droit, rien n'eût pu les en empêcher, mais la jurisprudence, qui, faute de loi, est souveraine, a trouvé un moyen ingénieux d'éviter que la loi de l'égalité proportionnelle ne fût violée de cette manière. Si nos tribunaux voient se produire devant eux une prétention, qu'ils seraient forcés de reconnaître bien fondée parce que le jugement déclaratif étranger n'est pas encore devenu exécutoire, et s'ils estiment que leur décision serait en réalité contraire à l'équité, ils accordent au syndic étranger un délai dans lequel il doit obtenir l'exequatur et surseoient à statuer jusqu'à l'expiration

(1) Paris, 13 août 1875, *Journ. D. I. P.*, 1877 p. 40 Cf. Trib. civ. Seine, 16 déc. 1882, *Journ. Faill.*, 1882, p. 11 et la note.

de ce délai. C'est ce qu'a fait le tribunal du Hâvre, le 16 juin 1868 (1). dans une affaire où il ne voulait pas remettre des fonds aux créanciers qui le demandaient, parceque cela n'eût pas été équitable et où il ne croyait pas non plus pouvoir les verser au syndic étranger, parce que la faillite étrangère n'avait pas encore été déclarée exécutoire. C'est aussi ce qu'a fait la Cour de Lyon, le 22 juillet 1892, (2) dans une espèce un peu différente. Un commerçant qui avait obtenu à l'étranger un concordat, après mise en faillite, était de nouveau assigné en France en déclaration de faillite ; il résistait à cette demande en produisant le concordat qui lui avait été accordé. La Cour déclara que, faute d'avoir fait revêtir ce concordat d'un exequatur, il n'était pas en droit de l'opposer aux demandeurs puisque ceux-ci n'y avaient pas participé, mais elle ajouta qu'il y avait lieu de surseoir à statuer pour lui permettre d'obtenir cet exequatur.

CXXVIII. — Ce principe d'égalité est la base même du système que la jurisprudence a construit pièce à pièce depuis le début de ce siècle; aussi ne peut-on que s'étonner des attaques dont il a été l'objet et des atteintes qu'il a failli subir lors de la discussion de la loi du 4 mai 1889. M. de Saint-Martin a voulu faire insérer dans cette loi un article qui substituait au régime de l'égalité celui de la réciprocité. « Les créanciers « étrangers, qui produiront à la distribution après ces-

(1) Trib. Hâvre, 16 juin 1868, *Journ, Hâvre*, 1869-1-96.
(2) Lyon, 22 juill. 1892, *Gaz. Palais*, 1893-2-29.

« sation de paiements, seront, disait la proposition de « loi de M. de Saint-Martin, traités par une loi de ré- « ciprocité suivant les mêmes principes que les cré- « anciers français sont admis à produire dans les fail- « lites ouvertes dans les pays auxquels ces créanciers « étrangers appartiennent. » Ce texte avait même été l'objet d'un vœu favorable de la part de la Chambre de Commerce de Paris, du tribunal de Commerce de la Seine et de la Cour de Cassation (1), mais la commission de la Chambre des Députés sut en faire justice. Son rapporteur, M. Laroze (2) montra ce que l'idée de M. de Saint-Martin avait à la fois de peu politique et d'injuste : « L'étranger qui trafique en France concourt, « dit-il, à la prospérité de ce pays, les nationaux pro- « fitent du fruit de son travail, de même, les marchan- « dises qui composent l'actif du commerçant français, « l'argent qui est en distribution ont été fournis en « partie par les créanciers étrangers, pourquoi leur « faire, contrairement à l'égalité, un sort moins favora- « ble que celui des Français qui supportent avec eux « le même malheur? »

CXXIX. — En réalité d'ailleurs, la proposition de loi de M. de Saint-Martin était due à ce que son auteur connaissait mal les législations étrangères ; il s'appuyait sur ce que certaines lois étrangères excluent les créanciers étrangers ou leur donnent un rang inférieur.

(1) *Journ. D. I. P.*, 1886, p. 501 et 1892, p. 1111. — *Le Droit*, 22 juill. 1885.

(2) M. Laroze. Rapport du 16 fév. 1884, *Officiel*, annexe n° 2632, 1884, p. 231, col. 1 et 2.

Mais quelles étaient ces lois que M. de Saint-Martin avait en vue? dans la discussion, il n'a guère été question que d'une seule, la loi allemande. « Les auteurs « de la proposition de Saint-Martin, disait M. Laroze « dans son rapport, ont cédé à un sentiment bien ex- « cusable. Ils ont vu que la loi allemande édictée en « 1876, excluait les étrangers des distributions de de- « niers faites dans les faillites ou leur donnait un rang « qui leur laissait peu d'espoir d'y prendre part. » Mais cet exposé de la législation allemande est des plus inexacts. L'art. 4 du *Konkursordnung* de 1877 qui règle les droits des créanciers étrangers dans les faillites allemandes est tout différent ; il est ainsi conçu : « les « créanciers étrangers ont les mêmes droits que les « créanciers allemands. » Le seul reproche que l'on puisse faire à cet article est de permettre au Chancelier de l'Empire d'organiser, avec l'assentiment du Conseil Fédéral, un système de représailles contre les créanciers qui appartiendraient à un pays où ne serait pas admis le système de l'égalité. Il n'y a qu'une législation qui pourrait paraître accorder aux nationaux, à raison de leur seule nationalité, un traitement privilégié, c'est la législation de la République Argentine, et encore ce n'est là qu'une apparence. « L'art. 1531 « du Code de Commerce argentin ne constitue pas au « profit des nationaux une sorte de bénéfice absolu sur « les biens situés dans la République. En premier lieu, « il ne s'applique pas plus que les autres aux natio- « naux seuls mais à ceux-ci et aux étrangers ayant « leur résidence dans le pays. De plus, il ne constitue

« pas un privilège au bénéfice de ceux-ci et se borne « à faire une division absolue des patrimoines d'une « entreprise commerciale conformément à ce principe « qui fait des diverses succursales d'une même maison « de commerce autant d'individualités ayant leur exis- « tence, leurs biens et leurs affaires personnelles (1) ». Toutes les autres législations ou consacrent la règle de la réciprocité (lois autrichienne et hongroise), (2) ou, plus libérales encore, se bornent à poser le principe de l'égalité de traitement. Il en est ainsi, par exemple, en Angleterre (3), aux Etats-Unis (4), en Belgique, en Hollande (5), en Serbie (6) et en Italie (7). La plupart de ces dernières lois ont même pris des mesures afin de protéger les droits des créanciers étrangers (8). Aussi, en 1889, c'est-à-dire l'année même où fut discutée la proposition de M. de Saint-Martin, le congrès international du commerce et de l'industrie, réuni à Paris du 23 au 28 septembre, émit le vœu que la règle de

(1) Daireaux, *Journ. D. I. P.*, 1886, p. 416.

(2) Voir p. 82 et s.

(3) Voir p. 103 et note 2.

(4) Wharton, *Conflict of laws*. éd. 1872, p. 541 § 842, et p. 544 § 847.

(5) *Journ. D. I. P.*, 1892, p. 1108, article de M. Contuzzi.

(6) *Journ. D. I. P.*, 1884, p. 158, article de M. Pavlovitch.

(7) Contuzzi, *Journ. D. I. P.*, 1892, p. 1105 et s. — Carle, *La faillite en droit int.*, n° 55, p. 116.

(8) Voir entre autres :

En Angleterre, l'art. 2 § 4 de la loi du 18 août 1890 (53 et 54, *Vict.*, ch. 71), modifiant le Bankruptcy Act de 1883 (*Ann. législ. étr.*, 1890, p. 158).

En Belgique, l'art. 8 de la loi du 29 juin 1887 (*Ann. législ. étr.*, 1888, p. 563.)

En Italie, les art. 607, 608 et 614 du Code de commerce.

l'égalité fût consacrée par toutes les lois commerciales et que les traités de commerce en assurassent l'application par une clause ainsi conçue : « Les hautes par« ties contractantes conviennent qu'il est assuré aux « étrangers dans leurs territoires respectifs le même « traitement qu'aux nationaux dans la répartition des « produits de la faillite. »

CXXX. — En France, par suite du rejet de la proposition de M. de Saint-Martin, c'est encore le principe de l'égalité de traitement qui détermine les droits des créanciers étrangers dans les faillites françaises. Même, certaines dispositions de notre Code de Commerce, les art. 502, 567 et 568, veillent, au moyen de prolongations de délais et de mises en réserve, à ce que les droits des créanciers étrangers puissent s'exercer d'une manière efficace (1). Le système est très libéral, car si le créancier étranger se présente après l'expiration des délais mais avant que les répartitions ne soient définitives, on lui reconnaît le droit de faire opposition à l'effet d'être colloqué sur les répartitions qui restent à faire en tenant compte même de la part qui lui serait revenue dans les répartitions antérieures. Il n'est déchu de ses droits sur le patrimoine du failli que s'il se présente après l'expiration des délais et après que les répartitions définitives ont été faites. En ce cas, M. Carle (2) a proposé, afin d'éviter toute déchéance, d'en revenir aux promesses *de restituendo vel con-*

(1) Sur la longueur des délais à observer par le juge commissaire, voir Nancy, 11 fév. 1888, *Journ. Faill.*, 1888, p. 472.

(2) Carle, *La faill. en droit int.*, p. 100, n° 48.

tribuendo cum æqualia vel potiora jura habentibus qui intervenaient jadis dans des circonstances analogues et dont Straccha (1) a développé la théorie, mais ces promesses auraient le grave inconvénient d'introduire dans l'attribution définitive des sommes réparties des incertitudes nuisibles au commerce. Il faut que la situation soit réglée et qu'elle le soit d'une manière définitive à bref délai ; certaines lois, comme la loi russe, contiennent même des dispositions formelles en ce sens (2).

CXXXI. L'idée d'équité à laquelle se ramène tout le système de la jurisprudence pour le règlement des droits des créanciers chirographaires est aussi celle qui a servi de règle pour résoudre les conflits de lois qui s'élèvent, lorsque les créanciers veulent se soustraire aux conséquences du principe d'égalité en invoquant soit un privilège, soit un droit de rétention, de compensation ou même un droit d'hypothèque.

Nous n'entrerons pas dans l'examen détaillé des conflits de lois si nombreux qui surgissent en matière de privilèges ou plus généralement de droits de préférence ; ce serait fort long et en dehors de notre plan (3).

(1) Straccha, *de decoctoribus*, pars. ultima, n° 35.

(2) La loi russe décide que les réclamations qui n'auront pas été notifiées dans l'année de la publication de l'insolvabilité dans la *Gazette officielle* de Saint-Pétersbourg, ne seront pas prises en considération, *Zeitschrift für Intern.-Privat. und Strafrecht*, t. 2 p. 110.

(3) M. Fiore, *Droit Int.*, trad. Pradier-Fodéré, 1875, p. 557, a admirablement résumé les principaux conflits de lois qui s'élèvent lorsqu'il s'agit de déterminer les conditions de validité et les effets des privilèges et hypothèques constitués à l'étranger. Nous nous bornons à renvoyer à cet ouvrage.

Nous voudrions seulement signaler les conflits qui naissent de l'état même de faillite, qui n'existent que lorsqu'il y a faillite. Ceux-là sont assez rares ; le principal avantage d'un privilège ou d'une hypothèque est, en effet, de mettre celui qui en est titulaire en dehors de la faillite, de le soustraire aux conséquences de cette faillite, mais ils n'en ont pas moins une importance capitale.

CXXXII. Les plus intéressants sont ceux qui sont relatifs à la restriction des droits de privilège d'hypothèque et de revendication (1). Lorsqu'une faillite est

(1) Les droits de revendication proprement dits ne subissent aucune restriction ; celui qui est resté propriétaire a toujours le droit de revendiquer l'objet qui lui appartient. Mais il en est autrement de certains droits improprement appelés droits de revendication, tels que le droit de revendication du vendeur d'effets mobiliers, qui est prévu par les art. 689 à 691 du Code de commerce italien, et 576 à 578 du Code de commerce français. En réalité, ce droit de revendication n'est qu'un droit de résolution. (Weiss, *Précis*, 2e éd., p. 881. — Lyon-Caen et Renault. *Précis*, t. 2, p. 853.—Laurin, *Cours de dr. comm* . n° 1078.—Bravard et Demangeat, t. V, p. 534. — Dubois sur Carle, note 160), il sera donc régi par la loi du lieu de la faillite et les restrictions formulées par cette loi seront applicables, quel que soit le lieu du contrat et quels que soient aussi le domicile et la nationalité des parties. Ces restrictions sont en effet étrangères aux conditions de validité intrinsèque de l'acte, elles n'ont d'autre cause que l'état de faillite et, de plus, elles intéressent le crédit public. En ce sens, Weiss, *Précis*, 2e éd., p. 881. — Despagnet, *Précis*, p. 617 et 618, n° 641. — Surville et Arthuys, *Précis*, p. 553. — Carle et Dubois, *La faillite en droit int.*, n° 69 et note 160. — Cour Bruxelles, 29 juin 1891, *Journ. des Trib.*, 22 oct. 1891. *Journ. D. I. P.*, 1893, p. 226. — Au contraire, d'après M. von Bar, *Das Intern. Privatrecht*, p. 580, note 53, dans la pratique anglo-américaine, le droit de revendication du vendeur d'effets mobiliers est exclusivement régi par la loi de l'envoyeur (Cf. Wharton, *Confl. of Laws* § 535).

ouverte en France, est-ce la loi française qui doit déterminer l'effet de la faillite sur les droits de privilège, d'hypothèque ou de revendication que des étrangers ont pu acquérir à l'étranger? Faut-il, au contraire, s'en référer à la loi du contrat, ou à la loi personnelle du créancier (loi nationale ou loi du domicile)? Le droit de préférence acquis par un étranger selon une loi étrangère est-il, en un mot, affecté par la faillite ouverte en France de la manière et dans la mesure prévues par la loi étrangère ou, au contraire, de la manière et dans la mesure prévues par la loi française? La solution de cette question dépend du caractère que l'on assigne aux restrictions que la loi des faillites française apporte à l'exercice des droits de privilège et d'hypothèque. Si elles sont d'ordre public, la loi française est évidemment applicable, quel que soit le lieu du contrat et quels que soient aussi la nationalité et le domicile du créancier, aussi ne résoudrons-nous cette difficulté que lorsque nous étudierons les conséquences de l'idée d'ordre public.

CXXXIII. D'autres questions se présentent au sujet des créanciers hypothécaires et privilégiés lorsque le bien grevé de l'hypothèque ou du privilège est situé en pays étranger et que des répartitions ont lieu en France avant la réalisation du bien spécialement affecté au paiement de leurs créances. On ne peut les écarter complètement des répartitions, car ce serait injuste; et on ne peut non plus les faire participer à ces répartitions, sans prendre certaines précautions destinées à éviter un double paiement, aussi la jurisprudence décide-t-elle que le tribunal du lieu de la faillite peut prescrire toutes les mesures convenables pour assurer les distractions qui doivent être accordées en compensation à la masse chirographaire sur le prix des immeubles situés à l'étranger et grevés du privilège ou de l'hypothèque. Spécialement, dans un arrêt déjà ancien, la Cour de Paris (1) a déclaré que ce tribunal pouvait ordonner le dépôt à la Caisse des Consignations des sommes revenant aux créanciers hypothécaires dans les répartitions mobilières et soumettre ces créanciers à l'obligation de faire des poursuites dans un délai déterminé pour être payés de leurs créances sur le prix des immeubles étrangers, qui leur étaient spécialement affectés.

CXXXIV. En imposant cette dernière condition et en l'imposant dans ces termes, la Cour de Paris a, croyons-nous, implicitement résolu la dernière difficulté dont nous ayions à nous occuper. Elle a, en effet, décidé par là que la faillite, déclarée dans un pays, ne modifiait pas de plein droit l'exercice des actions hypothécaires qui auraient à être intentées dans un autre. Elle a ainsi rejeté la théorie de Carle (2), qui pense que, du jour où l'on est en état d'union, les créanciers, qui ont hypothèque sur des biens sis à l'étranger ne peuvent plus agir individuellement et

(1) Paris, 16 juill. 1831, S. 1831-2-260. En ce sens, Carle, *La faill. en droit int.*, n° 62, p. 126. — Surville et Arthuys, *Précis*, p. 552, note 2.

(2) Carle. *La faill. en droit int.*, n° 62, p. 125 et 126. — *Contra* Surville et Arthuys, *Précis*, p. 551 et 552.

que seul, à partir de ce jour, le syndic peut, après avoir fait déclarer exécutoire le jugement qui l'a nommé, procéder à la réalisation de ces biens. La Cour de Paris a, d'ailleurs, eu raison de repousser la théorie de Carle ; l'exercice de l'action hypothécaire est intimement lié à l'organisation de la propriété, cette action dépend du statut réel, intéresse l'ordre public et par suite ne saurait être paralysée par une loi étrangère, même par une loi de faillite (1).

(1) Les créanciers, qui ne peuvent se prévaloir ni d'un droit de privilège ni d'un droit d'hypothèque, ni d'un droit de revendication, peuvent encore essayer de se soustraire à la loi de l'égalité en invoquant un droit de rétention ou un droit de compensation. Aucun conflit de lois spécial à la matière des faillites ne s'élève à propos du droit de rétention si l'on admet, comme nous l'avons fait, que le droit de revendication du vendeur d'effets mobiliers non payés n'est qu'un droit de résolution. Si on pense, au contraire, que ce droit de revendication est une reprise du droit de rétention, il y a là un conflit de lois spécial à la matière des faillites s'élevant à propos d'un droit de rétention. Quelle sera la loi applicable ? M. Weiss, *Précis*, 2e éd., p. 881, ainsi que MM. Surville et Arthuys, p. 553, pensent que ce sera la loi sous laquelle la vente a été consentie. — Quant à la compensation, elle ne sera possible que si la loi de la faillite l'autorise ; la disposition par laquelle une loi de faillite prohibe la compensation intéresse en effet le crédit public. Lorsque la loi de la faillite ne s'oppose pas à la compensation, il faudra, pour voir si elle peut être admise, s'en rapporter aux principes généraux du droit international sur la matière (Sur ces principes, voir Marquis Sébie, *Oblig. convent. en D. I. P.* Thèse Bordeaux, 1884, p. 142 — Lecasble, *Questions de droit int. en matière d'oblig.*, Thèse Paris, 1881, p. 313. — Von Bar, *Das Int. Privatrecht*, t. 2, p. 584 § 489.

§ II

De l'effet extraterritorial des solutions que peut recevoir une procédure de faillite.

CXXXV. — Les principes admis par la jurisprudence, en ce qui concerne l'effet des jugements déclaratifs étrangers et le règlement des droits des créanciers, préjugent la manière dont seront traités en France les concordats et décharges obtenus à l'étranger et, plus généralement, les solutions que les juridictions étrangères peuvent donner aux faillites suivies devant elles. Du moment que l'on reconnaît effet au jugement déclaratif étranger, et que l'on accorde à la loi étrangère une confiance assez grande pour que la sentence qui en a fait application en ouvrant la faillite, ait certaines conséquences avant même d'avoir été déclarée exécutoire et produise plein et entier effet, dès que l'exequatur lui aura été accordé, l'on doit nécessairement reconnaître aussi la solution qui sera donnée par la juridiction étrangère à la faillite qu'elle a déclarée. Si on laisse la procédure de faillite étrangère produire en France ses effets à mesure qu'elle se déroule à l'étranger, c'est assurément pour arriver à une issue, pour atteindre un résultat; si elle était destinée à ne jamais se terminer, à ne pouvoir être close, mieux eût valu ne jamais lui accorder aucun effet. Que serait-ce qu'une faillite qui serait condamnée à ne jamais aboutir? Ce serait une source de complications, un amoncellement de frais frustratoires, une véritable cause de ruine pour le débiteur et pour ses créanciers. Ce qui rend utile la procédure de faillite, c'est précisément de pouvoir arriver à une solution et de pouvoir y arriver promptement. Mieux vaudrait même peut-être une solution critiquable que l'absence complète de solution. En principe donc, quels que soient son nom et sa nature, la solution qui sera donnée à la faillite étrangère par la juridiction devant laquelle elle est suivie sera reconnue en France ; ainsi le veulent la logique et la nature même des choses.

CXXXVI. — Ce principe n'a d'ailleurs été contredit par aucune décision judiciaire ; nul jugement, nul arrêt n'a consacré le système de MM. Renouard (1), Massé (2), Boileux (3), Bonfils (4) et Thaller (5), nul tribunal, nulle cour n'a dit qu'en règle générale la solution donnée à la faillite étrangère à l'étranger devait être méconnue en France. Toutes les décisions qui ont refusé de reconnaître effet à des concordats, à des ordres de décharge ou à des sursis de paiement s'expliquent par des motifs spéciaux, aucune n'a de portée générale.

Le plus souvent, on cite comme arrêt de principe, dans le sens des auteurs que nous avons indiqués, un

(1) Renouard. *Faillites*, 3e éd., 1857, t. 2, p. 65.

(2) Massé, *Dr. comm.*, 3e éd., t. 1, n° 613 et t. 2, n° 811.

(3) Boileux sur Boulay-Paty. *Faill. et banq.* Paris, 1854, n° 618.

(4) Bonfils. *Compét. des trib. français à l'égard des étr.*, n° 247, p. 212.

(5) Thaller. *La faillite en droit comparé*, t. 2, p. 377, n° 225.

arrêt de la Cour de Paris du 25 février 1825 (1), mais nul arrêt n'a de caractère plus spécial (2). Un négociant de Cadix avait obtenu dans cette ville le bénéfice de la cession de biens; la Cour de Paris lui refusa le droit de l'opposer en France à ceux de ses créanciers qui n'y avaient pas consenti, mais elle lui dénia ce droit par le motif que la cession de biens est judiciaire, lorsqu'elle n'a pas été accordée par l'unanimité des créanciers, et que les art. 905 Proc. Civ. et 575 C. Co. ne permettaient pas à un étranger d'invoquer le bénéfice de cette cession. Aucune autre raison n'est donnée dans l'arrêt, aussi on ne saurait, selon nous, le considérer comme ayant posé une règle applicable à toutes les solutions que peut recevoir une faillite; il a, pour des raisons particulières, refusé de reconnaître effet à une cession de biens étrangère, aussi n'a-t-il quelque autorité que pour le cas où la faillite étrangère s'est terminée par une cession de biens (3).

La seule idée générale que l'on puisse tirer de cet arrêt de la Cour de Paris et des autres décisions qui ont méconnu des solutions qui avaient été données par

(1) Paris, 25 fév. 1825, S. (*coll. nouv.*), t. 8 (1825-1827), part. 2, p. 36.

(2) Un arrêt de la Cour de Bruxelles du 8 mai 1810, S. (*coll. nouv*) t. 3 (1809-1811), part. 2, p. 266 a également refusé de reconnaître en France (Bruxelles était alors en France) les effets d'une cession de biens, obtenue en pays étranger. Les motifs de cet arrêt ont un caractère bien plus général que ceux de la décision rendue par la Cour de Paris en 1825.

(3) Ainsi qu'on le verra p. 233 et 234, la jurisprudence a changé sur ce point; elle reconnaît maintenant effet aux cessions de biens obtenues en pays étranger

des tribunaux étrangers à des faillites suivies devant eux, ce n'est pas que les concordats et ordres de décharge ne doivent jamais avoir effet en France, c'est qu'ils ne doivent pas y avoir effet lorsqu'ils sont contraires à l'ordre public. Dans chaque cas, nos tribunaux devront examiner si l'ordre public est en jeu, et ils devront faire cet examen pour les concordats et les ordres de décharge aussi bien que pour l'état d'union et les sursis de paiement.

CXXXVII. — Lorsqu'un concordat a été obtenu en pays étranger la question qui se pose est double :

1° Les tribunaux français auront-ils le droit de l'homologuer, dans le cas où la juridiction étrangère ne se serait pas prononcée sur l'homologation ?

2° Si le concordat a été homologué par le tribunal étranger, devant lequel s'est poursuivie la faillite, quelles seront les conditions requises pour qu'il puisse être opposé en France ?

Il est tout d'abord certain qu'un tribunal français ne peut homologuer un concordat qui a été obtenu en pays étranger. M. Lainné (1) a soutenu l'opinion contraire, mais, nous ne saurions nous ranger à son avis. Seul, le tribunal qui a suivi et surveillé les opérations de la faillite peut statuer en connaissance de cause ; une autre juridiction, forcément mal éclairée, mal renseignée, risquerait d'homologuer des concordats obtenus par des indignes et de refuser au contraire d'accorder l'homologation à des concordats votés au profit de

(1) Lainné. *Faillites*, sur l'art. 516, p. 255.

commerçants de la plus grande honnêteté. Comme le disent MM. Asser et Rivier, « une homologation ne se « conçoit que fondée sur une loi régissant la faillite « dans son ensemble et de la part du juge qui a rendu « le jugement déclaratif de faillite (1). »

CXXXVIII. — La seconde question est beaucoup plus délicate, cependant quelques points sont aujourd'hui incontestés. Il est tout d'abord certain que le concordat, obtenu à l'étranger, produit de plein droit effet en France, s'il a été homologué par un tribunal consulaire (2) ; dans ce cas, il a en effet été en réalité homologué par un tribunal français. Il est, en second lieu, reconnu d'une manière générale que le concordat, accordé à l'étranger, est, sans autre condition, opposable aux créanciers qui y ont adhéré (3) et, par cette expression, nous entendons ceux qui ont pris part à l'assemblée où a été délibéré le concordat et qui de plus ont voté en faveur de ce concordat. Le créancier

(1) En ce sens : Asser et Rivier. *Elém. de dr. int.*, p. 240, n° 125. — Massé. *Dr. comm.*, éd. 1874, t. 3, n° 811, p. 83. — Boulay-Paty. *Faill.*, t. 2. p. 117-118, éd. 1854. — Surville et Arthuys, *Précis*, p. 549. — Renouard, *Faill.*, t. II, p. 114. — Dubois sur Carle, p. 109. note 116. — Weiss, *Précis*, 2ᵉ éd., p. 884. — Despagnet, *Précis*, n° 645.

(2) Trib. comm. Seine, 9 fév. 1864, D. 1865-3-40.

(3) Paris, 3 mai 1854, *Journ. Trib. comm.*. t. 7 (1858), p. 362. — Trib. civ. Seine, 18 juill. 1884, *Journ. Faill.*, 1884, p. 605. — Trib. Seine, 26 fév. 1886, *Journ. Faill.*, 1887, p. 292. — Massé, *Dr. comm.*, éd. 1874, t. 3, n° 811, p. 84. — Lyon-Caen et Renault, *Précis*, t. 2, n° 3144. — Weiss, *Précis*, 2ᵉ éd., p. 883. — Asser et Rivier, *Elém. de dr. int.*, n° 125. — Stelian. *La Faill.*, p. 219. — Roy, *Des jugements étr. en matière de faillite*, p. 160. — Thomas, *La Faill.*, p. 113. — Pic. *Traité de la faillite des soc. comm.*, p. 227.

qui vote contre le concordat n'y adhère pas ; il est impossible de dire qu'il s'est formé entre lui et le failli une sorte de contrat judiciaire, il est impossible de soutenir que les clauses du concordat le lient en vertu de ce principe que nul n'a le droit de se soustraire à l'exécution des engagements qu'il a contractés, fût-ce en pays étranger.

CXXXIX. — Des difficultés graves ne s'élèvent que dans le cas où le failli veut se prévaloir du concordat qu'il a obtenu à l'étranger à l'encontre de créanciers qui n'y ont pas adhéré, à quelles conditions devra t-il; satisfaire? devra-t-il préalablement obtenir une sentence d'exequatur?

M. Carle (1) pense que le concordat ne sera opposable en pays étranger aux créanciers dissidents que si le jugement de faillite a été déclaré exécutoire dans ce pays. L'exequatur du jugement de faillite est nécessaire, celui du jugement d'homologation est sans intérêt. Aucune décision judiciaire n'a consacré la théorie de M. Carle ; il est en effet impossible de considérer le jugement d'homologation comme une simple annexe, comme une simple dépendance du jugement déclaratif ; le jugement d'homologation a des effets qui lui sont propres : loin d'être une simple conséquence du jugement de faillite, il modifie profondément la situation créée par l'ouverture de la faillite, il introduit un état de choses nouveau, et fait disparaître le principal effet de déclaration de la faillite, en mettant fin-

(1) Carle. *La faill. en dr int.*, n° 52, p. 108.

au dessaisissement. On pourrait même soutenir que le fait que le jugement de faillite a été déclaré exécutoire ne peut exercer aucune influence sur la solution de la question qui nous occupe. Que recherchons-nous en effet? Ce sont les conditions auxquelles un concordat est opposable en pays étranger à un créancier dissident; ce que nous nous recherchons, c'est ce qui pourra suppléer au consentement que ce créancier a refusé de donner. Si le concordat était invoqué contre le créancier dissident dans l'Etat où il a été accordé, pourquoi ce créancier ne serait-il pas en droit d'en méconnaître les effets? Pourquoi serait-il tenu de s'incliner, après avoir refusé de le voter et peut-être même employé toutes les voies de recours que la loi accordait? Serait-ce parce que le jugement déclaratif a autorité de chose jugée ou force exécutoire? Nullement, ce qui fait que l'on ne tient pas compte du défaut de consentement du créancier, qui n'a pas pris part à l'assemblée du concordat ou qui a voté contre ce concordat, c'est que la nature des choses, que les besoins du commerce et que l'équité veulent que le concordat embrasse toutes les créances et soit opposable à tous les créanciers; c'est aussi, mais en second lieu seulement, que le jugement d'homologation a autorité de chose jugée et qu'il est dérogé, pour ce jugement, à la règle de la relativité de la chose jugée.

CXL. — Comme, le plus souvent, on ne s'est appuyé que sur cette idée de chose jugée (1), l'on voit se repro-

(1) Asser et Rivier. *Elém. de dr. int.*, n° 125, p. 241, et Daguin, *Journ. D. I. P.*, 1889, p. 46.

duire, à propos du jugement homologatif du concordat, les mêmes controverses que pour les jugements étrangers en général. Ainsi l'on a soutenu soit que ce jugement d'homologation n'a aucun effet en France, soit qu'il n'a de plein droit effet que contre les étrangers, soit aussi que l'exequatur n'est nécessaire que lorsque l'on veut procéder à un acte d'exécution, soit enfin que l'exequatur est toujours indispensable lorsque l'on veut se prévaloir du concordat à l'encontre d'un créancier dissident.

Le premier système a été défendu par MM. Massé (1), Boileux (2), Bonfils (3) et Thaller (4) et il a déjà été amplement réfuté ; le second a le tort de supposer encore en vigueur l'ordonnance de 1629 qui n'a pas survécu à l'ancien droit ; le troisième est celui de MM. Weiss (5), Dubois (6), Despagnet (7), Simon (8) Surville et Arthuys (9), et de Bœck (10) ; et le dernier, adopté par MM. Fœlix (11), Alauzet (12), Lainné (13),

(1) Massé. *Dr. comm.*. 3e éd., t. 1, n° 613 et t. 2, n° 811.

(2) Boileux sur Boulay-Paty. *Faill. et banq.*, 1854, n° 618.

(3) Bonfils. *Compét. des trib. français à l'égard des étr.*, n° 247, p. 212.

(4) Thaller. *La faill. en dr. comp.*, t. 2, p. 377, n° 225.

(5) Weiss. *Précis*, 2e éd., p. 884.

(6) Dubois sur Carle. *La faill. dans le dr. int.*, n° 52.

(7) Despagnet. *Précis*, nos 645 et 646; motifs spéciaux.

(8) Simon. *La faillite d'apres le droit international privé*, p. 163.

(9) Surville et Arthuys. *Cours élém. de dr. int.*, n° 525.

(10) De Boeck, note dans Dalloz, 1891-2-227 et s.

(11) Fœlix et Demangeat. *Traité de dr. int.*, t. 2, p. 111.

(12) Alauzet. *Code de comm.*, t. 6, n° 2686.

(13) Lainné. *Faillites, sur l'art.* 516. p. 255.

Stelian (1), Roy (2), Lyon-Caen et Renault (3) et Brocher (4-5), est consacré aujourd'hui par la jurisprudence.

La théorie de M. Weiss est des plus simples et irréfutable, si l'on admet le point de départ de cet auteur. Les jugements étrangers ont en France, d'après M. Weiss, autorité de chose jugée, dès lors, le consentement des créanciers dissidents étant suppléé par l'autorité de chose jugée qui s'attache au jugement homologatif du concordat, les concordats obtenus à l'étranger sont de plein droit opposables en France même aux créanciers qui n'y ont pas adhéré. L'exequatur ne devient nécessaire que dans le cas où l'on veut procéder à un acte d'exécution. Même, d'après MM. Surville et Arthuys (6), il faudrait de plus que le concordat fût le seul titre des créanciers (7). L'exequatur serait par conséquent inutile, si les créanciers qui veulent procéder à des actes d'exécution « étaient, avant la faillite, « nantis de titres qui leur permettaient d'exercer des « poursuites individuelles. La déclaration de faillite a,

(1) Stelian, *la faillite*, p. 222.

(2) Roy. de l'effet en France des jugements étrangers rendus en matière de faillite, p. 167.

(3) Lyon-Caen et Renault. *Précis*, t. 2, n° 3144, p. 933.

(4) Brocher, *Cours de droit int.* t. 3, p. 219.

(5) Voir dans le même sens. Pic. *Faill. des Soc. comm.*, p. 227 — Calvo, *Dr. int.*, tome 2 § 921, p. 422, éd. 1888.

(6) Surville et Arthuys. *Cours élém. de dr. int.*, n° 525, p. 548 et suiv.

(7) Cela arrive par exemple lorsqu'un créancier veut agir contre une caution qui a accédé au concordat.

« disent ces auteurs (1), suspendu les poursuites indi-
« viduelles, le concordat ne fait que leur rendre ce
« droit. Pour détruire l'effet produit par le jugement
« déclaratif, il n'a pas besoin d'être rendu exécutoire.
« L'opinion contraire ne serait exacte, à notre avis
« que si le concordat produisait une novation, ce qui
« est loin d'être généralement admis et ce qui ne doit
« pas l'être selon nous ».

CXLI. — Le système de M. Weiss ne pouvait être adopté par la jurisprudence, puisqu'elle en rejette la base, en refusant d'attribuer aux jugements étrangers autorité de chose jugée. Elle n'aurait pu arriver aux mêmes résultats que lui qu'en considérant le jugement homologatif du concordat comme un acte de juridiction gracieuse (3), mais cela, elle ne l'a point fait et elle ne pouvait le faire. La décision qui homologue un concordat est un véritable jugement contentieux : elle donne lieu à des débats de nature contentieuse et elle est susceptible de voies de recours, de nature contentieuse également.

Entre la théorie de M. Weiss et celle de la jurisprudence, il y a un point commun ; toutes deux reconnaissent que le concordat, consenti à l'étranger, ne sera opposable en France aux créanciers dissidents que du jour où le jugement homologatif aura autorité

(1) Surville et Arthuys, *Précis*, p. 550.

(2) Lyon-Caen et Renault. *Précis de dr. comm.*, n° 2919.

(3) M. Despagnet, *Précis*, p. 620, a soutenu que le jugement qui homologue un concordat n'est qu'un acte de juridiction gracieuse, qui peut être considéré comme une formalité essentielle du concordat.

de chose jugée, mais, pour M. Weiss, il a cette autorité de plein droit et, d'après la jurisprudence, il ne l'a qu'après avoir été déclaré exécutoire. L'exequatur accordé, mais alors seulement, le concordat est d'après la jurisprudence pleinement opposable à tous les créanciers qui n'y ont pas adhéré (1). Ainsi, nos tribunaux rejettent la théorie anglo-américaine, qui refuse tout effet aux concordats accordés selon une loi autre que celle qui régit l'obligation (2) et nous ne saurions leur en faire un reproche. Bien que M. von Bar dise cette théorie anglo-américaine difficilement critiquable au point de vue théorique, nous croyons que nous ne gagnerions pas à nous l'approprier ; il est contraire à la nature même du concordat que son effet extraterritorial soit ainsi limité. Pour qu'il soit réellement utile, pour qu'il produise tous ses effets, il faut qu'il s'applique à toutes les créances et soit opposable à tous les créanciers. Quel que soit le lieu du contrat, le jugement homologatif a les mêmes caractères et le concordat

(1) Trib. comm. Seine, 12 juin 1862. *Journ. Trib. comm.*, t. 12 (1863), p. 22. — Paris. 5e ch. 9 mars 1887. *Journ. Faill.*, 1887, p. 160.— Adde. Trib. civ. Seine. 9 fév. 1864. *Journ. Trib. comm.*, t. XIV, 1865, p. 137 et Trib. comm. Seine, 14 juill. 1866. *Journ. Trib. comm.*, t. XIV, 1867, p. 8.

(2) Cf. Sur la jur. belge, Cour Bruxelles, 3 janv. 1860. *Pas.*, 1861-2-145, rejetant la théorie anglo-américaine et Trib. de Turnhout, 2 Juill. 1862. *Cloes et Bonjean*, t. XI p. 715. *Journ. D. I. P.*, 1881, p. 480 et 481 l'adoptant.

(3) Von Bar. *Das Int. Privatrecht*, éd. 1889 § 492, p. 588. — Dans sa 1re éd. § 78, M. von Bar avait soutenu que les décharges ont un effet général, il a changé d'avis dans un article paru en 1873 dans la *Revue critique de législation* de Munich (XV p. 36).

conserve sa nature qui le rend essentiellement extra-territorial.

CXLII. — La théorie formulée par la jurisprudence à propos du concordat est applicable à toutes les solutions qui sont données à la procédure de faillite étrangère par la juridiction devant laquelle elle est suivie. Qu'il y ait ordre de décharge, sursis de paiement, cession de biens, ou union, peu importe (1); les créanciers, qui n'ont point reconnu la faillite étrangère, doivent s'incliner du jour où l'exequatur a été accordé.

En général, c'est la solution elle-même, ordre de décharge, sursis de paiements, cession de biens qui doit être déclarée exécutoire; toutefois, au cas d'union, comme cet état ne résulte pas d'un jugement et n'est que la suite de la déclaration de faillite, c'est la décision qui a ouvert la faillite à l'étranger qui doit être revêtue de l'exequatur (2).

Tel est le système de la jurisprudence; il est, comme on le voit, extrêmement libéral, aussi ne doit-on pas s'étonner qu'il n'ait pu s'établir qu'après certaines résistances.

CXLIII. — Les premiers arrêts qui ont statué sur des cessions de biens obtenues à l'étranger, l'un rendu le 8 mai 1810 par la Cour de Bruxelles, qui, alors, était une

(1) La plupart des auteurs reconnaissent que l'on doit traiter de même le concordat et les autres solutions données à la procédure de faillite. Voir entre autres, Lyon-Caen et Renault, *Précis*, t. 2, p. 933, note 6. — Pic. *Journ. D. I. P.*, 1892, p. 606. — Weiss, *Précis*, 2e éd. p. 885. — Surville et Arthuys, *Cours élém. de droit int.*, n° 526, p. 550.

(2) Trib. civ. Charleroi, 29 mai 1890, *Journ. Faill.*, 1890, p. 509.

Cour française (1), l'autre du 25 février 1825 émanant de la Cour de Paris (2), ont refusé de reconnaître effet en France à ces cessions de biens. Mais, avec le temps, les idées ont changé, le progrès des relations commerciales a exercé une légitime influence sur la jurisprudence, et, le 4 février 1886, le tribunal de Toulouse (3) a déclaré que, la loi de l'Etat de Californie décidant que la cession de biens judiciaire valait décharge complète du passif, aucune saisie n'était possible sur les valeurs françaises du débiteur Américain qui avait fait une cession de biens en Californie.

CXLIV. — De même, l'ordre de décharge, émané des Cours anglaises ou américaines, a parfois été méconnu par nos tribunaux.

C'est ainsi que, le 10 juin 1863, le tribunal de la Seine (4) a refusé d'accorder aucun effet à un ordre de décharge obtenu en Angleterre.

Mais, il s'en faut que cette décision indique l'état de la jurisprudence ; elle est contredite tout d'abord par des jugements assez nombreux, (5) et elle est, en second

(1) Bruxelles, 8 mai 1810, *Sirey*, à sa date.

(2) Paris, 25 fév. 1825, *Sirey*, à sa date.

(3) Trib. Toulouse, 4 fév. 1886. *Journ. D. I. P.*, 1886, p. 332 ou *Ann. de comm.*, 1886-1887-1-404.

(4) Trib. Seine, 10 juin 1863, *Gaz. Trib.*, 22-23 juin 1863, — En Belgique, des ordres de décharge ont été méconnus au nom de l'ordre public par la cour de Bruxelles, le 3 janv. 1860. *Pas.* 1861-2-145, — par le Trib. de comm. de Bruxelles le 31 oct. 1864 *Jur. du port d'Anvers* 1864-2-88, — et par le trib. d'Anvers, le 20 août 1879, *Jur. du port d'Anvers* 1879-1-369. Ces décisions sont basées sur la même idée que le jugement du tribunal de la Seine.

(5) Trib. Seine, 15 nov. 1853, cité *Journ. Trib. comm.*, 1854, p.

lieu, appuyée sur des motifs qui font supposer que les juges qui l'ont rendue n'avaient que des notions peu exactes sur la législation anglaise. L'ordre de décharge résulte d'une décision de la Cour qui préside aux opérations de la faillite, il n'est pas voté par les créanciers; dès lors, le jugement du tribunal de la Seine déclare « que la loi qui permet au juge, après l'accom-« plissement de certaines formalités, de déclarer un « débiteur failli libéré de toutes ses dettes est une loi « évidemment exorbitante de tous les principes de « droit commun, un acte de souveraineté nationale « qui ne saurait s'imposer aux étrangers. » Du moment que les créanciers ne votent pas, le jugement suppose que l'ordre de décharge sera accordé à tort et à travers et ne sera qu'un instrument de fraude au profit des débiteurs malhonnêtes. mais si, au lieu de s'arrêter aux apparences, les juges du tribunal de la Seine de 1863 s'étaient rendu compte du fonctionnement de l'institution anglaise, ils auraient vu qu'au fond il y a entre la législation française et la législation anglaise plus de ressemblances que de différences. En Angleterre. les créanciers sont consultés, la Cour accorde ou refuse l'ordre de décharge ; en France, les créanciers votent, la justice accorde ou refuse le

158-159. - Trib. Marseille, 13 sept. 1861 et Trib. Seine, 22 mai 1863, cités *Gaz. Trib.*, 22-23 juin 1863. — De même, le trib. d'Anvers le 10 juill. 1880. *Jur. du port d'Anvers* 1880-1-271, et la Cour de Gènes le 9av. 1888, *Journ. D. I. P.*, 1889 p. 911 ont reconnu effet à des ordres de décharge. Cf. en ce sens, à propos d'une disposition voisine de la loi hambourgeoise. Bruxelles, 22 av. 1880, *Jur. du port d'Anvers* 1880-1-245.

concordat; comme en Angleterre, elle a le dernier mot. En outre, il suffit d'étudier la loi anglaise pour voir que des garanties nombreuses sont assurées aux créanciers, afin d'éviter que des ordres de décharge ne soient accordés à des indignes; le législateur n'a cessé de multiplier ces garanties : il y a quelques années encore, l'art. 8 de la loi du 18 août 1890 (53 et 54 Vict., ch. 71), modifiant l'art. 28 du Bankruptcy Act de 1883, (1) est venu les augmenter. Il suffit de lire cet article pour voir quelles précautions minutieuses ont été prises par le législateur anglais afin que l'ordre de décharge ne soit accordé qu'à des commerçants dignes de cette faveur. D'ailleurs, comment supposer que l'Angleterre, le pays le plus commerçant du monde, ait, au XIXe siècle, une loi des faillites telle que se l'imagine le jugement du tribunal de la Seine de 1863?

CXLV. — Des difficultés se sont également élevées à propos des délais, sursis de paiement et autres actes d'atermoiement que peuvent accorder les autorités étrangères; doit-on leur reconnaître effet en France? Tout d'abord, une distinction s'impose. Si le délai a le caractère d'un terme de grâce, au sens de l'art. 1244 du Code Civil, il aura effet en France dès que le jugement dont il découle aura acquis autorité de chose jugée, mais cette autorité sera purement relative (2). Si, au contraire, le délai ou l'acte d'atermoiement est accordé en vertu d'une loi qui, comme les législations belge (3),

(1) *Ann. de législ. étr.*, 1890, p. 161.
(2) Dubois sur Carle, note 121.
(3) Loi belge, 18 av. 1851, art. 593 à 614.

néerlandaise (1), italienne (2), luxembourgeoise (3), roumaine (4) et argentine (5) ou comme la loi espagnole du 19 octobre 1869, fait des sursis de paiement ou de certains actes d'atermoiement une institution générale, ayant le caractère que le Code de Commerce français donne au concordat, le sursis de paiement, moratorium, délai ou acte d'atermoiement, de quelque nom qu'on veuille l'appeler, sera reconnu en France, après y avoir été déclaré exécutoire, et il y aura effet *erga omnes* comme un concordat, il y sera opposable même aux créanciers qui n'auront pas pris part à la procédure étrangère. C'est en ce sens que se sont prononcées la Cour de Bordeaux (6) le 2 juin 1874, et la Cour de Paris (7), le 2 janvier 1875 ; ce dernier arrêt a été

(1) Code de commerce néerlandais, art. 900 à 923.

(2) Code de commerce italien de 1882, art. 819 à 829.

(3) Loi luxembourgeoise, 2 juill. 1870, art. 593 et s.

(4) Code de commerce roumain, art. 832 à 842.

(5) Code de commerce argentin, art. 1728 et s.

(6) Bordeaux, 2 juin 1874. *Journ. D. I. P.*, 1875 p. 269. ; S. 1875-2-37.

(7) Paris 2 janv. 1875. D. P. 1875-2-196. — On a souvent cité un arrêt de la Cour de Bordeaux du 5 fév. 1813. (S. *coll. nouv.*, tome 4-2-252), comme ayant décidé que les sursis de paiement accordés en pays étranger ne pouvaient avoir effet en France. Mais tel n'est pas du tout le sens de cet arrêt. Il semble plutôt avoir consacré la même doctrine que les arrêts de la cour de Bordeaux et de la Cour de Paris mentionnés au texte. En effet, s'il a décidé qu'une sentence étrangère (en l'espèce une décision du Sénat de Dantzig), accordant un délai de deux ans à un débiteur, ne faisait pas obstacle à la validité d'une saisie-arrêt pratiquée en France, il s'est appuyé sur ce que la décision du Sénat de Dantzig *n'avait pas été déclarée exécutoire en France* et sur ce que, eût-elle été revêtue de l'exequatur, « il « n'en résulterait pas que le sursis qu'elle prononce s'appli- « quât aux actes conservatoires qu'un créancier peut exercer.»

confirmé par la Cour de Cassation, le 18 janvier 1876, et il avait statué dans des circonstances de fait particulièrement intéressantes. La compagnie du Nord de l'Espagne avait cessé ses paiements en 1868 et obtenu de ses créanciers un acte d'atermoiement, le 25 juin 1868. Postérieurement, le 19 octobre 1869, fut promulguée une loi déclarée rétroactivement applicable aux actes d'atermoiement obtenus auparavant par les sociétés en état de cessation de paiements, et, par jugements en date des 9 décembre 1869 et 23 février 1870, le tribunal de Madrid homologua l'acte du 25 juin 1868, en constatant qu'il remplissait les conditions prévues par la loi du 19 octobre 1869. La mesure d'atermoiement consistait à faire convertir les titres des obligataires dans la proportion de quatre obligations contre trois obligations dites de priorité et une à capital variable. La Cour de Paris déclara que les jugements du tribunal de Madrid devaient être déclarées exécutoires, bien qu'ils eussent été rendus par application d'une loi qui avait, dans une certaine mesure, un effet rétroactif, p rce qu'ils ne blessaient aucune de nos règles de compétence ou d'ordre public.

CXLVI. — Cette jurisprudence a été très critiquée. Certains auteurs, comme M. Despagnet et MM. Asser et Rivier, nient que les sursis de paiement puissent avoir un effet extraterritorial (1-2). « Ce sursis, disent-

(1-2) Despagnet, *Précis*, n° 647, p. 622. — Asser et Rivier. *Elém. de dr. int.*. p. 245, n° 131. — Au contraire, MM. Weiss, *Précis*, 2e éd., p. 885. — Dubois sur Carle, note 121. — Lyon-Caen et Renault, t. 2, p. 933, note 6. — Pic, *Journ. D. I. P*, 1892, p. 606. —

« ils, constitue une exception autorisée par la loi à la « règle que le débiteur est obligé d'exécuter l'obliga- « tion dans le temps voulu. Evidemment, cette excep- « tion ne saurait valoir que dans le territoire soumis à « la loi qui l'autorise; partout ailleurs, le droit créé par « l'obligation doit être respecté. »

Ce raisonnement prouve trop ou ne prouve rien.

Daguin, *Journ. D. I. P.*, 1889, p. 46, reconnaissent, à des conditions qui ne sont pas d'ailleurs les mêmes pour tous ces auteurs, que les sursis de paiement peuvent avoir un effet extraterritorial.

La difficulté que nous étudions n'est pas celle qui a été soulevée à l'étranger par l'application des lois moratoires françaises de 1870-71 (lois et décrets des 13 août, 10 sept., 11 oct., 10 nov. et 12 déc. 1870 et des 12 janv., 9 fév., 10 mars, 24 mars 26 avril et 4 juillet 1871). La question que nous examinons est celle de savoir si le sursis de paiement qui est accordé par une législation avant ou après la déclaration de faillite à un débiteur qui est en état de cessation de paiements doit avoir effet en pays étranger. Celle que soulevaient les lois et décrets de 1870-1871 était toute différente. Il s'agissait de savoir si une loi qui, en matière d'effets de commerce, proroge les échéances et dispense de dresser des protêts, doit être reconnue en pays étranger et peut par suite être opposée, hors de l'Etat où elle a été rendue, à des endosseurs ou à des tireurs de nationalité étrangère. Cela est si vrai que les décisions étrangères qui ont reconnu effet à ces lois moratoires se sont toutes appuyées sur ce principe, qu'en matière d'effets de commerce il faut s'en référer à la loi en vigueur au moment de l'échéance dans le pays où l'effet doit être payé en ce qui concerne non seulement la forme des protêts et actes conservant le droit de recours, mais aussi le temps de les faire et de les dénoncer (Cour Bruxelles, 29 av. 1872 et Cour Gand, 15 mai 1873, *Journ. D. I. P.*, 1874, p. 209. — Trib. consulaire austro-hongrois de Constantinople, 15 av. 1872, *Journ. D. I. P.*, 1874, p. 100. — Cour suprême de Suède, 21 av. 1873, *Journ. D. I. P.*, 1874, p. 141. C'est également pour des motifs tirés de la nature de la lettre de change que le Reichsoberhandelsgericht, siégeant à Leipsig, le 21 fév. 1871 (*Journ.

Sans doute, le sursis de paiement modifie le droit créé par l'obligation, mais en est-il autrement des concordats? Et le concordat ne porterait-il même pas une atteinte plus profonde à l'obligation? n'est-il pas infiniment plus grave de déclarer le débiteur libéré de ses dettes à la condition de payer 10 ou 20 0/0 que de lui accorder un délai pour désintéresser intégralement ses créanciers? Si l'on reconnaît quelque effet aux concordats obtenus à l'étranger, il faut, à plus forte raison, ne pas méconnaître les sursis de paiement accordés dans ces mêmes Etats. Sans doute, la législation française n'a pas encore admis le système des sursis de paiement, mais pour qu'une loi étrangère ne puisse recevoir application en France, il ne suffit pas qu'elle soit

D. I. P., 1874, p. 149) et le tribunal de comm. de Bruxelles, le 18 janv. 1871 (*Journ. D. I. P.*, 1874, p. 209) ont méconnu les lois moratoires françaises de 1870-1871; ils ont fait valoir le caractère strict et formel des obligations résultant d'une lettre de change et soutenu que ces lois n'étaient pas des lois de forme, mais modifiaient le fond du droit en aggravant l'obligation des porteurs et endosseurs et que nul ne peut exciper de la force majeure pour se soustraire à la déchéance résultant du défaut de protêt. Cf. sur la question, Cass. Turin, 6 mars 1872 (ap. *Rev. de Gand*, t. 4, p. 659) et cour Milan, 4 av. 1873 (*Journ. D. I. P.*, 1874, p. 138). Ces deux arrêts ont reconnu effet aux lois et décrets de 1870-1871, mais le traité franco-italien de 1860 les obligeait à n'examiner que la question d'ordre public. Un arrêt de la cour de Genève qui, lui aussi, a décidé que ces lois et décrets étaient opposables aux endosseurs et tireurs étrangers (arrêt du 25 mars 1872, *Belg. jud.*, 1872, p. 524) s'est appuyé sur ce que « les « principes généraux du droit des gens autorisent le législateur « de chaque pays à proroger, dans certains cas, les délais « d'échéance des lettres de change », et il a rappelé que des mesures analogues avaient été prises en France en 1830 et en 1848; en Italie, en 1848, 1854, 1866 et 1870; en Autriche en 1866; à Berne en 1870 et à Genève en oct. 1846.

différente de la loi française, il faut de plus qu'elle soit contraire à l'ordre public français, et, en matière de décharges, de concordats et de sursis de paiement, cet ordre public n'est atteint que si la loi étrangère ne prend aucune mesure afin de protéger les intérêts des créanciers.

CXLVII. — Ainsi, dans son état actuel, la jurisprudence décide que les solutions données par les tribunaux étrangers aux procédures de faillite suivies devant eux ne sont opposables en France aux créanciers dissidents qu'à la condition d'avoir été préalablement déclarées exécutoires, mais il se pourrait qu'elle allât plus loin dans quelques années et qu'elle en vînt à considérer l'exequatur comme inutile. Déjà quelques décisions récentes font, en quelque sorte, prévoir cette évolution. En 1883, la cour de Rouen (1) eut à se prononcer sur l'espèce suivante : la maison Fournel et Cie avait tiré sur un nommé Duckerts-Naveaux trois traites qui ne furent pas payées à l'échéance. Le porteur (le Credit commercial) ne les fit pas protester et intenta son action de recours contre le tireur ; la question était de savoir si le Crédit commercial avait encouru la déchéance de l'art. 170 du code de commerce, le tireur le prétendait et, pour justifier sa prétention, il s'efforçait d'établir qu'il y avait provision à l'échéance. Le porteur répondait que le tiré, ayant obtenu avant l'échéance des traites un sursis de paiement de la Cour

(1) Rouen, 20 juill. 1883, *Rev. des arrêts de Rouen et de Caen*, année 1884, partie consacrée aux arrêts de Rouen, p. 28.

de Liège, dans le ressort de laquelle il était domicilié, la provision avait cessé d'être libre et disponible avant le jour de l'échéance et que, par suite, il ne tombait pas sous le coup de l'art. 170, C. Co.

Le sursis de paiement n'avait pas été déclaré exécutoire en France, quel effet les tribunaux français devaient-ils lui reconnaître? La cour de Rouen décida que, le sursis de paiement ayant été accordé avant l'échéance, la provision n'était à ce jour ni libre, ni disponible et que par suite la déchéance de l'art. 170 C. Co n'avait pas été encourue.

Le 22 juillet 1892, la cour de Lyon est même allée plus loin que ne l'avait fait la cour de Rouen en 1883; elle a déclaré que, lorsqu'un commerçant assigné en France en déclaration de faillite, opposait à la poursuite dirigée contre lui un concordat obtenu à l'étranger, il y avait lieu de surseoir à statuer pour lui permettre d'obtenir l'exequatur du jugement qui avait homologué le concordat passé entre lui et ses créanciers (2).

(1) Lyon, 22 juill. 1892, *Gaz. Palais*, 1893-2-29.

(2) Les difficultés qui se posent à propos de l'exequatur des concordats, ordres de décharge, etc., sont les mêmes que celles que nous avons examinées à propos des jugements déclaratifs de faillite. Toutefois, on peut signaler quelques questions spéciales ; on peut, par exemple, se demander si lorsqu'un concordat a été obtenu en pays étranger, un créancier peut en poursuivre l'exécution en France devant un tribunal qui ne serait compétent qu'en vertu de l'art. 14 C. C., on peut également examiner la question de savoir si lorsqu'un concordat, accordé à l'étranger, a été rendu exécutoire en France, les tribunaux français sont compétents pour en interpréter les clauses. La Cour de Paris, le 9 mars 1887, (S. 1890 2-197. *Ann. de comm.*, 1886-1887-2-142) a résolu ces deux questions négativement, mais

CXLVIII. — Mais, même si cette évolution de la jurisprudence venait à aboutir, le système qu'elle a créé ne serait pas encore à l'abri de toute critique. Il protège, il est vrai, admirablement l'intérêt des créanciers, il sait réunir à leur profit les avantages de l'unité de la faillite et ceux de la pluralité, il permet de déclarer plusieurs faillites, lorsque cette pluralité peut leur être utile et il leur assure malgré cela les avantages d'un règlement unique. Mais si ce système est parfait au point de vue des créanciers, il l'est beaucoup moins en ce qui concerne le débiteur. Dans le cas où il y a plusieurs déclarations de faillite et où toutes les procédures sont suivies d'une manière parallèle et indépendante, quelle est finalement la situation du failli ou du liquidé? S'il obtient ici un concordat; là, un ordre de décharge; et autre part, un sursis de paiement ou une autre mesure d'atermoiement, quelle est sa situation juridique? Est-elle même définissable?

Le concordat a pour conséquence un état de droit particulier; l'ordre de décharge en amène un autre; et le sursis de paiement en entraîne un troisième; lequel doit-on tenir pour celui du débiteur, et lequel doit avoir effet dans les pays où n'a été suivie aucune procédure de faillite?

LXLIX. — La difficulté s'accroît encore si une réhabilitation est intervenue, de quelles incapacités relève-t-elle le débiteur? s'applique-t-elle à toutes celles qu'il

les circonstances de fait étaient telles que cet arrêt ne peut être considéré comme un arrêt de principe; le texte même du concordat résolvait presque la difficulté.

a encourues ou seulement à celles qui résultent pour lui de la législation de tel ou tel pays ? A quelles conditions aura-t-elle elle-même un effet extraterritorial ? Faudra-t-il qu'elle ait été l'objet d'une sentence d'exequatur ? (1).

Pour résoudre d'une manière satisfaisante ces questions si délicates, il faudrait que le législateur ou des traités diplomatiques vinssent en aide à la jurisprudence ; si elle reste livrée à elle-même, elle ne pourra peut-être pas, faut d'avoir le pouvoir législatif et le droit de traiter avec les puissances étrangères, terminer d'une manière irréprochable l'œuvre qu'elle a commencée. Elle pourra sans doute corriger, améliorer, mais, elle ne pourra peut-être le faire que dans une

(1) Cette question n'a pas encore été, croyons-nous, résolue par la jurisprudence. Les auteurs sont en général d'accord pour reconnaître que la réhabilitation ne peut être prononcée dans un pays autre que celui où a été déclarée la faillite. Thaller, *La Faill. en droit comp.*, t. 2. p. 378, note 4. — Carle, *La Faill. en dr. int.*, n° 73. — Boulay-Paty, *Faill.*, n° 666. — Massé, *Dr. comm.*, n° 813. — Lyon-Caen et Renault, *Précis*, t. 2, p. 933, note 7. — Weiss, *Précis*, 2e éd., p. 886. — Daguin, *Journ. D. I. P.*, 1889, p. 46. — Contra : un seul auteur, Vincens, *Législ. comm.*, t. I, p. 556. Mais, parmi les auteurs, les uns pensent qu'une sentence d'exequatur est nécessaire pour que la réhabilitation ait un effet extraterritorial. (En ce sens, Lyon-Caen, *Précis*, t. 2, n° 3145) Les autres soutiennent au contraire que tout exequatur est inutile (Carle, *La faill. en dr. int.*, n° 72, p. 145. — Massé, *Dr. comm.*, t. 3, n° 813, p. 85, éd. 1874. — Despagnet, *Précis*, p. 622. — Calvo, *Dr. int.*, éd. 1888, t. 2 § 922, p. 422. — Weiss, *Précis*, p. 886. — Daguin, *Journ. D. I. P.*, 1889, p. 46). Cette dernière opinion est la plus conforme à la nature des choses : le jugement de réhabilitation ne donne en effet lieu à aucune mesure d'exécution et il ne fait que constater un fait, celui du paiement intégral des dettes.

mesure insuffisante. A l'heure actuelle, les tribunaux s'efforcent en général de faire concorder la solution qui est donnée à la procédure française avec celle que reçoit la faillite étrangère, mais le peu de souplesse de notre loi des faillites, qui d'ailleurs n'a nullement songé à cette difficulté, est souvent un obstacle de fait, complètement insurmontable Ce qu'il faudrait, c'est que notre code de commerce prévît le cas de la pluralité de déclarations de faillite et laissât à nos tribunaux assez de liberté pour qu'ils puissent arriver à ce qu'il y ait une concordance absolue entre les solutions apportées à la faillite française et celles qui sont données aux faillites étrangères. Ce serait alors un système parfait qui, aux avantages de la pluralité de déclarations de faillite, joindrait ceux de l'unité de règlement et de l'unité de solution.

CL. — Malheureusement, le droit positif est bien différent et nous devons nous demander quelle est, en droit positif, la situation d'un débiteur qui aurait obtenu, par exemple, en France, un concordat; en Belgique, un sursis de paiement; et en Angleterre, un ordre de décharge; il est évident que ce débiteur aurait en France la qualité de failli concordataire; en Angleterre, celle qui résulte de l'existence d'un ordre de décharge ; et en Belgique celle qui est attachée au sursis de paiement, la difficulté ne s'élève que pour les pays où n'a été suivie aucune procédure de faillite ; quelle est, dans ces pays, la condition juridique du débiteur? Il est impossible de la laisser au choix des créanciers ou de l'abandonner au caprice du failli, il faut formuler une règle générale, et ce qu'il y aurait de plus rationnel serait, selon nous, de ne reconnaître d'effet extraterritorial qu'à la situation juridique donnée au failli par le tribunal de son domicile.

Seul, ce tribunal avait le droit d'ouvrir la faillite et d'en suivre la procédure jusqu'au bout ; il doit avoir la prééminence sur les autres. Nous traiterions de même la réhabilitation. Prononcée par le tribunal du domicile, elle aurait effet partout, sauf dans les pays où ont eu lieu des procédures de faillite indépendantes. Accordée dans ces pays, elle n'aurait qu'un effet strictement territorial. Mais n'est-il pas extrêmement bizarre de voir l'état du failli se modifier ainsi selon les pays? Cette division dans la personnalité d'un débiteur est contraire à la nature des choses et aux principes de droit ; la condition juridique d'une personne doit être une comme sa personnalité elle-même.

§ VI

De l'idée d'ordre public dans le règlement international des faillites.

CLI. — L'idée d'ordre public reçoit naturellement, en matière de faillite, d'importantes applications, mais il y en a peu qui découlent de règles spéciales aux faillites; presque toutes ne sont que des conséquences de principes généraux posés ailleurs.

Si, par exemple, lorsqu'une faillite est ouverte dans un

Etat, tout ce qui a trait à la procédure est soumis à la loi de cet Etat, c'est en vertu d'une règle de raison qui est admise par toutes les législations et qui a été formulée par l'art. 9 des dispositions préliminaires du Code Civil italien, dans les termes suivants : « La com-« pétence et les formes de procédure dépendent de la « loi du pays où le procès a lieu. Les modes d'exécution « des actes et jugements sont réglés par la loi du lieu « de l'exécution. » En vertu de ce principe, la loi de l'Etat où la faillite est déclarée en régit toute la procédure (1). C'est elle qui détermine la compétence, le contrôle de l'autorité judiciaire, les voies de recours contre les jugements et tout ce qui a trait à la vérification et à l'affirmation des créances. C'est elle par conséquent qui fixe la manière dont sont convoqués les créanciers, les délais dans lesquels ils doivent se présenter et le mode de production des créances ; ainsi, le 6 décembre 1889, (2) la Cour de Paris a déclaré non recevable en sa demande de production une société étrangère qui, à l'appui de son bordereau, fournissait des titres libellés en langue étrangère sans les accompagner d'aucune traduction. C'est également cette loi qui pose les règles applicables au classement des créanciers et à la distri-

(1) Carle, *La faill. en droit int.*. p. 98. n° 47. Cf. Casaregis, *de Comm.*, *Disc.*, 130, n° 27. — Savigny, *Dr. romain*, t. 8 § 374. — *Adde*, Asser et Rivier, *Elém. de dr. int.*, n° 128, p. 242 — Weiss, *Précis*, 2e éd., p. 879, 880.—von Bar, *Das Int. Priv. Recht.* § 485, p. 579 — Cour Gênes, 9 av. 1888, *Journ. D. I. P.*, 1889, p. 911. — Surville et Arthuys, *Précis*, p. 548. — Calvo. *Dr. Int.*, 4e éd., 1888, t. 2, p. 413, note 1.

(2) Paris, 6 déc. 1889, 3e ch. *Journ. Faill.*, 1890, p. 30 ; *Journ. Trib. comm.*, 1890, p. 490.

bution des dividendes (1) ; c'est elle qui indique les voies d'exécution qui pourront servir à réaliser l'actif (2) et qui fixe l'ordre des créanciers. C'est elle enfin qui doit être suivie dans toute la procédure du concordat ; il faut s'en référer à elle pour la manière de le former (assemblée où il doit être voté, majorité, homologation) comme pour les voies de recours qui sont ouvertes contre lui (3).

CLII. — Mais il faut bien se garder d'étendre le domaine de la *lex fori* au delà de ce qui est pure procédure, tout ce qui rentre dans les questions de fond relève de la loi qui est indiquée, dans chaque cas, par les principes du droit international ; il en est ainsi, par exemple, des difficultés qui s'élèvent à propos de la validité des créances ou des conditions habilitantes auxquelles le syndic ou curateur étranger doit satisfaire pour procéder à la réalisation des biens du failli. Pour les condi-

(1) Cf. Nelson, *Priv. Int. Law*, 1889, p. 172. — Foote, *Priv Int. Jur.*, 1890, part. 2, ch. 7, p. 312. — Westlake, *Rev. de Gand*, t. 6, 1874, p. 397. — *Thurnburn v. Steward*. L. R. 3, P. C. 478. — *Pardo v. Bingham*. L. R. 6, Eq. 485. — *Ex-parte Dever*, 1887. 18 Q. B. D. 660 C. A. — *Ex-parte Wilson*, 1872, L. R. 7, Ch. 490, 492.

(2) Trib. civ. Seine, 2 août 1887. *Journ. Faill.*, 1887, p. 489.

(3) Carle. *La faill. en dr. int.*, p. 104 et 113. — Despagnet, *Précis*, p. 618. n° 642. — La capacité elle-même du failli pour obtenir un concordat dépend de sa loi personnelle, mais, très souvent, pour des raisons d'ordre public international, la *lex fori* empêche cette loi personnelle de recevoir application. Cela arrive, par exemple, lorsque la *lex fori*, pour des motifs de moralité et d'ordre public, déclare le concordat impossible dans un cas où la loi personnelle du failli permettrait de lui en accorder un. Weiss, *Précis*, 2e éd., p. 883. — Despagnet, *Précis*, p. 619, n° 643. — Cf. Carle, *La faill. en dr. int.*, n° 50. — Autre système, Thaller. *La faill. en dr. comp.*, t. 2, p. 377, note 1.

tions de forme, le syndic étranger doit se conformer à la *lex fori*, mais, pour les conditions habilitantes, il doit observer la loi du pays où ses pouvoirs lui ont été conférés (1). Cette distinction est admise pour les tuteurs étrangers et, en général, pour tous les administrateurs de la fortune d'autrui (2). La logique veut qu'elle soit étendue aux syndics étrangers ; d'ailleurs, en fait, ces derniers pourraient-ils toujours réunir toutes les conditions habilitantes requises par la loi française ? Comment, par exemple, si dans leur pays il n'y a pas de juge commissaire dans la procédure de faillite, pourraient-ils agir en France avec l'autorisation de ce juge commissaire qui n'existe pas?

CLIII. — En matière de privilèges et d'hypothèques, l'idée d'ordre public a au moins autant d'importance qu'en matière de procédure, mais nous n'indiquerons que les conflits de lois spéciaux aux faillites. Notre Code de Commerce limite ou supprime, en cas de faillite, les privilèges et hypothèques de certains créanciers; ces restrictions ou ces suppressions sont-elles opposables, quelle que soit la nationalité des parties et quel que soit aussi le lieu du contrat? Le vendeur de meubles perdra-t-il son privilège, sans que l'on ait à s'inquiéter de sa nationalité ou de la loi qui régissait la vente? La femme mariée verra-t-elle son hypothèque

(1) Weiss, *Précis* 2e éd., p. 882. — Surville et Arthuys, p. 551.

(2) Demolombe, t. I, n° 105. — Fiore, *Dr. int. priv.*, p. 305. — Esperson, *Journ. D. I. P.*, 1882, p. 157. — Humblet, *Journ. D. I. P.*, 1883, p. 477. — Arntz, t. I, nos 62, 66. — Timmermans, *De la vente des immeubles des mineurs*, nos 135. 136 et 336.

restreinte par la loi française même si elle est étrangère et si elle s'est mariée à l'étranger? Assurément, oui, ces restrictions sont d'ordre public. elles doivent par suite recevoir application toutes les fois qu'une difficulté de cette sorte est soulevée devant les tribunaux français (1).

CLIV. — Quelques incertitudes au sujet de la portée exacte de la notion d'ordre public se produisent seulement en ce qui concerne l'effet en France des jugements de faillite rendus à l'étranger contre des commerçants, à propos des ordres de décharge anglais et américains, ou à propos des restrictions que notre Code de Commerce apporte au cas de faillite, aux droits de la femme mariée. Tous les auteurs reconnaissent que les restrictions qui touchent à l'hypothèque légale de la femme sont d'ordre public, mais en est-il de même des autres? Le débat s'élève à propos de l'art. 564 du Code de Commerce ; cet article qui enlève, sous certaines conditions, à la femme mariée le droit d'exercer aucune action à raison des avantages portés à son contrat de mariage, est-il opposable à la femme étrangère? MM. Surville et Arthuys (2) et Marx (3) ne le pensent pas, mais MM. Weiss (4) et Brissaud (5) sont d'un avis contraire et avec raison selon nous. Ainsi

(1) Surville et Arthuys, *Précis*. p. 553, n° 532. — Despagnet, *Précis*, p. 617. — Brissaud, *Rev. gén. du droit*, 1881, p. 161 et s.

(2) Surville et Arthuys, *Précis*, n° 532, p. 554.

(3) Marx. *Et. sur les droits de la femme dans la faillite du mari*, p. 103 et 104.

(4) Weiss. *Précis*, 2° éd. p. 880.

(5) Brissaud. *Rev. gén. du droit*, 1881, p. 18 et 159.

que le dit un jugement du tribunal civil de Tunis du 18 novembre 1886. (1) les prescriptions qui limitent les droits de la femme, en cas de faillite du mari, sont des règles d'ordre public parce qu'elles ont été édictées par le législateur dans le but d'empêcher le détournement de l'actif du failli au moyen d'actes frauduleux. Elles sont d'ordre public international, parce qu'elles ont été inspirées par la crainte de fraudes et de collusions possibles, elles doivent par conséquent être appliquées contre la femme étrangère, soit que la faillite ait été prononcée en France, soit qu'après son ouverture elle veuille exercer ses reprises sur les biens de son mari situés en France.

CLV. — Enfin, l'idée d'ordre public s'opposerait à ce qu'une faillite, suivie selon une loi étrangère qui n'offrirait aux créanciers aucune garantie, fût reconnue en France, mais c'est là, hâtons-nous de le dire, une hypothèse purement théorique ; nous n'avons vu citer nulle part une loi qui fût aussi imparfaite, celles que l'on a indiquées sont des lois que l'on a mal appréciées parce qu'on les connaissait mal.

§ VII

Résumé. — Tendances de la jurisprudence française.

CLVI. — L'exposé qui précède a pu, nous osons l'espérer, justifier complètement l'appréciation qui a été faite de la jurisprudence française, il y a déjà

1 Trib. civ. Tunis, 18 nov. 1886. *Journ. D. I. P.*, 1889, p. 295.

ongtemps, par M. Phillimore (1), et il y a environ trois ans, par M. Westlake (2). Ces deux auteurs s'accordent à reconnaître le caractère profondément libéral d'une théorie dont la souplesse sait si bien se modeler sur les besoins de la pratique, et qui, fortement imbue du principe et des avantages de l'universalité, sait cependant unir, pour la déclaration de faillite, ce qu'il y a d'utile dans l'unité et ce qu'il y a de précieux également dans la pluralité ; d'une théorie qui, partant de l'idée d'universalité, permet aux syndics étrangers d'agir en France sans exequatur. mais n'en tolère pas moins, dans l'intérêt de tous, la pluralité de déclarations de faillite ; d'une théorie enfin qui, après avoir réalisé les avantages de la pluralité, revient à l'idée d'unité pour lui emprunter ses solutions les plus généreuses et qui, dans ce but, clôture la faillite française, adjoint le syndic étranger au syndic français, ou assure simplement un caractère d'unité aussi réel et aussi profond que s'il n'y avait eu qu'une faillite et que si aucun conflit de lois n'avait pu s'élever. Ce qui fait honneur à cette jurisprudence, c'est que, nulle part, elle ne distingue entre étrangers et nationaux : tous les créanciers du failli ont, sans distinction de nationalité, contribué à former ce qui reste d'actif, tous, indistinctement aussi, devront participer aux répartitions. Notre jurisprudence ne parle même pas de condition de réciprocité ; elle ne s'inspire que d'une

(1) Phillimore. *Priv. Int. Law.*, t. IV, nº DCCLXXVIII.

(2) Westlake. *Priv. Int. Law.*, éd. 1890, p. 141.

chose. l'équité. Elle voit ce que demande la justice et tâche de l'accomplir.

CLVII. — Sans doute, on peut relever quelques imperfections ; mais, comment les reprocher à la jurisprudence? Elle a eu à créer de toutes pièces la théorie du règlement international des faillites, elle a fait tout ce qui pouvait être réalisé par voie de décisions judiciaires, mais, faute d'avoir le pouvoir législatif, elle n'a pu établir ce qui est du ressort exclusif de la loi.

Le législateur devrait intervenir. Son inaction est regrettable. Heureusement, elle n'a pas arrêté les progrès de la jurisprudence ; celle-ci avance toujours; son évolution s'accomplit peu à peu, et il est possible que la jurisprudence de demain ne soit pas tout à fait celle d'aujourd'hui ; il se peut qu'elle soit encore plus libérale. Lorsqu'au lendemain, pour ainsi dire, des guerres du Premier Empire dont les haines étaient loin d'être complètement oubliées, nos tribunaux ont eu à déterminer l'effet qu'auraient en France les décisions judiciaires rendues en pays étranger, ils ont été pris d'un sentiment de défiance et, n'osant point les déclarer non avenues, ils les ont soumises à la nécessité de l'exequatur. Cette exigence de l'exequatur, ils l'ont prodiguée, ils l'ont exagérée ; il semblerait, à prendre dans son ensemble la théorie de cette époque. que la justice française fût seule à connaître les lois, même les lois étrangères, rédigées dans une langue inconnue des magistrats français et à pouvoir apprécier d'une manière exacte les faits de la cause, se fussent-ils passés dans une autre partie du monde, aux antipodes de la France.

CLVIII. — Aujourd'hui, l'on est revenu à des idées plus vraies ; l'on s'est rendu compte des garanties sérieuses qu'offraient les tribunaux étrangers et l'on s'est aperçu qu'ils étaient seuls réellement à même de bien apprécier les faits qui s'étaient passés auprès d'eux et d'appliquer, en pleine connaissance de cause, les lois de leur pays. Aussi, il y a une tendance très nette à diminuer les cas où l'exequatur est nécessaire; nous avons, chaque fois que l'occasion s'en est présentée, à propos du dessaisissement, de la suspension des poursuites individuelles, de la concentration de compétence et des solutions qui sont données à la procédure de faillite, relevé les décisions judiciaires dans lesquelles se manifeste cette tendance de la manière la plus frappante, mais il y a encore autre chose qui indique que le but vers lequel tend la jurisprudence est la diminution des cas où l'exequatur est requis. Tôt ou tard, en effet, le principe de la réciprocité dominant les relations internationales, la jurisprudence française devra reconnaître aux divers jugements étrangers rendus en matière de faillite la même portée et la même efficacité que celles qu'elle veut faire attribuer à l'étranger aux décisions françaises, et la théorie, que formulent nos tribunaux au profit de leurs propres sentences, est de celle de l'universalité de la faillite dans les rapports internationaux, sans condition d'exequatur.

CLIX. — La faillite de la maison principale ouverte en France comprend de plein droit les succursales situées à l'étranger; lorsque, le 2 février 1882, le tribunal de commerce de la Seine prononça la faillite la Société l'Union générale, il déclara en termes exprès que cette faillite s'étendait à la succursale de Rome (1); et lorsqu'en 1889, le tribunal de commerce du Havre mit en état de liquidation judiciaire la société en nom collectif Le Chevalier frères et Cie, il ajouta que cette mesure s'appliquait à la fois à l'établissement français et à la succursale de Valparaiso (2). Très souvent d'ailleurs, pour faciliter aux syndics français l'exercice de leur mission à l'étranger, nos tribunaux adressent aux juridictions étrangères des commissions rogatoires afin qu'il soit procédé sans retard aux mesures conservatoires, apposition de scellés, inventaire, séquestre et réalisation des objets sujets à dépérissement, que peut comporter la situation (3). De même, la faillite française entraîne de plein droit dessaisissement à l'étranger ; déjà, à propos d'une affaire fameuse dans les annales de la jurisprudence anglaise et qui a été jugée en 1828, l'affaire Quelin contre Moisson (4), MM. Dela-

(1) *Journ. D. I. P.*, 1885, p. 458.

(2) Trib. comm. Hâvre, 29 mars 1889, fait rapporté dans les motifs d'un jugement du trib. de comm. du Hâvre du 17 juill. 1889, *Journ. Faill.*, 1890, p. 172. Voir aussi en ce sens, Paris, 23 déc. 1847, S. 48-2-355.

(3) Trib. comm. Seine, 14 oct. 1869. Cf. Paris, 30 mai 1870, *Journ. Trib. comm.*. t. 20, 1871, p. 120.

(4) *Quelin v. Moisson*, 1 Knapp's P. C., Rep. p. 266, anal. Phillimore, *Priv. Int. Law*, t. IV, p. 569 et Piggott, *Foreign Judgments*, 1re éd.. 1879, p. 215

marre et Dupin aîné avaient donné une consultation en ce sens ; ils avaient déclaré que l'ouverture d'une faillite en France suspendait de plein droit à l'étranger les poursuites individuelles, même si le créancier qui agissait en pays étranger n'avait pas produit à la faillite française. Depuis, toute une série de décisions judiciaires a reconnu l'universalité soit du dessaisissement (1), soit de la suspension des poursuites individuelles, soit de la concentration de compétence qui résultaient de faillites suivies en France (2), soit enfin des concordats obtenus en France (3), et aucune d'elles n'a soumis cet effet universel à la condition d'un exequatur préalable.

CLX. — Tôt ou tard, on reconnaîtra aux décisions étrangères l'autorité que l'on veut faire attribuer à l'étranger aux jugements français. Alors l'exequatur sera exigé moins souvent, il ne sera plus nécessaire que pour procéder à un acte d'exécution. Ce sera là un progrès. Sans doute, théoriquement, l'on peut considérer la nécessité de l'exequatur comme une protection pour les tiers, mais, est-ce là une protection efficace ? Nous en doutons. L'instance à fin d'exequatur, perdue au milieu d'affaires de toutes

(1) Paris, 16 juill. 1831. Cass. 13 mai 1835-1-707. — Trib. Lyon, 9 déc. 1872, jugement auquel l'exequatur a été refusé en Italie. Brescia, 20 nov. 1873. Turin, 6 oct., 1876, *Journ. D. I. P.*, 1879, p. 82 et Dubois sur Carle, note 93.

(2) Trib. comm. Seine, 19 juill. 1852, *Journ. Trib. comm.*, t. I, 1852, p. 388. — Paris, 1re ch., 6 déc. 1889, *Journ. Trib. comm.*, 1890, p. 486.

(3) Trib. Seine, 17 nov. 1886, *Journ. D. I. P.*, 1887, p. 181. *Journ. Faill.*, 1887, p, 193. — Rec. Marseille, 1887-2-148.

sortes, se juge à l'insu de tous et la publicité qui est donnée au jugement est si imparfaite qu'elle ne le fait parvenir à la connaissance que d'un très petit nombre d'intéressés. La procédure d'exequatur n'avertit personne ou presque personne, elle entraîne des frais et des lenteurs ; mieux vaudrait l'exiger moins souvent et créer une publicité réelle, efficace. Mais, cette publicité, seul le législateur peut l'introduire dans notre droit ; à lui de suivre l'exemple qui lui a été donné par la loi norvégienne (1).

(1) Voir p. 74.

CHAPITRE III

DROIT CONVENTIONNEL

CLXI. — Dans presque tous les pays, la situation qui résulte des lois en vigueur est modifiée par des traités. Le besoin d'assurer, par une entente commune, l'application du principe de l'universalité s'est fait sentir de très bonne heure. On en retrouve des manifestations dès le XVIIe siècle. Ainsi, en 1689, fut signée entre les Etats de Hollande et d'Utrecht une convention aux termes de laquelle la faillite déclarée dans l'un des Etats contractants au domicile du débiteur devait avoir un effet universel dans les autres (1). Depuis cette époque, les traités qui contiennent des dispositions relatives aux faillites sont extrêmement nombreux (2). Ils peuvent se classer en quatre groupes: les uns se bornent à stipuler l'égalité de traitement des créanciers, d'autres donnent à la faillite un effet universel en matière mobilière; d'autres lui reconnaissent cette universalité

(1) Ap. Van de Waters, *Utrechter Plakaatbock et Kleintjes*, p. 332.

(2) Pour ce motif nous ne faisons que citer des exemples, sans prétendre donner une liste complète.

même en matière immobilière et d'autres enfin attribuent aux consuls des pouvoirs spéciaux (1).

§ I

CLXII. — L'égalité des créanciers, sujets des parties contractantes, quel que soit celui des Etats signataires où est déclarée la faillite, fait le plus souvent l'objet d'une disposition formelle. Tel est le cas des traités signés par la Suisse avec la France en 1803 et en 1828, avec le grand duché de Bade en 1808 (2), avec le Wurtemberg en 1825-1826 (3), avec la Bavière en 1834 (4) et avec la Saxe en 1837 (5). Tel est aussi le cas des conventions conclues par la Serbie avec l'Italie et l'Autriche-Hongrie (6) et par l'Italie avec la Roumanie le 17 août 1880 (7). Mais la convention franco-suisse du 15 juin 1869 a considéré ce principe de l'égalité des créanciers comme allant tellement de soi qu'elle l'a passé sous silence.

Les traités qui, comme ceux conclus entre la France et la Suisse en 1803 et en 1828, et les conventions qui, à l'exemple de celle passée entre l'Italie et la Roumanie,

(1) Pour ces traités, voir *infra* § CXCV.

(2) *Droit public suisse*, I, 419.

(3) Id., II, 194.

(4) Id., II, 421.

(5) Id., III, 91.

(6) *Journ. D. I. P.*, 1884, p. 158. Art. de M. Pavlovitch.

(7) Jettel. *Handbuch des Internationalen Privat. und Strafrechts*, Wien, 1893, p. 206. C'est l'article 17 de la convention qui est relatif à notre question. — *Adde*. Traité entre la Prusse et l'Autriche, 12 mai-16 juin 1844. art. 5 (Martens, t. 7, 1844, p. 25).

le 17 août 1880, se bornent à stipuler cette égalité sont en réalité peu utiles et ne font pas faire un pas à la difficile question du réglement international des faillites; le privilège de la nationalité n'existe dans aucune législation, le seul avantage d'une clause expresse est d'en empêcher le rétablissement, rétablissement auquel personne ne songe d'ailleurs. Par contre, toutes les difficultés, toutes les causes de conflits subsistent entières ; nous en avons fait, en France, la triste expérience sous l'empire des traités franco-suisses de 1803 et de 1828. Ces traités donnèrent naissance à de telles divergences (1) que la rédaction d'un nouvel accord parut indispensable et que le Conseil Fédéral, dans son message du 28 juin 1869 adressé à la Haute Assemblée Fédérale (2), crut nécessaire de les rappeler, afin de mieux montrer que les traités trop laconiques de 1803 et de 1828 étaient, par suite de leur brièveté même, d'une imperfection regrettable et ne prévenaient aucun conflit entre les Etats contractants.

(1) Voir M. Vogt, *Zeitschrift des Bernischen Juristenvereins*, 1866-1867, p. 174. — et les difficultés qui s'élevèrent à propos de l'affaire Chamecin et Fontaine (Cour d'appel de Neufchâtel, 8 fév. 1865 et 4 déc. 1866 *Rec. off. des arrêts de cette Cour*, VII, 205 et VIII, 283, et Conseil Fédéral. 16 fév. 1866. *Feuille féd.* 1867-1-559) et de l'affaire Gerber-Hornung (*Zeitschrift des Bernischen Juristenvereins*, 1866-1867, p. 97. Conseil Fédéral, 16 fév. et 10 sept. 1866, *rapp.* 1866. 48. *Feuille féd.*, 1867-1-552).

(2) Le passage est reproduit par M. Roguin, *Conflits des lois suisses*, p. 886 et 887.

§ II.

CLXIII. — Au contraire, les conventions qui ont établi l'universalité de la faillite pour les meubles, tout en laissant subsister la pluralité pour les immeubles, ont en général donné de bons résultats. Il n'en a été signé aucune par la France (en France, avec raison, on assimile complètement meubles et immeubles au point de vue de la faillite), mais, il en a été conclu plusieurs en Europe. Le type le plus parfait est peut-être le traité austro-prussien de 1844 ; on peut en rapprocher le traité austro-saxon de 1851, mais, ainsi que nous le verrons, celui-ci a des tendances à consacrer l'universalité à tous points de vue.

Tous deux sont encore en vigueur (1-2) ; ils ont survécu à la formation de l'Empire Allemand, mais ils ne peuvent être invoqués que dans les rapports de l'Au-

(1) Trib. de l'Empire d'Allemagne, 1er juill. 1889. *Ann. du Trib. de l'Empire pour les affaires civiles*, t. 24, n° 2. *Journ. D. I. P.*, 1892, p. 1194. — Oberlandesgericht in Prag, 10 mars 1891, Oberts. Gerichtshof, 26 mai 1891 (*Jur. Bl.*, 1891, p. 457, recueil autrichien ou *Zeitschrift für Intern. Privat. und Strafrecht*, t. I, 1890-1891, p. 703).

(2) Au contraire, nous ne citons que pour mémoire les concordats conclus entre cantons suisses. Ils ont cessé d'être appliqués le 1er janv. 1892, date à laquelle est entrée en vigueur la loi fédérale des faillites du 11 av. 1889. Ils ne consacraient l'universalité de la faillite que pour les meubles. Roguin, *Conflits des lois suisses*, p. 715. — Trib. Fédéral, 5 oct. 1890. *Rec. off.*, p. 489. année 1890. Voir toutefois Feigenwinter, *Darstellung und Kritik des bundesrechtlichen Praxis in Concursfällen*, Bern., 1879, p. 33. — Muheim, *Die Principien des internationalen Privatrechts im Schweizerischen Privatrechte* Altdorf, 1887, p. 313.

triche avec la Prusse et la Saxe, ils sont étrangers aux relations de l'Autriche avec les autres Etats de l'Empire d'Allemagne.

CLXIV. — Le traité avec la Prusse, en date des 12 mai et 16 juin 1844, contient dans ses trois premiers articles les idées essentielles du système (1).

L'art. 1 admet les représentants de la faillite prononcée dans l'un des deux pays à rechercher dans l'autre la fortune mobilière du failli, mais seulement dans le cas où le failli n'est pas domicilié dans ce dernier pays et n'y possède pas d'immeubles (2).

L'art. 2 impose, dans ce cas, aux tribunaux de ce pays l'obligation de délivrer aux syndics la fortune mobilière du failli, sans déclaration spéciale de faillite, et même en cas d'existence de saisie. Les droits de gage et de rétention, acquis avant l'ouverture de la faillite, sont seuls respectés et les valeurs affectées à la garantie de ces créances sont seules retenues jusqu'au paiement,

Enfin l'art. 3 décide que, dans le cas où le failli possède dans le pays étranger des biens immobiliers, la fortune mobilière même n'est pas délivrée au syndic étranger mais qu'il reste loisible aux intéressés de provoquer une faillite spéciale.

En un mot, universalité de la faillite pour les

(1) Ce traité se trouve dans la collection de M. de Martens, t. 7, 1844, p. 25. Il est analysé en détail par Vesque de Püttlingen, *Handbuch des Internat. Privatrechts*, Wien, 2e éd., p. 488. Nous reproduisons presque textuellement la traduction qui en a été donnée par M. Kauffmann, *Journ. D. I. P.*, 1885, p. 41.

(2) *Wenn mit Grundstücken nicht ansässig*, dit le texte.

meubles; mais lorsqu'il y a des biens immobiliers, une faillite spéciale doit être ouverte sur eux et elle s'étend alors aux meubles, situés dans le même Etat, ce qui fait qu'en pratique, c'est l'universalité, si la fortune qui se trouve dans l'autre Etat est mobilière, et la pluralité même pour les meubles, s'il y a des immeubles dans l'autre pays (1).

CLXV. — Le second traité, conclu entre l'Autriche et le royaume de Saxe, et daté des 1 et 6 janvier 1854 (2), est moins conforme à la conception autrichienne et fait un pas de plus dans la voie de l'universalité. La faillite doit être ouverte au domicile du débiteur. Lorsqu'il a plusieurs établissements d'égale importance, où il pourrait indifféremment être réputé domicilié, le tribunal le premier saisi, pourvu que dans son ressort se trouve l'un de ces établissements, est censé l'avoir été à bon droit, et il reste seul chargé de conduire la procédure. La faillite prononcée par une juridiction compétente dans l'un des Etats contractants a effet sur les biens mobiliers du failli situés dans l'autre Etat; ces biens doivent être, à la demande du tribunal devant

(1) Ce traité est reproduit presque in extenso dans Vesque de Püttlingen, *Handbuch des Intern. Privatrechts*, 2e éd. Wien, 1878, p. 489 et dans Emil Jettel, *Handbuch des Intern, Privatrechts*, 1893, p. 205. — Cf. sur ce traité G. Carle, *La faill. en dr. int.*, n° 38.

(2) On pourrait se demander si l'art. 11 du traité de Francfort, qui contient la clause de la nation la plus favorisée ne permettrait pas aux Français d'invoquer en Prusse le bénéfice du traité austro-prussien de 1845. La question est résolue négativement par M. Kauffmann, *Journ. D. I. P.*, 1885, p. 42, qui cite en son sens M. Wilmowski et affirmativement par M. Contuzzi, *Journ. D. I. P.*, 1892, p. 1116.

lequel se poursuit la faillite, inventoriés par les autorités locales et remises par elles, soit en nature soit en espèces après réalisation, à la masse constituée au for de la faillite (1). Cette règle ne s'applique d'ailleurs que sous une réserve : les personnes qui ont à exercer des droits de propriété, de gage ou de rétention, valables d'après la *lex rei sitæ* et ayant pris naissance avant l'ouverture de la faillite, peuvent les invoquer devant le tribunal de la situation, et seul, l'excédant est alors remis à la masse. Jusqu'ici les clauses du traité austro-saxon sont à peu près celles que nous avons relevées dans la convention austro-prussienne de 1845, mais voici où la différence s'accuse : lorsque l'individu, déclaré failli dans un Etat, possède des biens immobiliers dans l'autre, l'unité de la faillite est complètement rompue pour les meubles comme pour les immeubles d'après la convention austro-prussienne. Tout autre est le système du traité austro-saxon. Si dit-il, le débiteur contre lequel la faillite est ouverte dans l'un des Etats contractants possède des immeubles dans l'autre, il doit être déclaré sur ces immeubles une faillite spéciale (2), et ce sont seulement les sommes restant après que les créanciers privilégiés et hypothécaires ont été satisfaits, qui doivent être transmises à la masse étrangère (3).

(1) Entscheidung des Oberlandesgerichts in Prag vom 10 März 1891 und des Oberst. Ghf. in Wien, 26 mai 1891 (*Jur. Bl.*, 1891, p. 457, recueil autrichien et *Zeitschrift*, t. I, 1890-1891, p. 703

(2) Oberste Gerichtshof (Autriche), 13 mai 1884, *Zeitschrift*, t. I, 1891, p. 520 ou *Gerichtshalle*, 1887, p. 84.

(3) La liste des traités conclus par l'Autriche en matière de

Si, au lieu d'ouvrir sur les immeubles situés dans le second Etat une nouvelle faillite, le traité austro-saxon avait organisé une autre procédure, une simple procédure d'ordre par exemple, ce serait le régime de l'universalité consacré sans réserves pour les immeubles comme pour les meubles.

§ III

CLXVI. — Ce que le traité austro-saxon n'a pu ou voulu faire a été réalisé à plusieurs reprises. Les conventions diplomatiques qui ont consacré l'universalité de la faillite à tous points de vue sont en effet nombreuses. On peut citer par exemple les traités conclus entre Etats Allemands dans la première moitié de ce siècle, ceux qu'a signés la Suisse avec le Wurtemberg en 1826-1827 et avec la France en 1869, la convention du 6 mai 1881 entre la Serbie et l'Autriche et enfin les traités conclus à la suite du congrés de Montevideo de 1889.

I

CLXVII. — Nous n'insisterons pas sur les nombreux traités (1) signés entre Etats Allemands de 1824 à 1841 ; la promulgation de la loi fédérale de 1877 les a aujour-

faillite se trouve dans Vesque de Püttlingen, *Handbuch*, p. 488 et dans Emil Jettel, *Handbuch*, p. 206.

(1) Les deux qui ont servi de modèle aux autres sont celui qui a été conclu entre la Prusse et la Saxe-Weimar, le 25 juin 1824 et entre la Prusse et le royaume de Saxe, le 14 oct. 1839.

d'hui rendus sans intérêt. Qu'il nous suffise d'en reproduire le résumé qui en a été donné par Savigny. « Ces « traités, dit Savigny (1), reposent sur ce principe qu'il « ne doit y avoir qu'une seule faillite. Elle s'ouvre au « domicile du débiteur. Les biens du débiteur commun « situés en pays étranger sont vendus et leur prix est « versé au tribunal de la faillite. C'est à ce tribunal que « doivent s'adresser tous les créanciers. Le rang des « créanciers pour les créances purement personnelles « se règle d'après le droit du lieu où siège le tribunal, « et pour les droits réels, d'après les lois du lieu où la « chose est située ». Nous voudrions seulement signaler la part qui a été faite, entre autres dans le traité signé par le royaume de Wurtemberg et le grand duché de Bade (2), à une idée que Feuerbach a soutenue avec beaucoup de vigueur. Feuerbach (3) a prétendu que la faillite devait être ouverte au lieu où se trouve la majeure partie des biens ; le traité badois-wurtembergeois déclare que c'est le tribunal du domicile qui doit être reconnu comme juge général de la faillite, mais il ajoute que si un débiteur a son domicile dans

Citons parmi les autres : Wurtemberg et grand-duché de Bade, 30 déc. 1825 et 3 janv. 1826. — Prusse et Saxe-Altenbourg, 18 fév. 1832. - Prusse et Saxe-Cobourg-Gotha, 23 déc 1833. — Prusse et Reuss-Plauen, 5 juill. 1834. — Prusse et Schwarzbourg-Rudolstadt, 12 août 1840. — Prusse et Anhalt-Bernbourg, 9 sept. 1840. — Prusse et Brunswick, 4 déc. 1841.

(1) Savigny, *Droit romain*, trad, Guenoux, t. VIII, p. 287.

(2) Traité des 30 déc. 1825 et 3 janv. 1826, art. 8. Martens, *Nouveau Recueil*, t. 6, p, 854.

(3) Feuerbach, *Thémis*, p, 115, ap. Wharton, *Confl. of Laws*, 1872 § 850, p. 546.

l'un des Etats contractants et dans l'autre une résidence (*Aufenthalt*) au sens de l'art. 6 du traité, la faillite doit être déclarée dans l'Etat où se trouve la plus grande partie des biens à partager. Réduite à ce rôle subsidiaire, l'idée de Feuerbach peut rendre de réels services; seulement, en fait, saura-t-on facilement et promptement quel est le pays où se trouve la plus grande partie de la fortune (1) ?

II

CLXVIII. — Le traité de 1826-1827 qui, encore aujourd'hui, régit les rapports de la Suisse et du Wurtemberg consacre en termes exprès l'universalité de la faillite (2). Dans son art 1, il est dit que « les Etats contrac« tants reconnaissent réciproquement la compétence « du tribunal du domicile du failli pour toute action « relative à la faillite, ». Cet art. 1 a une importance capitale ; il en résulte que les gouvernements signataires admettent pleinement l'un à l'égard de l'autre cette concentration de compétence qui est si utile en

(1) Ce traité ajoute que dans le cas où il y a dans les deux Etats à peu près la même quantité de biens, la faillite doit être déclarée dans celui où il y a le plus de créanciers domiciliés. Mais, saura-t-on de suite où est domiciliée la majorité des créanciers ?

(2) Droit public suisse, 2-194. Les traités conclus par la Suisse avec le grand-duché de Bade en 1808 (droit public suisse, I, 419 avec la Bavière en 1834 (id. II, 421), et avec la Saxe en 1837 (Id. III, 91), consacrent aussi dans une large mesure la théorie de l'universalité de la faillite.

matière de faillite et qui a cependant été rejetée par l'art. 7 de la convention franco-suisse de 1869. L'art. 4 ajoute que tous les biens meubles ou immeubles du débiteur failli, dans quelque État qu'ils soient situés, appartiennent à la masse, sauf naturellement, poursuit l'art. 5, le respect des droits réels antérieurement acquis par les tiers. Enfin, la faillite déclarée, aucune saisie n'est admise dans l'autre pays, si ce n'est au profit de la masse.

III

CLXIX. — Mais nous avons hâte d'arriver à la convention franco-suisse de 1869 ; aucune n'a plus d'importance pour nous et aucune ne donne naissance à plus de controverses, à cause de sa mauvaise rédaction. Il semble que l'expérience du passé n'ait servi à rien; les questions qui, avant 1869, avaient été la cause des divergences les plus graves sont encore aujourd'hui à peu près aussi controversées ou controversables qu'elles l'étaient il y a 25 ans.

Le point sur lequel, sous l'empire du traité de 1828, s'étaient produites les dissidences les plus regrettables était celui de la pluralité ou de l'unité de déclaration de faillite. Le Conseil Fédéral, dans son message du 28 juin 1869 (1), crut même devoir longuement rappeler l'opposition des systèmes qui avaient été soutenus en France et en Suisse.

(1) Le passage est rapporté par M. Roguin, *Conflits des lois suisses*, p. 886 et suiv,

Les tribunaux français tenaient pour l'universalité; les juridictions suisses, au contraire, appliquaient la règle de la territorialité stricte; les arrêts rendus en 1865 et en 1866 dans l'affaire Chamecin et Fontaine et les notes diplomatiques échangées à propos de ce procès n'avaient fait que mieux mettre en relief l'étendue du désaccord (1). On aurait donc pu s'attendre à ce qu'une disposition précise et claire vînt mettre fin au conflit. Malheureusement, il n'en est rien. L'art. 6 al. 1 du traité du 15 juin 1869 est, en effet, conçu de la manière suivante: « La faillite d'un Français, ayant un « établissement de commerce en Suisse, pourra être « prononcée par le tribunal de sa résidence et réci- « proquement. »

Que veut dire au juste ce texte? Quelles conséquences en tirer? Consacre-t-il la thèse de la pluralité des faillites ou, au contraire, est-il une application du principe de l'universalité?

Il est difficile de le dire à première vue et, en réalité, chaque interprète, selon ses tendances personnelles, peut lui donner une portée différente. Tout d'abord, il semble introduire purement et simplement le système de la pluralité des faillites dans les relations de la France et de la Suisse; il ne dit pas, en effet, que la faillite peut être déclarée au domicile du débiteur, il dit qu'elle peut être ouverte à l'endroit où ce débi-

(1) Cour d'appel de Neufchâtel, 8 fév. 1865 et 4 déc. 1866. *Rec. off des arrêts de cette Cour*, VII, 205 et VIII, 283 et Conseil Fédéral, 16 fév. 1866, *Feuille féd.*, 1867-1-559. — Voir un différend de même genre. Conseil Fédéral, 9 oct. 1868. *Rapports de gestion du Conseil fédéral* 1868, 359.

teur a un établissement de commerce et, afin que l'on ne se méprenne pas sur le sens de cette expression, il emploie comme synonyme celle de résidence.

Mais, si tel paraît être le sens grammatical des mots employés, il faut tenir compte aussi de deux autres éléments de discussion : le premier est l'intention certaine des parties contractantes de consacrer le principe de l'universalité de la faillite : le second est l'alinéa 2 de cet art. 6.

CLXX. — En s'inspirant de l'intention des gouvernements signataires (1) et de la lettre même du texte, M. Roguin (2) a formulé un système original qui peut se résumer en quelques mots. La faillite peut être déclarée non seulement à l'endroit où se trouve le domicile, mais partout où il y a soit des établissements de commerce, soit des résidences. Seulement, toutes les procédures commencées doivent s'arrêter du jour où la faillite est prononcée par le tribunal du domicile ; seule, cette dernière faillite peut avoir un effet extraterritorial et être suivie jusqu'au bout. Malheureusement, ce système ingénieux a le défaut de trop ajouter au texte de l'art. 6 : cet arrêt de toutes les faillites particulières, au profit de celle qui a été ouverte par le

(1) On lit dans le Message du Conseil Fédéral rapporté in extenso par M. Roguin, *Conflits des lois suisses* (le passage est p. 888) « *dorénavant il ne peut y avoir qu'une faillite*, l'ouverture d'un con- « cours spécial dans un autre pays n'est pas admissible, tous « les biens composant l'actif, en quelque lieu qu'ils se trouvent, « doivent être livrés au juge de la faillite. *Pour les immeubles* « *même. il n'y a plus de concours séparé.* »

(2) Roguin, *Conflits des lois suisses*, p. 742 et s., n°s 621 à 624.

tribunal du domicile, ne trouve de base dans aucun passage du traité, et jamais les rédacteurs, suisses ou français, n'ont songé au système que soutient M. Roguin.

Pour nous, la solution de la difficulté est dans l'alinéa 2 de l'art. 6. Cet alinéa décide que la faillite « d'un « Français, ayant son établissement en Suisse, déclarée « par le tribunal de sa résidence », a un effet extraterritorial, c'est-à-dire s'étend aux biens, meubles et immeubles, situés dans l'autre pays. Cette disposition résout la question de l'unité de déclaration de faillite; du moment que la faillite a un effet extraterritorial, c'est qu'elle est une. Si la faillite ouverte en Suisse comprend les meubles et immeubles sis en France, c'est qu'il ne doit pas y avoir de nouvelle faillite en France ; sur quels biens s'exercerait cette dernière procédure ?

CLXXI. — L'art. 6, al. 2, ne laisse aucun doute ; les rédacteurs du traité de 1869 ont consacré, comme ils en avaient la volonté, la règle de l'universalité (1). Malheureusement, cet art. 6, al. 2 est étranger, lui aussi, au problème si délicat du for de la faillite : où cette faillite unique doit-elle être déclarée? peut-elle

(1) En ce sens, Thaller, *La faillite en droit comparé*, t. 2, p 344. — Curti, *Der Staatsvertrag vom 15 juni 1869*, p. 128 et s. — Brocher, *Comm. du traité* de 1869, p. 66, peu net. — Voir toutefois Dubois sur Carle, notes 46, 49 et p. 90. — Dans l'art. 6, al. 1, les mots « établissement de commerce » et « résidence » ont été employés afin de bien montrer qu'un domicile de fait est suffisant et que toute autorisation à domicile est inutile. — On pourrait aussi argumenter dans notre sens de ce que l'art. 6, al. 2, dit « production *du* jugement de faillite. »

l'être par le tribunal soit de la résidence. soit de la succursale? doit-elle, au contraire, être ouverte par le tribunal du domicile ?

Du moment qu'il ne doit y avoir qu'une faillite, il faut, soit admettre que seul le tribunal du domicile peut la prononcer, soit reconnaître une compétence égale à toutes les juridictions dans le ressort desquelles le débiteur a son domicile, une résidence ou une succursale, et décider que celle qui a été saisie la première doit seule procéder à la liquidation. On ne peut hésiter longtemps entre ces deux systèmes ; il est impossible de donner la préférence pour la conduite de la faillite au tribunal de la résidence ou de la succursale ; du moment qu'il n'y a qu'une faillite, elle doit être déclarée par le tribunal du domicile. Sans doute, Feigenwinter (1), et, après lui, l'art. 55 de la loi fédérale suisse du 11 avril 1889 ont décidé que la « faillite doit « être réputée ouverte là où elle a été prononcée en « premier lieu » ; mais, cette disposition ne s'applique que lorsque plusieurs tribunaux ont une compétence égale et il est impossible de reconnaître la même compétence au tribunal du domicile et à celui de la succursale ou de la résidence.

CLXXII. — D'ailleurs, sur ces deux questions d'unité de déclaration et de for de la faillite, les jurisprudences suisse et française sont, aujourd'hui, définitivement fixées. En France, comme en Suisse, les tribunaux

(1) Feigenwinter, *Darstellung and Kritik des bundesrechtlichen Praxis in Konkurfällen*, Bern., 1879, p. 59.

décident que la faillite doit être une et qu'elle doit être ouverte à l'endroit où se trouve le domicile. C'est en ce sens que ce sont prononcés, en France, la Cour de Cassation, le 17 juillet 1882 (1*a*) ; le tribunal de commerce de Nantes, le 26 mai 1883 (1*b*) ; et la Cour de Rouen, le 14 juin 1883 (1*c*) ; et c'est également à cette théorie que se sont rattachés, en Suisse, le Conseil Fédéral dans l'affaire du Crédit Foncier Suisse (2), et

(1*a*) Cass. (civ.), 17 juill. 1882, *Journ. Faill.*, 1882, p. 453 ou D. P., 1883-1-85. Cet arrêt a décidé qu'un commerçant, qui avait été mis en faillite en Suisse, ne pouvait, alors même que sa faillite avait été close pour insuffisance d'actif, être postérieurement en France l'objet de la même mesure. Ainsi que l'a dit M. Roguin, cet arrêt a plutôt consacré l'unité de la faillite dans le temps que dans l'espace, mais il est remarquable car le jugement de faillite suisse n'avait pas été déclaré exécutoire en France. — *b* Trib. comm. Nantes, 26 mai 1883, *Journ. Faill.*, 1884, p. 495 ; dans cette espèce, le créancier qui demandait en France la seconde déclaration de faillite avait adhéré au concordat et l'avait signé. — *c* Rouen, 14 juin 1883 .*Journ. Faill.*, 1884, p. 11. — Adde, dans l'affaire du Crédit Foncier Suisse. Paris, 20 juin 1874 D. P. 1876-5-222.

(2) Dans cette affaire, toutes les juridictions qui ont été successivement saisies paraissent avoir été d'accord sur le principe que la faillite doit être déclarée par le tribunal du domicile, mais le tribunal de commerce de la Seine (jug. du 5 mars 1874, *Journ. D. I. P.*, 1874, p. 95) et la Cour de Paris (arrêt du 20 juin 1874 D. P., 1876-5-222) prétendaient que le domicile réel de la société était à Paris, tandis que le tribunal de commerce de Genève (jug. du 19 mars 1874, *Journ. D. I. P.*, 1874, p. 96 et 97) et la Cour d'appel de Genève (arrêt du 25 mai 1874, *Journ. D. I. P.*, 1874, p. 154), s'en tenant au texte des statuts sociaux, affirmaient que le domicile était à Genève. Le Conseil Fédéral suisse le 21 janv. 1875 (*Journ. D. I. P.*, 1875, p. 80. *Rapports de gestion du Conseil fédéral*, 1875, 141) mit fin au conflit en décidant que seule la faillite, déclarée en France, devait être poursuivie. Sur ce point, la décision du Conseil Fédéral est inattaquable, elle constate que le domicile réel était en France et ajoute que

le Tribunal Fédéral. dans l'affaire Lagorrée (1) et dans l'affaire de la Société laitière de l'Est (2-3).

CLXXIII. — Seulement, si le principe est certain, les difficultés d'application sont encore nombreuses. Que décider, en effet, s'il s'agit d'une société domiciliée en France mais dont les membres ont leur domicile personnel en Suisse? La société pourra-t-elle être mise en faillite en France et les associés pourront-ils être séparément l'objet de la même mesure en Suisse? MM. Roguin (4) et Schoch (5) semblent le croire, mais il nous paraît incontestable que le tribunal de commerce de Genève, en adoptant l'opinion contraire dans son

c'est le domicile réel et non pas le domicile fictif qui doit déterminer la compétence. Mais, le Conseil Fédéral a eu tort, selon nous, d'ajouter que la faillite française devrait reconnaître la compétence des tribunaux génevois pour toutes les actions fondées sur des engagements contractés à Genève par le Crédit Foncier suisse. Le traité ne lui donnait pas le droit d'imposer une telle obligation aux tribunaux français. Aussi M. Curti, *Der Staatsvertrag vom 15 Juni 1869*, p. 128 et M. Roguin, *Conflst. des lois suisses*. p. 748, n° 627, sont-ils d'accord pour le critiquer; la seule différence entre ces deux auteurs est que M. Curti trouve la décision du Conseil Fédéral contradictoire et que M. Roguin, p. 747, note 2, soutient qu'elle ne renferme aucune contradiction.

(1) Aff. Lagorrée, *Rec. off. des arrêts du Trib. Féd. Suisse*, 1877, 321, v. n° 372.

(2) Trib. Féd. Suisse, 22 juill. 1889, *Journ. D. I. P.*, 1893, 240. *Rec. off. des arrêts du Trib. Féd. Suisse*, 1889, 570. Arrêt décidant que le défaut d'inscription de la succursale, établie au registre du commerce, est sans intérêt pour notre question.

(3) Adde, Trib. Comm. Genève, 5 fév. 1891, *Rev. prat. D. I. P.* 1892, p. 255. *Journ. D. I. P.*, 1893, p. 240.

(4) Roguin, *Conflits des lois suisses*, n° 614.

(5) Schoch, p. 179, cf. Muheim, p. 316.

jugement du 5 mars 1891 (1), a su mieux tenir compte de l'esprit du traité.

Que décider également si la même personne a en France et en Suisse des établissements distincts et indépendants, devra-t-on permettre d'introduire et de suivre contre elle autant de procédures de faillite qu'elle a d'établissements? M. Roguin (2) le pense, mais M. Curti (3) est d'un avis contraire et avec raison selon nous; le but du traité de 1869 a certainement été d'introduire la règle de l'universalité dans les rapports de la France et de la Suisse, cette règle devra donc s'appliquer toutes les fois qu'il n'y est pas expressément dérogé. En outre, quel que soit le nombre des établissements commerciaux, la personnalité du failli n'en reste pas moins une.

CLXXIV. — La faillite prononcée par le tribunal compétent suit son cours d'après la loi de l'Etat où elle a été ouverte; c'est cette loi qui en détermine la procédure, l'organisation et le fonctionnement. Le syndic qui est nommé, conformément à ses dispositions, doit être reconnu dans l'autre pays (4). Malheureusement, des difficultés s'élèvent lorsqu'il s'agit de déterminer les cas dans lesquels il est tenu de faire déclarer exécutoire le jugement dont il tient ses pouvoirs.

(1) Trib. comm. Genève, 5 mars 1891, *Rev. prat. D. I. P*, p. 258, cf. *Journ. D. I. P.*, 1893, p. 240.

(2) Roguin, *Conflits des lois suisses*, n° 625. p. 745,

(3) Curti, *Der Staatsvertrag vom 15 Juni* 1869, p. 131.

(4) Si le syndic, nommé dans un pays, agit dans l'autre contre une personne qui lui a reconnu cette qualité, de plus grandes

L'art. 6, al. 2 dit expressément que l'exequatur est nécessaire dans trois cas : d'abord, lorsque le syndic réclame l'application de la faillite aux biens, meubles et immeubles. situés dans l'autre pays ; puis, lorsqu'il agit contre les débiteurs du failli ; et enfin lorsqu'il veut poursuivre la vente des meubles ou celle des immeubles. Que conclure de cette énumération ? Peut-on en déduire que l'exequatur n'est requis que lorsque le syndic, nommé dans un pays, veut procéder dans l'autre à un acte d'exécution ? Assurément non, car la poursuite des débiteurs du failli n'est pas un acte d'exécution du jugement déclaratif.

Peut-on en tirer la conséquence que le syndic n'a aucun droit dans le pays dont les tribunaux ne lui ont pas conféré de mandat jusqu'au jour où l'exequatur lui est accordé ? Nous ne le croyons pas non plus, bien que telle semble être l'opinion de M. Brocher (1).

Il faut, en effet, remarquer que l'art. 6, al. 2 et 3 cite seulement des actions qui ont pour objet de réunir à la masse certains biens du failli et qu'aucun acte conservatoire ne figure dans son énumération ; dès lors, ne peut-on pas dire avec M. Roguin (2) que, d'après la convention franco-suisse de 1869, l'exequatur est nécessaire, sauf lorsqu'il s'agit d'actes conservatoires ?

facilités lui sont données. Cour Justice Genève, 21 mai 1888. *Sem. Jud*, 18 mars 1889, *Rev. Prat. D. I. P.*, 1889, v°. Faillite, n° 7,

(1) Brocher, *Cours de droit int.*, éd. 1883-1885, t. 3, ch. 5. sect. 5, p. 230. — Dans le même sens, Thaller, *La faillite en droit comp.*, t. 2, p. 364.

(2) Roguin, *Conflits des lois suisses*, n° 635, p. 752 et s.

CLXXV. — A s'en tenir à la lettre de cette convention, la condition des syndics suisses serait donc en France moins bonne que celle des syndics étrangers en général ; ceux-ci peuvent agir en remboursement contre les débiteurs du failli sans avoir à obtenir un exequatur préalable et un syndic Suisse ne le pourrait pas. Ce serait là, il faut en convenir, une anomalie bizarre, mais, hatons-nous de le dire, elle est plutôt théorique que pratique. En fait, les syndics suisses sont libres de ne pas se prévaloir de la convention de 1869 et de réclamer l'application pure et simple du droit commun (1). Qu'ils prennent la précaution de se placer sous l'empire de ce droit commun et, comme tous les syndics étrangers, ils n'auront à obtenir un exequatur préalable du jugement de faillite que s'ils veulent procéder à des actes d'exécution proprement dits.

C'est en ce sens, d'ailleurs, que semble devoir se prononcer la jurisprudence française. Le 17 juillet 1882, la Cour de Cassation a décidé que le commerçant qui avait été mis en faillite en Suisse ne pouvait plus être l'objet d'une semblable mesure en France, bien que le jugement déclaratif suisse n'eût pas été revêtu de l'exequatur. La Cour de Cassation a ainsi rejeté de la manière la plus formelle la théorie des auteurs qui, généralisant à tort le texte de l'art. 6, al. 2 et 3, pré-

(1) M. Despagnet, *Précis*, n° 635, p. 612 et 613 ; M. Weiss, *Précis*, 2e éd. p. 878 et M. Dubois sur Carle, p. 90, pensent que les syndics suisses ne sont tenus de faire déclarer exécutoire le jugement qui les a nommés que lorsqu'ils veulent procéder à des actes d'exécution.

tendent que la faillite ouverte dans un des pays contractants ne peut avoir effet dans l'autre avant d'y avoir été déclarée exécutoire (1). Toutefois, postérieurement à cette décision de la Cour de Cassation, la Cour de Chambéry, dans un arrèt rendu le 18 mars 1885, a semble rejeter l'opinion que nous défendons (2).

CLXXVI. — En fait, pour éviter toute difficulté, les syndics suisses ont la précaution, au risque d'augmenter les frais, de faire rendre le plus tôt possible une sentence d'exequatur (3). Mais là encore, nouvelles incertitudes : l'art. 6, al. 2, se borne à dire que l'on doit suivre les règles énoncées dans l'art. 16. Par malheur, ce renvoi, loin d'élucider la question, la rend au contraire plus difficile. L'art 16 ne s'applique directement qu'aux jugements ordinaires rendus en matière contentieuse, et le jugement de faillite est une décision de nature toute spéciale : il est rendu parfois d'office, c'est-à-dire en l'absence de tout défendeur et de tout demandeur, et au lieu de conférer des droits précis et déter-

(1) Cet arrêt, Cass., 17 juill. 1882, *Journ. Faill.*, 1882, p. 453 ou D. P., 1883-1-65 n'a pas directement statué sur les pouvoirs des syndics, mais il a préjugé cette question en reconnaissant effet à un jugement de faillite suisse qui n'avait pas été déclaré exécutoire. La thèse qui a été rejetée par la Cour de cassation avait été admise par la Cour de Paris dans un arrêt du 8 juill. 1880. *Journ. Trib. comm.*, t. 30, 1881, p. 71.

(2) Chambéry, 18 mars 1885, *Journ. Faill.*, 1885, p. 232.

(3) Lorsque les syndics français veulent agir en Suisse. une question toute spéciale se pose, suffit-il qu'ils obtiennent un exequatur ou doivent-ils en obtenir un dans chaque canton où ils veulent agir? M. Roguin, *Conflits des lois suisses*, n° 634 admet la nécessité d'un exequatur par canton.

minés à une personne donnée, il produit ses effets à l'encontre et au profit de tiers qui peuvent rester inconnus pendant plusieurs semaines ou même pendant plusieurs mois. Dès lors, l'on se trouve dans l'impossibilité à peu près absolue d'appliquer l'art. 16 dans son entier: il faut faire un choix dans ses dispositions et ce choix est particulièrement délicat. Il faut d'abord se demander s'il suffira d'un exequatur unique ou s'il sera nécessaire de faire prononcer autant de fois l'exequatur qu'il y aura de personnes contre lesquelles on se prévaudra du jugement de faillite. L'art. 16 semblerait devoir conduire à exiger cette multiplicité d'instances en exequatur, mais ce seraient des frais inouïs, et, de plus, ce serait contraire au texte de l'art. 6, al. 2, qui suppose nettement que l'exequatur ne doit être accordé qu'une seule fois (1). L'art. 16 ajoute qu'en France la demande d'exequatur doit être soumise au tribunal civil statuant en chambre du conseil; sur ce point, nulle difficulté, l'art. 16 peut s'appliquer à la lettre au jugement déclaratif de faillite (2). Mais cet art. 16 décide *in fine* que notification doit être préalablement faite à la partie contre laquelle l'exécution est poursuivie; comment appliquer une telle disposition à un jugement de faillite? Qui faudra-t-il mettre en cause? Faudra-t-il

(1) Brocher, *Comm. du traité*, p. 68, voir toutefois *Cours dr. int.*, t. 3, p. 231, éd. 1885.

(2) La Cour de Chambéry, le 18 mars 1885, a décidé avec raison que la demande d'exequatur devait être soumise au tribunal et non pas portée directement à la Cour (*Journ. Faill.*, 1885, p. 233). — Quelquefois l'exequatur est demandé par commission rogatoire, *Rev. prat. D. I. P.*, 1889, v. Faillite, n° 8.

appeler à l'instance à fin d'exequatur tous ceux contre lesquels le jugement de faillite pourra produire effet? Il le semblerait, si l'on voulait appliquer à la lettre cet art. 16, mais en fait ce serait impossible. On ignore fort souvent, au jour où l'exequatur est demandé, quelles seront les personnes auxquelles sera plus tard opposé le jugement déclaratif. Comment faire alors? Faut-il purement et simplement décider qu'en matière de faillite toute notification est inutile? Ce serait le plus simple, et c'est en ce sens que s'est prononcé le Tribunal Fédéral Suisse le 19 mars 1886 (1). Un jugement de faillite français avait été déclaré exécutoire dans le canton de Vaud sans citation des intéressés; un créancier qui avait saisi des biens situés dans ce canton voulut soutenir que ce défaut de citation constituait un vice de procédure ; le Tribunal Fédéral n'admit pas cette thèse. Mais, quelle que soit l'autorité du Tribunal Fédéral, nous croyons qu'il vaudrait mieux, alors surtout que le traité n'exige aucune publication (2), imposer au demandeur à l'exequatur l'obligation de faire des notifications préalables à toutes les personnes auxquelles

(1) Trib. Féd. Suisse, 19 mars 1886, *Journ. D. I. P.*, 1887, p. 113, *Rec. off. des décisions du Trib. Féd*, 1886, 115. — Cette décision est très vivement critiquée par M. Roguin, *Journ. D. I. P.*, 1887, p. 113, mais M. Roguin avoue qu'en fait il est souvent impossible de mettre en cause aucun défendeur Cf. *Journ. Faill.*, 1884, p. 208.

(2) Le Trib. civ. de la Seine, dans son jugement du 21 nov. 1883, *Journ; Faill.*, 1884, p. 206, a semblé décider que des publications devaient être faites dans le pays où l'exequatur est demandé, mais il n'y a rien de tel dans le traité. Cf. Thaller, *La faill. en dr. comp.*, t. 2, p. 365.

l'on sait, au jour de l'introduction de l'instance, que le jugement de faillite pourra être opposé (1). Mais, serait-ce pratique?

CLXXVII. — L'octroi de l'exequatur n'a pas pour effet d'assimiler d'une manière complète la faillite étrangère à une faillite nationale, ou même de lui laisser produire toutes les conséquences juridiques qui lui sont attachées par la loi étrangère. Lorsqu'une faillite est ouverte en France, il en résulte, aux termes de l'art. 59, § 7, du Code de proc. civ., une concentration de compétence à peu près absolue; or, jamais un tel effet n'est reconnu dans les rapports de la France et de la Suisse à une faillite déclarée dans l'un de ces deux pays (2). L'art. 7 du traité décide en effet expressément que les actions en rapport, restitution et nullité doivent, si elles sont à la fois personnelles et mobilières, être portées devant le tribunal du défendeur, et que, si la contestation est relative à un immeuble, elles doivent être intentées devant le tribunal de la situation. Cet article substitue aux règles de compétence spéciales de

(1) Bien que l'art. 6 renvoie seulement à l'art. 16 et non aux art. 15 à 19, qui sont relatifs à la procédure d'exequatur, il faudra appliquer en matière de faillite non seulement l'art. 16 mais aussi les art. 15, 17, 18 et 19; ces cinq articles forment en effet un tout indivisible. En ce sens, Brocher, *Cours de dr. int.*, t. 3, p. 231, éd. 1885, et Chambéry, 29 mai 1890, *Ann. Dr. comm.*, 1890-1-110. Cet arrêt a décidé que l'exequatur ne pouvait être refusé au jugement de faillite suisse que dans un des cas prévus par l'art. 17. Cet arrêt a en outre déclaré que le délai d'appel était en matière d'exequatur de deux mois et non de quinze jours.

(2) Brocher, *Cours Dr. Int.*, éd. 1885, t. 3, p 235. — Sous l'empire du traité de 1828, théorie contraire : Paris, 27 nov. 1865, *Journ. Trib. comm.*, t. 15, 1866, p. 397.

l'art. 59, § 7, Proc. civ. fr. celles qui sont consacrées par le droit commun. Aussi croyons-nous inutile d'insister sur la détermination du tribunal compétent lorsque les actions en restitution, rapport et nullité ont le caractère d'actions réelles mobilières (1); l'art. 7 ayant entendu d'une manière générale rétablir au cas de faillite l'application des principes de droit commun, nous résoudrons au moyen de ces principes toutes les difficultés qu'il n'a pas expressément prévues. Mais naturellement, avant tout, il faudra respecter les conventions des parties et entre autres celles qui sont contenues dans les statuts sociaux (2).

CLXXVIII. — D'après un arrêt de la Cour de Neufchâtel du 30 juillet 1877 (3), il y aurait encore une autre restriction apportée au principe que la faillite déclarée dans un Etat est reconnue dans l'autre. Une faillite avait été ouverte en France et le syndic français agissait en Suisse, afin de faire annuler un paiement qui était postérieur à la date de l'insolvabilité ; la Cour de Neufchâtel rejeta la demande du syndic

(1) Cf. Brocher, *Cours de droit int.*, éd 1885, t. 3, p. 235 et Roguin, *Conflits des lois suisses*, p. 768.

(2) Sur ce point, il y a accord entre la jurisprudence suisse et la jurisprudence française. Voir, Trib. comm. Seine, 20 sept 1887, *Journ. Trib. comm.*, 1890, p. 168. — Trib. Seine, 30 janv. 1889, *Rev. des Sociétés* (Vavasseur), 1889, p. 212, et Trib. Fédéral Suisse, 13 av. 1889, *Journ. Faill.*, 1889, p 495. — Cour de justice civile de Genève, 11 nov. 1889, *Rev. des sociétés* (Vavasseur), 1891, p. 117. Ces deux dernières décisions sont relatives à des demandes intentées par les syndics contre des porteurs d'actions non entièrement libérées.

(3) Neufchâtel, 30 juill 1877, *Rec. off. des arrêts de cette Cour*, XII, 738.

par ce motif que la fraude du créancier payé n'était pas établie et qu'en l'absence de fraude l'action en restitution n'est pas autorisée par la loi Neufchâteloise. Ainsi, d'après la Cour de Neufchâtel, les actions en rapport, restitution et nullité ne pourraient réussir dans le pays où la faillite n'a pas été déclarée, qu'à la condition d'être conformes à la loi de ce dernier pays (1). Si cette thèse devait être admise, le principe de l'universalité de la faillite serait souvent mis en échec. Heureusement, le système de la Cour de Neufchâtel ne trouve aucun appui dans le texte du traité ; il est même selon nous en contradiction formelle avec l'art. 7. L'art. 7 consacre pleinement dans les rapports de la France et de la Suisse l'effet rétroactif du jugement de faillite. Il décide en effet que, lorsqu'une faillite est ouverte dans un pays, les actions en rapport, en restitution et en nullité peuvent être intentées dans l'autre, sans distinguer si elles sont la conséquence de jugements de faillite ou celle de jugements de report d'ouverture. En outre, l'art. 7 ne permet pas de soutenir que ces actions en nullité, en restitution et en rapport dépendent d'une loi autre que celle de la faillite ; il fait entendre de la manière la plus nette que la même loi régit la faillite et ces diverses actions ; on y lit en effet cette phrase caractéristique : « Les actions en rapport « qui, *par suite d'un jugement déclaratif de faillite,* « viendraient à être exercées ». D'ailleurs, concevrait-

(1) Sur ce point, cf. Brocher, *Comm. du traité de 1869*, p. 72 et Rouin *Conflits des lois suisses*, p. 769.

on un jugement de faillite, qui tirerait sa force et ses effets d'une loi étrangère? (1)

CLXXIX. — Le principal effet de la sentence d'exequatur est de permettre au syndic, nommé dans un pays, de réclamer l'application de la faillite aux biens, meubles et immeubles, qui sont situés dans l'autre; l'exequatur accordé, tous les biens du failli ne forment plus qu'une seule masse soumise aux lois de la faillite. Le syndic a non-seulement la faculté, mais le devoir de procéder à la réalisation de l'actif; il doit faire rentrer les créances et poursuivre la vente des meubles et immeubles (2). Cette vente a lieu à l'endroit où se trouvent les biens et d'après la loi en vigueur à cet endroit. Le syndic ne pourrait pas, au lieu de la provoquer, demander la remise en nature des meubles du failli ; ce que le traité veut en effet, ce n'est pas la concentration matérielle des biens, mais la concentration de leur valeur. Le 29 mars 1889, le tribunal

(1) Sous l'empire du traité de 1828, de grandes difficultés s'étaient déjà élevées au sujet de l'effet extraterritorial des règles concernant la période suspecte. Cour Neufchâtel, 4 av. 1864 (*Rec. off. des arrêts de cette Cour*, VII, 170). — *Zeitschrift des bern. Juristenvereins*, 1866-1867, 97. — Conseil Fédéral Suisse, 16 fév. et 10 sept. 1866. *Rapports de gestion du Conseil Fédéral*, 1866, 48, *Feuille fédérale*, 1867-1-552.

(2) Si le syndic n'agit pas, les créanciers peuvent le mettre en demeure et s'il n'obtempère pas à leur sommation, ils sont fondés à agir eux-mêmes et à agir dans leur intérêt personnel. Cf. Roguin, *Conflits des lois suisses*, p. 756, n° 639. Bien que la formule de l'art. 6, al. 3 ne soit pas la même pour le cas de remboursement des créances du failli et pour celui de vente des biens, nous ne faisons aucune distinction entre ces deux hypothèses.

d'Avenches a fait application de ce principe ; un syndic français réclamait certains meubles qui se trouvaient dans le canton de Vaud, le président du tribunal d'Avenches en ordonna la réalisation, sous réserve que le produit de la vente serait transmis au syndic de la masse française (1).

CLXXX. — S'il s'agit de ventes immobilières, la distribution du prix est régie par la loi du pays de la situation (art. 6, al. 5). Un ordre spécial est ouvert et les créanciers sont colloqués, sans aucune distinction de nationalité, sur la somme à répartir (2). La valeur des privilèges spéciaux, et même celle des privilèges généraux, car la loi ne distingue pas, ainsi que celle des hypothèques dont ils se prétendent nantis, s'apprécient d'après la *lex rei sitæ*. Les créanciers privilégiés ou hypothécaires désintéressés, le reliquat est, si toutefois il en existe un, versé à la masse de la faillite.

CLXXXI. — S'il s'agit du produit de ventes mobilières, d'autres règles doivent être suivies ; il résulte en effet jusqu'à l'évidence du rapprochement des al. 4 et 5 de l'art. 6, qu'il y a une différence entre la distribution du prix des meubles et celle du prix des immeubles. Malheureusement, il est très difficile de dire en quoi elle consiste. MM. Curti, Brocher et Roguin décla-

(1) Trib. d'Avenches, 29 mars 1889, *Rev. prat. D. I. P.*, 1889, v° Faillite, n° 6.

(2) Naturellement, les créanciers privilégiés ou hypothécaires conservent le droit de faire trancher les questions qui les intéressent par le tribunal de la situation de l'immeuble. Roguin, *Conflits des lois suisses*, n° 642. Cf. sur une question un peu différente, Chambéry, 15 mai 1882, *Journ. Faill.*, 1882, p. 595.

rent qu'elle semble être la suivante : les hypothèques et privilèges sur immeubles s'exerceraient conformément à la loi de la situation effective et les privilèges sur meubles dépendraient au contraire de la loi de la faillite. Mais cette distinction est si critiquable que MM. Curti, Brocher et Roguin sont unanimes à reconnaître que tel ne peut être le véritable sens du traité, et alors chacun d'eux de substituer son système personnel à celui qui semblait découler des al. 4 et 5 de l'art. 6. MM. Curti (1) et Brocher (2) en arrivent à ne plus guère tenir compte que du caractère général ou spécial du privilège, et M. Roguin (3) soumet à la loi de la faillite les privilèges mobiliers généraux et à la loi de la situation les privilèges mobiliers spéciaux, tandis qu'il reconnaît que tous les droits d'hypothèque et de privilège sur immeubles sont régis, quelle que soit leur généralité, par la *lex rei sitæ*.

CLXXXII. — Pour nous, tous les droits d'hypothèque ou de privilège, qu'ils soient généraux ou spéciaux, qu'ils portent sur des meubles ou sur des immeubles, sont régis par la loi de situation. Le syndic ne peut procéder à la réalisation des biens que dans l'état où ils sont; « ils ne peuvent vendre que les meubles qui sont « encore dans le patrimoine du débiteur et que tels « qu'ils s'y trouvent. N'en résulte-t-il pas qu'ils doivent « respecter les charges réelles dont ces valeurs sont

(1) Curti, *Der Staatsvertrag vom 15 Juni 1869*, p. 137.

(2) Brocher, *Cours de dr. int.*, éd. 1885, t. 3, p. 232 et 234, et *Comm. du traité de 1869*, p. 70-71.

(3) Roguin, *Conflits des lois suisses*, nos 645 et s., p. 761 et s.

« affectées ? Ces biens ne sont-ils pas sortis du patri-
« moine de leur propriétaire à concurrence de ces
« charges ? » (1).

En outre, l'organisation de la propriété mobilière et la constitution des droits réels qui peuvent la grever intéressent le crédit public : dans chaque Etat, ces règles sont d'ordre public. Comment, dès lors, concevoir que ces privilèges et ces droits réels mobiliers seront soumis à une loi autre que celle de la situation ? Que l'on ne nous dise pas que nous effaçons l'antithèse que l'art. 6 fait très nettement entre la distribution du prix des meubles et celle du prix des immeubles ; cette opposition, nous la respecions, mais nous lui donnons une portée différente de celle qui lui est, en général, attribuée. Ce qui caractérise la distribution du prix des immeubles, c'est qu'elle est régie par la loi du lieu de la situation, c'est qu'un ordre spécial est ouvert à l'endroit où se trouve l'immeuble pour la répartition du montant de la vente. Ce qui caractérise au contraire la distribution du prix des meubles, c'est qu'elle est faite conformément à la loi du pays de la faillite ; au lieu d'ouvrir une contribution spéciale à l'endroit où sont les meubles, l'on renvoie les créanciers au siège de la faillite. Pour l'actif immobilier, il peut y avoir plusieurs ordres ; pour l'actif mobilier, il n'y a jamais qu'une seule contribution. La différence qui est établie par l'art. 6 est donc une différence de

(1) Brocher, *Comm. du traité de* 1869, p. 70-71.

procédure, et non pas, comme on l'a prétendu, une différence de fond (1).

CLXXXIII. — Une dans sa déclaration, une aussi dans sa liquidation, car l'unité n'est pas rompue parce qu'il peut y avoir plusieurs procédures d'ordre, alors qu'elles sont suivies sous la même direction et que les sommes libres dans chacune d'elles sont remises au tribunal du domicile la faillite doit être une aussi dans sa solution ; l'art. 8 du traité le dit en termes formels pour le concordat : « le concordat, accordé dans « un pays, produit dans l'autre, après y avoir été déclaré « exécutoire, tous les effets qu'il aurait dans le pays de la « faillite. » Malheureusement, cet art. 8 est aussi mal rédigé que les précédents, et son application soulève les questions les plus délicates. Si l'on se demande quand l'exequatur est nécessaire et quelle procédure il faut suivre pour l'obtenir, l'on éprouve les mêmes incertitudes qu'à propos du jugement déclaratif ; c'est le même renvoi à l'art. 16 et c'est aussi la même formule qui semble exiger l'exequatur toutes les fois que l'on veut faire produire au jugement étranger un effet quelconque. Les raisons de décider étant les mêmes, nous

(1) Les difficultés qui ne sont pas prévues par le traité restent soumises au droit commun ; il en est ainsi notamment pour les droits des femmes des faillis (Roguin, *Conflits des lois suisses*, n° 652, p. 769). — Quant au principe de l'égalité des créanciers qui était formellement consacré par l'article 16 du traité de 1804, il est passé sous silence, comme allant de soi, par le traité de 1869. Cf. Roguin, *Conflits des lois suisses*, n° 609, p. 733.

adoptons les mêmes solutions que pour le jugement de faillite (1).

CLXXXIV. — Une question spéciale se pose cependant sous l'art. 8 ; cet art. ne parle que du concordat et ne pose que pour le concordat le principe de l'universalité. Comment doit-on dès lors traiter les autres solutions qui peuvent être données à la procédure de faillite? Doit-on leur attribuer un effet universel ou doit-on au contraire leur appliquer la règle de la territorialité stricte ?

Pour nous, la question n'est pas douteuse. La solution qui est donnée à une faillite doit avoir la même portée et la même efficacité que le jugement déclaratif lui-même ; le jugement de faillite a un effet universel, il doit en être de même non seulement du concordat mais encore des sursis concordataires de la loi fédérale suisse du 11 avril 1889 et des mesures prises par application de l'art. 657 du Code Fédéral suisse des obligations. Cependant, la jurisprudence s'est parfois prononcée en sens contraire ; le 21 novembre 1883 (2), le tribunal de la Seine a refusé de déclarer exécutoires des sursis concordataires accordés conformément à la

(1) Cf. sur la question : Despagnet, *Précis*, p. 621, n° 646. — Weiss. *Précis*, 2e éd., p. 885. — Dubois sur Carle, note 118. — Roguin, *Conflits des lois suisses*, p. 771, n° 655. — Curti, *Der Staatsvertrag vom 15 Juni 1869*, p. 140. — Brocher, *Comm. du traité de 1869* p. 73.

(2) Trib. Seine, 21 nov. 1883, *Journ. Faill.*, 1884, p. 206. Cette décision a causé en Suisse une vive émotion. Dans son rapport (*Rapports de gestion du Conseil Fédéral*, 1883, p. 395), le Conseil Fédéral va jusqu'à dire que la révision du traité doit décidément être prise en vue.

loi de Genève, et, le 10 mai 1884(1), le tribunal de commerce de Nantes a déclaré sans effet en France un ordre de suspendre tout paiement, qui cependant remplissait exactement toutes les conditions prévues par l'art. 657 du Code Fédéral des obligations. Ces deux jugements sont d'ailleurs faiblement motivés ; ils s'appuient sur ce qu'il n'y a pas identité entre la loi suisse et la loi française et sur ce que les dispositions dont les tribunaux suisses avaient fait application ont été promulguées après la signature du traité de 1869. Aucune de ces raisons n'est convaincante ; lors de la conclusion du traité, il n'y avait pas identité entre la loi des faillites française et les législations cantonales en vigueur sur la matière, cependant l'on n'a pas hésité à décider que les faillites déclarées dans un pays auraient effet dans l'autre. Deux lois sur la faillite peuvent être différentes et offrir cependant aux créanciers les mêmes garanties. Quant à soutenir que le traité ne peut s'appliquer qu'aux dispositions législatives, qui étaient déjà en vigueur avant le 15 juin 1869, cela nous paraît bien difficile ; il est en effet certain que les Etats contractants se sont réservé la faculté de modifier leurs législations particulières et que ces modifications sont devenues parties intégrantes de l'ancienne loi des faillites. Le traité de 1869, comme d'ailleurs tous les traités de ce genre, a entendu donner un effet extraterritorial non-seulement aux lois sur la faillite qui existaient

(1) Trib. comm. Nantes, 10 mai 1884, *Journ. Faill.*, 1884, p. 497 *Journ. D. I. P.*, 1885, p. 179.

en 1869, mais encore à celles qui pourraient être promulguées dans l'avenir, sauf naturellement la faculté de dénonciation réservée à chaque partie contractante.

Aussi ne saurions-nous trop approuver un jugement du tribunal de Lyon qui, le 4 mai 1883, a consacré, en matière de sursis concordataires, la théorie que devait rejeter quelques mois plus tard le tribunal de la Seine (1-2).

CLXXXV. — Mais, le système formulé par la convention de 1869 à peu près élucidé, reste une autre difficulté ; dans quels cas doivent s'appliquer exactement les dispositions de ces articles 6, 7 et 8. Les doutes peuvent naître de ce qu'il est impossible de prendre le traité à la lettre. A s'en tenir au texte même de ces articles, les règles qu'ils posent ne concerneraient que les faillites de Français ou de Suisses, établis dans l'Etat qui n'est pas leur pays d'origine et possédant des biens dans ce dernier pays. Il faut évidemment aller plus loin et traiter de même les faillites de Français ou de Suisses établis dans leur pays d'origine et possédant des biens dans l'autre Etat (3). Mais, du moment

(1) Trib. comm. Lyon, 4 mai 1883, *Journ. Faill.*, 1883, p. 543.

(2) L'art. 8 ne fixant pas de règles de compétence spéciales pour les actions qui peuvent être intentées à la suite du concordat, il faut s'en référer aux art. 7 et 4 et lorsqu'ils sont inapplicables, aux principes du droit commun. Cf. Roguin, *Conflits des lois suisses*, p. 771, note 1.

(3) Brocher, *Comm. du traité* de 1869, p. 71. — Roguin, *Conflits des lois suisses*, p. 750-751. — Conseil Fédéral suisse, 22 juill. 1889, *Rev. prat. D. I. P.*, 1889, v° Faillite, n° 6.

qu'il faut aller au-delà du sens littéral du texte, où doit-on s'arrêter? Doit-on faire une distinction entre les personnes physiques et les personnes morales? Doit-on assimiler à la faillite la liquidation judiciaire des biens qui dépendent de la succession d'un insolvable? Doit-on prendre le mot établissement de commerce de l'article 6 al. 1, au sens strict ou au sens large? Et doit-on enfin appliquer à des étrangers certaines dispositions du traité?

Autant de questions délicates, dont la solution est souvent pleine de difficultés. Pour nous, il faut assimiler entièrement les personnes physiques et les personnes morales (1), et il faut appliquer à la liquidation des biens d'une succession les mêmes règles qu'à une faillite, si, du vivant de leur possesseur, ces biens avaient pu faire l'objet d'une procédure de faillite (2).

Quant au sens de l'expression *établissement de commerce*, il doit être déterminé par la loi du lieu où la faillite est déclarée (3); sans doute, l'on arrivera parfois ainsi à reconnaître effet en France à des faillites prononcées en Suisse contre des Français que la loi suisse assimile à des commerçants et auxquels la loi française refuse cette qualité (4), mais, ainsi que nous

(1) Conseil Fédéral Suisse, 22 juill. 1889, *Rev. prat. D. I. P.*, 1889, v°. Faillite, n° 6. — Trib. comm. Genève, 5 fév. 1891, *Journ. D. I. P.*, 1893, p. 240.

(2) Cf. Roguin. *Conflits des lois suisses*, p. 735, n° 613. — Trib. cantonal Vaud, 19 av. 1887, *Journ. Faill.*, 1887, p. 286.

(3) Roguin, *Conflits des lois suisses*, p. 734, n°s 610, 611.

(4) Curti, *Der Staatsvertrag vom. 15 juni 1869*, p. 128. — Voir tou-

l'avons vu, cela n'a rien de contraire à l'ordre public. Seule, la dernière difficulté est visée par le traité ; l'art. 9 a pour objet d'indiquer la manière dont elle doit être tranchée : « la faillite d'un étranger établi « soit en France, soit en Suisse, et qui aura des créan- « ciers français et suisses et des biens situés en France « ou en Suisse, sera, dit cet article, si elle est dé- « clarée dans un des deux pays, soumise aux disposi- « tions des art. 7 et 8. »

Quelque précis que paraisse ce texte, il ne fait, en réalité, que substituer une controverse nouvelle à celle qui se serait élevée s'il n'avait pas été inséré dans la convention. Au lieu de se demander si les règles que nous avons exposées peuvent, dans les rapports de la France et de la Suisse, être appliquées à des faillites concernant des étrangers, l'on se demande s'il faut s'en tenir à la lettre du traité et ne faire régir ces faillites que par les art. 7 et 8, ou s'il faut au contraire, bien qu'aucun renvoi n'y soit fait, leur étendre également les dispositions de l'art. 6. Tout d'abord, l'on est tenté d'écarter cet art. 6, mais alors que de bizarreries ! que de contradictions même ! Un étranger est mis en faillite en France ou en Suisse, il y obtient un concordat ; aux termes de l'art. 7, ce concordat a un effet

tefois Roguin, *Conflits des lois suisses*, n° 610, p. 733-734 — et Thaller, *La faill. en droit comp.*, t. 2, p. 367, note 1.

(1) Trib. Fédéral Suisse, 19 mars 1886, *Journ. D. I. P.*, 1887. p. 113. Cf. Roguin, *Conflits des lois suisses*, n°s 658 et 659, p. 773 et Brocher, *Comm. du traité* de 1869, p. 73 et *Cours de dr. int.*, éd 1885, t. 3, p. 225.

obligatoire dans l'autre pays, et, dans cet autre pays, par suite de l'inapplicabilité de l'art. 6, la faillite, dont le concordat n'est que la solution et sans laquelle le concordat ne se comprend même pas, pourrait être complètement méconnue. Est-ce là, nous le demandons, une théorie admissible? Est-il possible que l'on reconnaisse effet au concordat, sans traiter de même la faillite? Assurément non, il faut ou les admettre tous les deux ou les rejeter tous deux ; le renvoi à l'art. 8 implique un renvoi à l'art. 6. D'ailleurs, bien que la convention franco-suisse ait été signée en 1869, on n'a pu encore découvrir la raison pour laquelle l'art. 6 serait inapplicable aux faillites d'étrangers ouvertes en France ou en Suisse ; on a fait allusion à la possibilité de conflits avec les puissances étrangères, mais comment pourraient-ils se produire? Supposons un Belge domicilié et mis en faillite en France et ayant des établissements en Suisse et en Belgique, la convention franco-suisse règlera l'effet de la faillite en Suisse, mais naturellement, n'exercera aucune influence sur les rapports de la France et de la Belgique, dès lors, quel conflit peut naître avec la Belgique par suite de l'application du traité franco-suisse? Un conflit ne pourrait s'élever que si ce traité prescrivait impérativement de déclarer la faillite à l'endroit où se trouve soit une résidence soit une succursale. Et, ainsi que nous l'avons vu, cela n'est pas. En réalité, l'art. 9 est rédigé de la manière la plus vicieuse et, comme d'ailleurs tous les autres articles relatifs à la faillite, il est plutôt de nature à faire naître les difficultés qu'à les résoudre.

CLXXXVI. — A cause de ses nombreux vices de rédaction, la convention de 1869 aurait pu donner naissance aux divergences les plus regrettables ; les conflits les plus aigus et les mésintelligences les plus graves auraient pu en résulter. Grâce à l'esprit libéral et conciliant des tribunaux français et des tribunaux suisses, qui, par une jurisprudence parfois prétorienne, ont su atténuer les défauts que nous avons signalés, elle a cependant rendu de grands services et facilité les relations commerciales des deux pays. Mais nous ne saurions trop souscrire au vœu émis en 1883 par le Conseil Fédéral Suisse à propos de l'affaire Soldano (1) ; dans son rapport sur cette affaire (2), le Conseil Fédéral a exprimé le désir qu'il fût procédé à une révision et à une nouvelle rédaction du traité. Forcément, l'on en arrivera là ; il est impossible en effet que les gouvernements français et suisse ne se décident pas un jour ou l'autre à substituer aux dispositions énigmatiques que nous possédons aujourd'hui des phrases claires et précises. Il faudra que le nouveau traité se prononce formellement sur la question de l'unité ou de la pluralité de faillites et sur celle du for de la faillite ; il faudra qu'il indique nettement quels effets une faillite peut produire dans l'Etat où elle n'est pas ouverte, soit

(1) Cette affaire est celle dans laquelle le tribunal de la Seine, par jugement en date du 21 nov. 1883, a refusé d'accorder l'exequatur à un sursis accordé en vertu de la loi génevoise du 28 oct. 1882, *Journ. Faill.*, 1884, p. 206.

(2) *Rapports de gestion du Conseil Fédéral*. 1883, 395. Cf. le vœu formulé par M. Alexandre Martin, professeur à Genève, *Journ. D. I. P.*, 1879, p. 119.

avant d'y être déclarée exécutoire, soit après; il faudra de plus qu'il détermine la procédure d'exequatur et fixe la loi à laquelle sont soumis les droits de préférence. Il faudra enfin qu'il assimile expressément au concordat les autres solutions que peut recevoir une procédure de faillite et qu'il s'explique autrement que par un renvoi tronqué sur les faillites d'étrangers prononcées en France ou en Suisse. Lorsque ces progrès auront été réalisés, l'on aura une convention rédigée d'une manière satisfaisante et aucun des États contractants n'aura à le regretter, au contraire (1).

III-IV.

CLXXXVII. — Le principe d'unité et d'universalité, posé d'une manière si énigmatique dans le traité franco-suisse de 1869, a été consacré également, mais d'une façon formelle, par la convention signée à Vienne le

(1) Le traité franco-suisse de 1869 est le seul traité conclu par la France où il soit expressément parlé des jugements de faillite, mais les traités franco-italien (1 sept. 1860) et franco-badois (16 av. 1846) s'appliquent aux jugements rendus en matière de faillite (Dubois sur Carle, p. 89. *Contra*. Thaller. *La faill. en dr. comp.*, t. 2, p. 347, note 1) et nous croyons avec M. Contuzzi (*Journ. D. I. P.*, 1892, p. 1116 et 1117), que la clause de la nation la plus favorisée permettrait à un tiers État d'invoquer les art. 6 à 9 de la convention franco-suisse de 1869, de même que, selon nous, elle permet aux Français de se prévaloir de la convention austro-prussienne de 1845. — En mai 1870, une convention a été sur le point d'être conclue entre la France et l'Espagne pour établir la reconnaissance réciproque des faillites déclarées dans l'un ou l'autre pays, mais les pourparlers n'ont pas abouti (*Journ. D. I. P.*, 1891, p. 205.)

6 mai (24 avril) 1881, entre la Serbie et l'Autriche et par les traités qui ont été conclus dans l'Amérique du Sud à la suite du congrès de Montevideo de 1889.

La convention austro-serbe de 1881 (1) contient dans son article 16 les principes de la matière ; elle s'occupe d'abord des meubles et décide qu'ils doivent être, à la demande du tribunal de la faillite, inventoriés puis remis à ce tribunal. S'il existe sur ces meubles d'après la loi de l'Etat où ils se trouvent des droits de revendication, de rétention, de privilège ou d'autres droits réels, cette remise n'a naturellement pas lieu ou plutôt elle ne porte que sur ce qui reste après que les titulaires de ces droits ont été désintéressés. Quant aux immeubles, la convention consacre la compétence du *forum rei sitæ*, mais il ajoute que l'excédant du prix obtenu par la vente des immeubles sur la somme distribuée entre les créanciers qui y ont droit sera remis au tribunal saisi de la faillite.

CLXXXVIII. — Les traités conclus à la suite du congrès de Montevideo sont à la fois plus développés et plus intéressants. Ce congrès s'est tenu à Montevideo du 25 août 1888 au 19 février 1889, sept Etats y étaient représentés et il a été présidé par MM. Quirno-Costa et Garcia-Lagos. En moins de 6 mois, il a rédigé 7 traités, un protocole et une convention. Un des traités est spécial au droit commercial international ; ses articles

(1) Cette convention est rapportée dans le traité de droit international autrichien de M Emil Jettel, p. 206 et dans le recueil de M. de Martens, 2e série, t. 8, p. 363.

35 à 48 sont relatifs à la matière des faillites (1). Ils consacrent de la manière la plus expresse le principe de l'unité et de l'universalité. L'art. 35 décide que c'est « exclusivement le juge du domicile commercial qui « est compétent pour ouvrir la faillite, le débiteur eût-« il dans un des autres Etats contractants des succur-« sales ou des établissements opérant pour le compte « et sous la responsabilité de la maison principale. »

L'art 36 indique le seul cas dans lequel il peut y avoir plusieurs déclarations de faillite : c'est celui où le débiteur a dans des Etats différents des maisons de commerce indépendantes l'une de l'autre. Mais, si la pluralité de faillites est possible dans ce cas, elle n'est cependant pas imposée par le traité ; les créanciers ont un délai de 60 jours (2) pour faire leur choix ; ils peuvent ou provoquer une seconde faillite ou laisser celle qui a déjà été prononcée s'étendre aux établissements indépendants que le débiteur possède dans les divers Etats contractants. S'ils usent de la faculté que leur accorde l'art. 36 de faire ouvrir plusieurs faillites, le traité prend certaines mesures destinées à éviter les inconvénients de cette pluralité. L'art. 46 dispose que dans le cas de pluralité de procédures, le tribunal

(1) Actas de las Sesiones del Congreso-Sud-Americano de derecho internacional privado, n. 32, Session du 4 fév. 1889, p. 613 et s. — ou *Revue de Gand*, 1889, p. 235.

(2) Ce délai de 60 jours court du lendemain du jour où ont été publiés par le juge commis dans le pays où pourrait être ouverte une seconde faillite des avis donnant connaissance du fait de la faillite et des mesures préventives qui ont été ordonnées, art. 38 et 39.

dans la juridiction duquel réside le failli, sera compétent pour ordonner toutes les mesures de caractère civil qui le concerneront personnellement et l'art. 47 ajoute que la réhabilitation du failli n'aura lieu que lorsqu'elle aura été prononcée dans toutes les instances suivies contre lui. Même l'on pourrait dire que dans le cas exceptionnel où plusieurs procédures de faillite se poursuivent en même temps, c'est encore l'idée d'unité qui domine, l'art. 41 déclare en effet que lorsqu'il y a pluralité de procédures de faillite ou d'ordre l'excédant qui existe en faveur du failli dans un Etat doit être mis à la disposition des créanciers de l'autre Etat et que les juges respectifs doivent s'entendre à cet effet (1).

CLXXXIX. — Ces traités conclus à la suite du Congrès de Montevideo ont un intérêt tout particulier. Ils ont pour l'Amérique du Sud encore plus d'importance que le Congrès de Turin de 1880 n'en a pour l'Europe. Le congrès de Montevideo a été, comme celui de Turin, l'occasion d'un mouvement d'opinion très net en faveur de la théorie de l'universalité de la faillite. Mais, ce qui les distingue, c'est que les jurisconsultes réunis à Turin n'ont pu que formuler des vœux, tandis que les plénipotentiaires assemblés à Montevideo ont rédigé des traités. Mais si importante que soit cette différence au point de vue pratique, nous tenions à rappeler, à propos

(1) Naturellement, même lorsqu'il existe une seule procédure de faillite, les créanciers hypothécaires antérieurs à la déclaration peuvent exercer leurs droits devant les tribunaux du pays où sont situés les biens hypothéqués ou engagés. Art. 43.

des traités rédigés à Montevidéo, le souvenir du congrès de Turin ; il y a en effet eu là, dans des contrées éloignées, différant presque à tous points de vue, un double fait d'une importance capitale dans l'histoire du droit international ; ce double fait a indiqué avec netteté les idées qui dominent à l'heure actuelle et il a montré que le principe de l'universalité de la faillite était en voie non seulement d'être consacré par les législations des divers pays mais encore de devenir un principe du droit conventionnel moderne

CONCLUSION

CXC. — Au point où nous en sommes arrivés, nous pouvons jeter un coup d'œil en arrière et nous nous convaincrons ainsi que cette communauté de droit dont parlait M. de Savigny n'est pas une pure chimère. Il y a, entre les législations des différents pays, un certain fonds commun que développera encore la fréquence des relations internationales.

Déjà, à l'heure actuelle, deux principes se trouvent à la base de toutes les lois, le premier est celui de l'égalité des créanciers, quelle que soit la nation à laquelle ils appartiennent; ce premier principe est partout pleinement consacré.

Le second est le principe de l'universalité. Toutes les lois reconnaissent certains effets aux faillites déclarées en pays étranger et par là rejettent nettement la règle de la territorialité.

Sans doute, selon les Etats, les restrictions apportées au principe de l'universalité sont plus ou moins graves, mais qu'importe? Ce sont là questions de détail; ce qu'il y a de capital, d'essentiel, c'est que le principe soit admis. Le progrès consistera à diminuer de plus en plus les restrictions, limitations et dérogations que certains législateurs, mal avisés, lui ont trop libéralement apportées.

CXCI. — Ce progrès devra, selon nous, se réaliser non seulement au moyen de traités, mais encore au moyen de lois. Nous accorderions même à la loi une part prépondérante : c'est avant tout par elle que doit se consommer la réforme, les traités ne doivent avoir qu'un rôle accessoire. M. Renault (1) et M. von Bar (2) ont cependant émis une opinion contraire; pour eux, il serait dangereux de consacrer dans un texte législatif le système de l'universalité de la faillite : la sentence d'un mandarin chinois ou d'un cadi turc offre, dit M. Renault, peu de garanties et certaines législations étrangères sont trop faciles en matière de faillites. Cette argumentation ne nous paraît pas décisive ; si la loi étrangère présente trop peu de garanties, si elle est, en un mot, trop facile, elle n'aura jamais effet en France, quelque nombreux et quelque précis que puissent être les textes consacrant l'idée d'universalité. Ces textes ne peuvent obliger nos tribunaux à attribuer un effet quelconque aux lois étrangères dont l'application pourrait compromettre l'ordre public français et tel serait, à n'en pas douter, le cas de lois étrangères qui, en matière de faillite, n'offriraient pas aux créanciers les garanties nécessaires (3).

(1) M. Renault, *Le Droit*, 12 déc. 1880.

(2) Von Bar, *Das International Privatrecht*, éd. 1889, t. II, p. 597.

(3) Comme nous, M. Josephus Jitta (*Ann. de dr. comm.*, 1890-2-281) croit que la réforme doit avant tout être accomplie par des lois.

En donnant à la loi le rôle le plus important, nous n'entendons nullement soutenir que la solution du problème se trouve dans la chimérique unification des lois sur les faillites. Les difficultés ne naissent pas, en effet, surtout de la diversité des lois de faillite ; elles ont pour cause principale l'absence de dispositions sur la compétence internationale et sur l'effet des jugements étrangers ainsi que l'opposition des principes admis dans les différents Etats en matière de conflits de lois. Elles sont, par suite, tout aussi nombreuses et tout aussi graves dans les rapports de la France et de la Belgique que dans ceux de la France et de l'Angleterre, et cependant, si les lois française et anglaise sont très différentes, les lois française et belge, qui ont le même point de départ, le Code de Commerce français de 1807, sont presque identiques. La tâche du législateur n'est pas de réaliser cette unification impossible à l'heure actuelle, son devoir est tout autre. Il lui faut, dans des termes clairs et précis, formuler les règles essentielles du système de l'universalité de la faillite et, en outre, prendre les précautions nécessaires pour sauvegarder l'intérêt des tiers. Déjà, les rédacteurs du projet de Code de Commerce hollandais sont entrés dans cette voie et les art. 211 à 216 du texte qu'ils ont élaboré peuvent être cités à titre d'exemple (1).

CXCII. — Les art. 211 et 212 posent le principe de

(1) Ce projet est analysé par M. Asser dans la *Revue de Gand*, t. 19, 1887, p. 258 et s. Cf. dans la *Revue de Gand*, t. 23, 1891, le projet déposé par M. Weiss devant l'Institut de droit international, et Field, *Outlines of an International Code*, art. 684 à 686.

l'universalité de la faillite, ils subordonnent toutefois son application à la condition que la faillite ait été ouverte par le tribunal compétent. L'art. 211 est ainsi conçu : « La déclaration de faillite prononcée dans un « pays étranger par l'autorité compétente d'après les « lois de ce pays est reconnue dans les Pays-Bas.

« Elle a. à l'égard des droits et des actes qui sont « régis par la loi des Pays-Bas, les mêmes effets qu'au- « rait eus une déclaration de faillite prononcée dans « les Pays-Bas. »

Ce second alinéa est ou très mal rédigé ou des plus critiquables ; il est inadmissible qu'un jugement de faillite, rendu à l'étranger, produise effet dans les Pays-Bas d'après la loi Néerlandaise ; l'art. 211 aurait dû simplement dire que la faillite ouverte en pays étranger produirait dans les Pays-Bas tous les effets que lui attribue la loi étrangère, sauf dans la mesure où ils seraient contraires à l'ordre public Néerlandais.

L'art. 212 poursuit : « Les dispositions du précédent « article ne sont pas applicables si, d'après la loi Néer- « landaise, le juge néerlandais est l'autorité compé- « tente pour prononcer la déclaration de faillite. »

L'art. 213 prend certaines précautions destinées à protéger les intérêts des tiers ; il prescrit certaines mesures de publicité et indique quelle date est censée avoir en Hollande la faillite ouverte en pays étranger. « Pour l'application de l'art. 211, 2e al., la faillite décla- « rée à l'étranger sera, dit-il, réputée avoir date à par- « tir du jour où la déclaration de faillite a été publiée

« dans les Pays-Bas, au moyen d'une annonce dans le « *Journal Officiel*.

« La déclaration de faillite ne peut être opposée à « celui qui prouve que, nonobstant la publication sus- « mentionnée, elle n'a pu être connue dans le lieu de « son domicile.

« Celui à qui la déclaration de faillite est connue ne « peut invoquer la disposition de cet article. »

L'idée qui domine ce texte est excellente, mais l'on peut se demander s'il n'eût pas été possible de prescrire un mode de publicité un peu moins illusoire qu'une simple annonce à la dernière page d'un journal officiel. De telles annonces n'avertissent aucunement le public. N'eût-on pas pu exiger, comme la loi norvégienne, des inscriptions au moins sur les immeubles? En outre, en disant que la faillite étrangère aurait date en Hollande au jour de l'annonce faite au Journal Officiel, n'a-t-on pas par là implicitement méconnu la rétroactivité pourtant si utile des effets de la faillite?

Les 3 derniers articles (art. 214, 215 et 216) contiennent certaines dispositions destinées à déjouer les fraudes que les créanciers sont trop souvent tentés de commettre afin de se soustraire à la loi de l'égalité.

Ainsi que le montre ce résumé, les art. 211 à 216 du Code de Commerce Hollandais ne contiennent pas toutes les dispositions qu'il serait désirable de voir insérer dans les nouvelles lois sur les faillites ; il y a des questions délicates qui ne sont même pas abordées. Pour être complète, une loi devrait, en outre, indiquer dans quels cas un étranger peut être mis en faillite et fixer les mesures provisoires et conservatoires qui peuvent être prises, en attendant que la faillite ait été ouverte par le tribunal étranger dans le ressort duquel se trouve le domicile du débiteur, ou en attendant que les syndics étrangers aient pu intervenir d'une manière effective. Elle devrait de plus énumérer les hypothèses dans lesquelles l'exequatur est nécessaire et déterminer avec précision la procédure d'exequatur ainsi que les pouvoirs des syndics soit avant, soit après la sentence qui a rendu exécutoire la faillite étrangère. Elle devrait enfin prévoir le cas où, en fait, plusieurs faillites sont suivies d'une manière parallèle et indépendante; c'est là l'hypothèse la plus délicate et, par conséquent, celle où il est le plus regrettable que la jurisprudence soit abandonnée à elle-même, sans qu'elle puisse trouver aucun appui dans les lois existantes. Au lieu de renvoyer la solution de la difficulté à des traités, ce qui lui évite de la chercher lui-même, le législateur devrait aborder résolument le problème et, par des dispositions bien comprises, donner à notre jurisprudence les moyens de faire marcher de pair la procédure française et la procédure étrangère et surtout d'éviter les doubles paiements.

CXCIII. — Si le législateur s'acquittait de la tâche qui lui incombe selon nous, un rôle bien important resterait encore pour les traités diplomatiques. Lorsqu'une loi pose un pri cipe de droit international, applicable à l'égard du monde entier, sous la réserve qu'aucune atteinte n'en résultera pour l'ordre public, des précautions multiples doivent naturellement être prises. Au contraire, lorsque des diplomates rédigent un traité, ils ne se trouvent pas en face du reste du monde et d'une foule de législations pour la plupart inconnues, ils ont affaire à un pays déterminé, à une loi dont ils peuvent connaître jusqu'aux moindres détails, et il leur est facile de se montrer moins rigoureux ; les précautions peuvent et même doivent diminuer lorsqu'augmentent les garanties offertes par l'Etat étranger avec lequel se conclut le traité. Le rôle propre des conventions et accords diplomatiques est de diminuer ou de supprimer les conditions, restrictions, dérogations que, par mesure de prudence, la loi a pu apporter au principe de l'unité et de l'universalité de la faillite ; le rôle propre des traités est, en un mot, de rendre la loi plus libérale à l'égard des pays dont l'organisation judiciaire présente des garanties suffisantes.

CXCIV. — Cependant, à l'heure actuelle, par suite de l'inertie de la plupart des législateurs, le rôle des traités est beaucoup plus vaste : ils doivent s'acquitter de la tâche qui leur est propre et, en outre, remplacer la loi ou plutôt suppléer à l'absence de loi. Il leur faut établir de toutes pièces le système de l'universalité (1). Par bonheur, cette œuvre délicate est aujourd'hui moins difficile qu'elle ne l'a été ; en 1880, le Congrès de Turin a rédigé une sorte de projet de traité dont les dispositions, difficilement critiquables, pourraient ser-

(1) Tel serait, selon M. Renault, leur rôle normal et même selon lui, les traités ne devraient être signés en principe que par deux Etats ; il faudrait, par précaution, renoncer en notre matière aux conventions analogues à l'Union Postale. *Le Droit*, 12 déc. 1880.

vir de modèle aux conventions qui sont conclues dans l'avenir. Que l'on nous permette d'y renvoyer et de formuler en terminant un vœu qui a déjà été exprimé par M. Thaller.

CXCV. — M. Thaller (1), dans son livre sur les faillites, pense « qu'il faudrait obliger les consuls à sauve-« garder à l'étranger les intérêts de leurs nationaux « éloignés. Ils s'entremettraient dans leurs réclama-« tions contre les indigènes, centraliseraient leurs titres, « leur constitueraient des fondés de pouvoirs et se « rendraient compte de l'accueil fait à leurs prétentions « dans les faillites locales. » Ce vœu, si légitime, est conforme aux idées de Bluntschli (2), de Kent (3) et de Field sur les pouvoirs des consuls ; l'art. 639 du projet de Code International de Field déclare en effet « qu'un consul peut comparaître devant toute Cour ou « tout tribunal, en cas de nécessité, dans l'intérêt d'un « membre quelconque de sa nation absent, incapable, ou « mal représenté (4). » D'ailleurs, ce vœu se trouve en partie consacré par les traités conclus entre l'Autriche et la Perse, le 17 mai 1857 (5), et entre l'Autriche et le Siam le 17 avril 1869 (6), ainsi que par de nombreuses conventions consulaires qui ont été récem-

(1) Thaller. *La faill. en dr. comp.*, t. 2, p. 349.

(2) Bluntschli. *Droit internat. codifié*, § 256.

(3) Kent. *Commentaries on American Law*, 43.

(4) Field, *Outlines of an International Code*, art. 639.

(5) Handelsvertrag vom 17 mai 1857, *Reichsgesetzblatt*, 1858, Nr. 74 (recueil autrichien), ou Emil Jettel, *Handbuch des Internat. Privatrechts*, Wien, 1893, p. 205.

(6) Vertrag vom 17 ap. 1869, *Reichsgesetzblatt*, 1873, Nr. 8, et Emil Jettel, *op. cit.*, p. 206.

ment signées par la Roumanie (1). En vertu de ces conventions, l'autorité consulaire a, en Roumanie, au cas de faillite d'un commerçant étranger, le droit d'assister à l'inventaire de la fortune, à la licitation et même à la vérification des créances, s'il y a des mineurs, des absents ou d'autres incapables étrangers intéressés (2-3).

Que l'on généralise ces dispositions et un progrès réel sera accompli, progrès d'autant plus important qu'il permettra d'appliquer d'une manière plus complète le principe de l'universalité de la faillite.

(1) T. G. Djuvara, *Journ. D. I. P.*, 1892, p. 1125.

(2) Sur la convention conclue entre la Roumanie et l'Autriche, voir *Taschenausgabe, der österreischischen Gesetze von Manz.* VI, 1 zu § 51, C. O., et Emil Jettel, *op. cit.*, p. 206.

(3) Voici quels sont à l'heure actuelle, d'après M. Piédelièvre, (*Précis de droit. international public*, 1894, t. I p. 527) les pouvoirs des consuls Français « Il faut, dit-il, distinguer suivant les lieux. « Dans les pays de chrétienté, le réglement de la faillite appar- « tient au juge du lieu où le commerçant avait son principal « établissement : le consul ne peut donc que veiller d'une ma- « nière générale aux intérêts de ses nationaux, sauf stipula- « tions spéciales. Dans les échelles du Levant et de Barbarie, au « contraire, les négociants français qui font faillite sont obli- « gés de déposer leur bilan à la chancellerie ; les consuls appo- « sent les scellés sur les effets du failli et se conforment autant « que possible aux prescriptions générales de leur législation « sur la matière. »

TABLE DES PRINCIPALES ABRÉVIATIONS (1)

Aubry et Rau.	Aubry et Rau.— Cours de droit civil français.
von Bar	von Bar.— Theorie und Praxis des internationalen Privatrechts, 2e éd. 1889.
Boistel	Boistel. — Manuel de droit commercial, 1887.
Bravard-Veyrière.	Bravard-Veyrière. — Traité de droit commercial.
Calvo	Calvo.— Le droit international théorique et pratique, 1887-88.
Carle ou Carle, la faillite	Carle.— La faillite dans le droit international privé, trad. Dubois.
C. C. ou Civ.	Code civil français.
C. Co.	Code de Commerce.
Curti	Curti.— Der Staatsvertrag vom 15 Juni 1869.
D. ou D. P.	Dalloz, recueil périodique.
Demolombe.	Demolombe.— Cours de code civil.
Despagnet.	Despagnet.—Précis de droit international privé, 1891.
Dicey.	Dicey.— La loi du domicile, trad. Stocquart.
Droit public Suisse. . . .	Recueil officiel des pièces concernant le droit public de la Suisse.
Dubois sur Carle	Notes de M. Dubois dans sa traduction de Carle.
Fitting.	H. Fitting.— Das Reichsconcursrecht und Concursverfahren, 1881.
Foote, Priv. Int. Jur	Alderson Foote.— A concise treatise on Private International Jurisprudence.

(1) Pour les abréviations des recueils de jurisprudence anglaise, voir les dictionnaires spéciaux.

Journ. dr. int. — Journ. D. I. P. ou J. D. I. P..	Journal du droit international privé de Clunet.
Kohler	Kohler.— Lehrbuch des Konkursrechts.
K. O.	Konkursordnung.
Lyon-Caen et Renault, précis	Lyon-Caen et Renault.— Précis de droit commercial, 1879-1885.
Nelson	Nelson. - Selected Cases, Statutes and orders illustrative of the principles of Private International Law, 1889.
O. T	Obertribunal.
Petersen.	Petersen.— Konkursordnung für das Deutsche Reich.
Phillimore, ou Phillimore, Priv. Int. Law . . .	Philimore.— Commentaries upon International Law, 1889.
Revue de Gand. . . .	Revue de droit international privé, publiée à Gand.
R . G	Reichsgericht.
R. O. H.	Reichsoberhandelsgericht.
Sarwey	Sarwey.— Konkursordnung für das Deutsche Reich.
S.	Seuffert, pour les décisions allemandes et Sirey pour les décisions françaises.
Stélian.	Stélian. — La faillite, ét. de droit comparé et de droit international.
Stieglitz.	Stieglitz.— Konkursordnung für das Deutsche Reich.
Story.	Story.— Commentaries on the conflict of laws, 1883.
Völderndorf.	Völderndorf. – Concursordnung für das Deutsche Reich, 1879.
Westlake, Priv. Int. Law	Westlake.— A treatise on Private International Law, 1890.
Wheaton, Int. Law	Wheaton.— Elements of International Law.
Wilmowski	Wilmowski. — Deutsche Reichskonkursordnung, 1881.
Zeitschrift.	Zeitschrift für Internationales Privat- und Strafrecht.

TABLE ALPHABÉTIQUE DES MATIÈRES

TABLE PAR ORDRE DE MATIÈRES

Paris — Imp. V. Giard & E. Brière, Éditeurs, 16, rue Soufflot.

www.ingramcontent.com/pod-product-compliance
Ingram Content Group UK Ltd.
Pitfield, Milton Keynes, MK11 3LW, UK
UKHW020306230726
13925UKWH00001B/255